上海市民人文素养发展研究报告(2019)

欧阳光明 赵 派 著

上海大学出版社
·上海·

图书在版编目(CIP)数据

上海市民人文素养发展研究报告.2019/欧阳光明，赵派著.—上海：上海大学出版社，2020.12
ISBN 978-7-5671-4079-0

Ⅰ.①上… Ⅱ.①欧… ②赵… Ⅲ.①市民—人文素质教育—研究报告—上海—2019 Ⅳ.①G40-012

中国版本图书馆 CIP 数据核字(2020)第 240339 号

责任编辑　徐雁华
封面设计　缪炎栩
技术编辑　金　鑫　钱宇坤

上海市民人文素养发展研究报告(2019)

欧阳光明　赵　派　著
上海大学出版社出版发行
(上海市上大路99号　邮政编码200444)
(http://www.shupress.cn 发行热线 021-66135112)
出版人　戴骏豪
*
南京展望文化发展有限公司排版
江苏凤凰数码印务有限公司印刷　各地新华书店经销
开本 710mm×1000mm　1/16　印张 25　字数 366 千字
2020 年 12 月第 1 版　2020 年 12 月第 1 次印刷
ISBN 978-7-5671-4079-0/G·3181　定价　68.00 元

版权所有　侵权必究
如发现本书有印装质量问题请与印刷厂质量科联系
联系电话: 025-57718474

目 录

引　言 …………………………………………………… 1
第一章　上海市民人文社会科学知识与素养问题
　　　　研究概况 ………………………………………… 5
　一、上海市民人文社会科学知识与素养调查历
　　　史沿革 …………………………………………… 7
　二、对市民人文社会科学知识与素养状况进行
　　　历史比较的理论基础 …………………………… 8
　三、2016 年和 2019 年上海市民、白领阶层人文
　　　素养调查的总体情况介绍 ……………………… 9
第二章　上海市民人文社会科学知识与素养状况
　　　　与变化 ………………………………………… 19
　一、上海市民人文社会科学知识与素养总体状
　　　况及历史比较 ………………………………… 21
　二、上海市民人文社会科学知识与素养的性别
　　　差异分析及比较 ……………………………… 28
　三、上海市民人文社会科学知识与素养文化程
　　　度差异分析及历史比较 ……………………… 32
　四、上海市民人文社会科学知识与素养年龄差
　　　异分析及历史比较 …………………………… 38

五、上海市民人文社会科学知识与素养户籍、居住地差异及历史比较 …………… 43

六、上海市民人文社会科学知识与素养政治面貌差异及比较 …………… 47

七、上海市民人文社会科学知识与素养宗教信仰差异及历史比较 …………… 52

八、上海市民人文社会科学知识与素养的职业或身份差异与历史比较 …………… 57

九、上海市民人文社会科学知识与素养的收入因素的分析与比较 …………… 64

十、上海市民对身边市民人文社会科学知识与素养评价及比较 …………… 70

十一、上海市民人文社会科学知识与素养养成影响因素分析及比较 …………… 74

十二、上海市民人文社会科学知识与素养影响因素的强度及比较 …………… 78

第三章 上海市民人文知识状况与变化 …………… 83

一、上海市民人文知识平均分分布情况分析及比较 …………… 85

二、上海市民人文知识状况的性别因素差异及比较 …………… 90

三、上海市民人文知识状况的文化程度差异及比较 …………… 94

四、上海市民人文知识状况的年龄结构差异及历史比较 …………… 99

五、上海市民人文知识状况的户籍、居住地差

异及历史比较 …………………………… 103

　六、上海市民人文知识状况的政治面貌差异及
　　　历史比较 …………………………… 107

　七、上海市民人文知识状况的宗教信仰差异及
　　　历史比较 …………………………… 111

　八、上海市民人文知识状况的职业或身份差异
　　　及历史比较 ………………………… 116

　九、上海市民人文知识状况的收入差异及历史
　　　分析 ………………………………… 122

　十、上海市民对自身人文知识状况评价的分析
　　　及历史比较 ………………………… 126

　十一、影响上海市民人文知识状况因素的强度
　　　　分析及历史比较 …………………… 132

第四章　上海市民人文思想状况与变化 ………… 137

　一、上海市民人文思想总体平均分分布情况及
　　　历史比较 …………………………… 139

　二、上海市民人文思想状况的性别差异及历史
　　　比较 ………………………………… 144

　三、上海市民人文思想状况的文化程度差异及
　　　历史比较 …………………………… 148

　四、上海市民人文思想状况的年龄结构差异及
　　　历史比较 …………………………… 153

　五、上海市民人文思想状况的户籍、居住地差异
　　　及历史比较 ………………………… 157

　六、上海市民人文思想状况的政治面貌差异及
　　　历史比较 …………………………… 162

七、上海市民人文思想状况的宗教信仰差异及
  历史比较 …………………………………… 166
八、上海市民人文思想状况职业或身份差异及
  历史比较 …………………………………… 170
九、上海市民人文思想状况的收入差异及历史
  比较 ………………………………………… 174
十、影响上海市民人文思想状况因素的强度分
  析及比较 …………………………………… 178

第五章　上海市民人文方法状况与变化 ………… 183

一、上海市民人文方法得分分布情况的分析和
  历史比较 …………………………………… 185
二、上海市民人文方法状况的性别差异及历史
  比较 ………………………………………… 194
三、上海市民人文方法状况的文化程度差异及
  历史比较 …………………………………… 201
四、上海市民人文方法状况的年龄结构差异及
  历史比较 …………………………………… 210
五、上海市民人文方法状况的户籍、居住地因
  素的分析及历史比较 ……………………… 219
六、上海市民人文方法状况的政治面貌因素的
  分析和历史比较 …………………………… 229
七、上海市民人文方法状况的宗教信仰因素的
  分析和历史比较 …………………………… 238
八、上海市民人文方法状况职业或身份差异的
  分析及比较 ………………………………… 245
九、上海市民人文方法状况的收入差异分析及

历史比较 …………………………………… 252
十、影响上海市民人文方法状况因素的强度
　　分析 ………………………………………… 260

第六章　上海市民人文精神状况与变化 ………… 265
一、上海市民人文精神状况得分分布情况分析
　　与历史比较 ………………………………… 267
二、上海市民人文精神状况的性别因素分析及
　　比较 ………………………………………… 272
三、上海市民人文精神状况的文化程度因素分
　　析及比较 …………………………………… 276
四、上海市民人文精神状况的年龄结构因素
　　分析及比较 ………………………………… 280
五、上海市民人文精神状况的户籍、城乡因素
　　分析及比较 ………………………………… 284
六、上海市民人文精神状况的政治面貌因素分
　　析及比较 …………………………………… 286
七、上海市民人文精神状况的宗教信仰因素分
　　析及比较 …………………………………… 290
八、上海市民人文精神状况的职业身份因素
　　分析及比较 ………………………………… 294
九、上海市民人文精神状况的收入差异因素分
　　析及比较 …………………………………… 298
十、影响上海市民人文精神状况因素的强度分
　　析及历史比较 ……………………………… 302

第七章　上海市民人文价值取向状况调查与历史比较 …………………………………… 307

一、上海市民对生命尊重问题的认知 ………… 309

二、上海市民关于纳税义务观的认知 ………… 316

三、上海市民关于环保意识的认知 …………… 323

四、上海市民关于审美情趣的认知 …………… 329

五、上海市民关于公共道德修养的认知 ……… 336

六、上海市民关于成功观的认知 ……………… 343

七、上海市民关于人道观念或人道精神的认知 ……………………………………………… 355

八、上海市民关于个性意识的认知 …………… 361

九、上海市民关于合作意识的认知 …………… 368

十、上海市民关于生活价值取向的认知 ……… 376

十一、上海市民关于理想社会诉求的认知 …… 378

十二、上海市民关于个人价值判断的认知 …… 379

十三、上海市民关于超验事物的认知 ………… 382

后记 …………………………………………………… 391

引　言

在实现中国特色社会主义现代化的历史进程中,上海确立了战略发展的定位和要求:2020年,上海要基本建成与我国经济实力和国际地位相适应,具有全球资源配置能力的国际经济、金融、贸易、航运中心,基本建成经济繁荣、社会和谐、环境优美的社会主义现代化国际大都市,成为具有较强国际竞争力的长三角世界级城市群的中心城市,全面落实长三角区域一体化发展的国家战略。上海作为这一国家战略的牵头城市,要实现这样的战略目标,拥有具备良好素养的市民群体是基本的保障,也是体现上海城市发展软实力的重要因素。

市民的人文社会科学知识与素养(文中有时简称为"人文素养")是国民综合素养的一个重要方面。市民人文素养的状况如何,很大程度上决定了其在社会经济活动中的基本思维方式、行为方式和价值取向,既是体现城市社会文明程度的重要标志,也是彰显城市文化软实力的重要因素。市民群体中的"白领阶层"通常是指有相对稳定职业和较高经济收入来源的,且具有较高文化程度、经济地位、社会地位的,在企业从事管理或技术工作的脑力劳动者,是经济社会发展的重要力量。白领阶层是上海走"创新驱动、转型发展"之路、当好全国"改革开放的排头兵,创新发展的先行者"的重要力量,更是上海建设"四个中心"的关键性因素。这一群体的素养状况直接影响上海发展战略目标的实现,也是促进社会和谐的重要因素。

本书是在2011年、2016年上海市民人文社会科学知识与素养调查报告和2013年上海白领阶层人文社会科学知识与素养调查报告的基础上,于

2019年6月再次选择社会阶层中的重要群体——城市白领阶层作为调研对象来开展的进一步研究。这次的调查,在宗旨上依然按照以往抽样调查的要求,把获取上海白领阶层的人文社会科学知识与素养与需求状况信息作为基本目的,并结合2019年上海发展过程中出现的新情况对调查方案做适当调整①。为实现这一基本目的,明确这次抽样调查研究在内容上主要包括问卷设计、信息处理和数据分析等。据此,梳理、确定基本的研究思路:

第一,摸清上海白领阶层人文社会科学知识与素养的现状。主要通过对上海中心城区、高新开发区及周边各类企业、中央商务区、写字楼等的白领人员结构来划分不同层次、不同类别,以区域抽样和配额抽样的方式确定抽样调查对象。以问卷调查法、个案访谈法为主要调查手段,获取上海白领阶层关于人文社会科学知识基本知识的认知状况,重点是白领阶层对人文社会科学知识的理解、对社会科学方法的掌握、是否具有科学精神和人文精神等。

根据调查对象的特征和调查目的,按以下原则设计调查问卷的选项:一是广泛性原则,即调查对象范围较广,问卷内容必须力求适应不同性别、不同职业、不同文化程度和不同年龄层次的被调查者;二是基础性原则,即所有提问都是社会科学一般的基础问题或时事政治问题,答卷难度不会太高;三是现实性原则,即所提问题与现实的政治、经济、社会和上海市市情有关,并且是不同性别、不同职业、不同文化程度和不同年龄层次的被调查者都可能接触到的社会现实;四是简便易行原则,即问卷规模适度、出题思路清晰、设问明白易懂;五是可比性原则,即为了使问卷更具可比性和说服力。

第二,调查内容是以上海白领阶层的人文社会科学知识与素养(与自然科学素养相对来说)现状为主,分为基本知识构成与知识能力应用两部分。前者主要分为文、史、哲、经、管、法、政、教、艺等几大领域,后者主要分为问题意识、概念理解、技能应用、综合能力等几大方面。因此,从其人文社会科学

---

① 由于2019年的白领调查问卷设计时以市民问卷为基础,使白领的职业分类、收入水平、受教育程度和年龄段划分等出现了与白领内涵不一致的情况,并导致2013年和2019年的数据不能进行完全一一对应的对比,为此,在做比较时笔者做了适当的技术处理,特此说明。

知识与素养的构成性上看,这将反映上海白领阶层对人文社会科学知识的掌握程度及其应用能力。

第三,对调查数据进行分类整理、比较分析。主要以数理统计法和数量模型法为手段,对原始数据进行整理和分析。数据统计直接关系到计算结果的准确性和研究成果的科学性,这两方面都与成果的转化应用密切相关。因此,必须有科学、清晰的数据统计思路和功能完善、人机对话方便简洁的统计程序。

第四,对现状分析结果做出综合性的评价。主要以比较法为手段,即从调查对象的不同区域、年龄、职业、性别、教育状况、收入水平等不同层次,从对人文社会科学知识了解程度、思想理论素养以及对人文社会科学知识作用认识等方面,对本次调查的有关数据进行分析比较,作出关于上海白领阶层人文社会科学知识与素养状况的综合性评价。同时分析了解上海白领阶层人文社会科学知识需求的状况,包括其学习人文社会科学知识的目的,喜欢哪些类型的人文社会科学知识,不同的白领阶层对人文社会科学知识的需求存在哪些共同点和差异性等。

第五,深入分析上海白领阶层对当前各种传播媒介的使用情况,研究何种形式、何种渠道更适合人文社会科学知识的传播,探索人文社会科学知识传播的长效机制及有效途径。

需要特别指出的是,本项目试图通过本次抽样调查所取得的数据,结合前几次调查的数据,来对上海市民群体和白领阶层的人文素养做总体动态分析和局部对比研究,特别是期望在动态的比较中找出上海市民群体和白领阶层人文素养发展的特征和趋势。

第一章

上海市民人文社会科学知识与
素养问题研究概况

一、上海市民人文社会科学知识与素养调查历史沿革

2010年在山东召开的全国社科联工作会议专题讨论并决定,2011年将在北京召开全国第十三次社会科学普及理论研讨与经验交流会,并协作开展全国社科普及活动。根据在上海召开的京津沪渝社科联协作会议及有关开展全国社科普及协作活动精神,由北京社科联牵头协调,各直辖市社科联负责分别在京津沪渝开展公民人文社会科学知识与素质调查、研究工作。

上海社科联于2010年9月着手开展这一工作。通过向社会公开进行课题招标的形式,确定了以欧阳光明教授为首席专家的上海大学课题组承担此课题的调查研究。2011年5月至7月,由上海大学社科学部牵头,上海大学马克思主义学院、社调中心部分专家和研究人员组成的"上海市民人文社会科学知识与素养年度调查报告"课题组,在全市范围内开展了首次"上海市民人文社会学科知识与素养调查"。两年后,即2013年7月至9月进行了首次"上海白领阶层人文社会学科知识与素养调查"。两次研究的成果报告均由上海社科联以新闻发布会的形式向社会公开发布,获得了社会的广泛关注和媒体的大量报道与转载。两次调查获得的大量数据,不仅对上海各阶层市民群体的人文社会科学知识与素养现状以及历史变化有了一个总体的反映,而且为上海社科联及有关部门开展人文社会科学知识宣传、普及和教育工作提供了有力的数据支撑。

市民的人文素养水平作为一个城市发展的文化软实力,是城市最直观、最鲜活的"名片",是城市文明的综合载体和重要标识。此外,市民的人文素养状况也是在变动的,其发展水平和总体特点会随着社会的发展而有所变化。市民人文素养的发展,与社会发展有机融合、相互影响。因此,对市民人文社会科学知识与素养状况的跟踪调查和历史比较不仅是十分必要的,而且

是十分有意义的。

基于这样的认识,在国务院颁布的《全民科学素质行动计划纲要(2006—2010—2020年)》临近收官之年,"上海市民人文社会科学知识与素养"首次调查报告公布满八年之际,加之这些年来上海"四个中心"建设和都市国际化发展的背景下,上海市民群体和白领阶层的人文社会科学知识与素养状况也发生了相应的变化。这种变化是什么?有什么规律与特点?能给我们什么启发?

为了能够对这些问题有一个比较明确的回答,课题组在2019年6月至9月,着手开展了第二次针对上海白领阶层的"上海白领阶层人文社会科学知识与素养调查"。基于2011年和2016年两次对上海市民群体,2013年和2019年两次对白领阶层的抽样调查获得的大量数据,一方面对现阶段上海市民群体和白领阶层的人文素养作整体了解和把握,另一方面对四次的调查数据作历史对比,分析八年来上海市民群体和白领阶层的人文素养的变化规律和特征。同时,我们也希望这样的比较研究,能够为上海市社科联及有关部门开展人文社会科学知识的普及,推动上海市民人文素养水平的提升,提供理论依据。

二、对市民人文社会科学知识与素养状况进行历史比较的理论基础

相对于自然科学素养而言,人文素养作为广义科学素养的重要组成部分,主要是指市民对人文社会科学知识、方法、思想和精神的认识、理解、掌握,以及在此基础上形成的价值取向和社会践行能力。反映在现实中,主要体现为市民的人文素质、人文关怀、人文评价和价值判断。研究市民的人文社会科学知识与素养的形成和发展,除了在学理分析时有特殊要求之外,在学界和社会各界,关于"人文社会科学"和"人文科学"两个名称的使用一般不作严格区分。由于此次社会调查对市民

人文社会科学知识与素养状况仅作一般性考察，"人文社会科学"和"人文科学"两个名称没有质上的区别，故对这两个名称也不作严格区分。

人文知识与人文思想是人文社会科学知识与素养的基础。公民只有学习掌握一定的人文知识，具备一定的理解和接受人文思想的能力，才谈得上拥有和提高人文素养。而人文精神是人文素养的核心和灵魂。人文素养比之于科学素养，具有指引人生方向的作用，这种作用集中体现在人文精神的发挥上。如果说人文知识、人文思想是人文素养的基础，那么人文精神事实上就是它们的升华。人文方法则是人文素养得以形成和显现的关键。一方面人们对人文世界的情感、态度、价值必然表现为对人文事物、现象的观照、处理的方法；而另一方面正是通过运用一定的人文方法，人们获得对这个世界的理解，形成人文知识、人文思想和人文精神。由此看来，人文素养的形成和提升是一个动态过程。因此，对不同时期市民人文素养做动态分析和局部对比研究是可行的、科学合理的。

三、2016年和2019年上海市民、白领阶层人文素养调查的总体情况介绍

（一）抽样调查问卷的设计

2011年，在北京召开的全国第十三次社会科学普及理论研究与经验交流会，便提出要在全国协作开展市民人文素养调查工作及社科普及活动。为落实这次会议精神，北京市社科联成立了市民人文素养调查课题组，并设计调查问卷，形成初稿。上海市社科联市民人文素养调查课题组参与初稿的设计、讨论，在初稿基础上结合有关要求和上海城市发展特点，征求相关专家、学者意见，反复研究修改，形成上海市民人文社会科学知识与素养抽样调查的相关方案。

2016年的调查问卷是在2011年的调查问卷修改完善的基础上设计完

成的。为了方便在市民调查的基础上开展针对白领阶层的调查，2019年的调查问卷一方面要体现出白领阶层的特点，另一方面也要便于同总体市民的调查结果进行横向比较。调查问卷的基本内容主要由两大部分组成：第一大部分是被访者基本情况；第二大部分是问卷内容。问卷内容分为6部分，其中，前5部分共35题，内容主要涉及5个维度32个项目。5个维度主要包括：一是人文知识维度，包括文学知识、历史知识、哲学知识、法律知识、政治知识、经济知识、地理知识、艺术知识、宗教知识、道德知识等；二是思想维度，包括思想体系或流派识别、民族文化传统比较、基于思想流派或文化传统的逻辑推理等；三是人文方法维度，包括直觉体验想象等非理性认识倾向与能力、价值判断倾向、诠释倾向与能力、定性把握的倾向与能力、人文技巧等；四是人文精神维度，包括敬畏生命、公民意识、环保意识、审美趣味、品质修养、自主能力、以人为本（人是目的）精神、个性意识、合作意识、价值观（人生观）、敬畏超验等；五是人文素养养成维度，包括人文信息获得的方法与途径、人文素养养成的影响因素、提高人文素养的建设性意见等。第6部分共设计19道题目，其主要目的是试图通过问题的设计来考察上海白领阶层围绕本市地方特色所表现出的价值取向和社会践行力。无论是2016年的市民调查，还是2019年的白领调查，调查问卷均结合市民和白领的不同情况，做了相应的调整。

（二）2016年上海市民人文素养调查样本抽样的情况

参照第六次全国人口普查上海方面的相关要求，在调查中所谓的"上海市民"，主要指具有上海户籍或连续居住在上海满一年及以上并有固定职业或相对稳定的经济收入来源的居住者。同时调查按照国家在第六次全国人口普查中对社会各职业划分的最新有关规定，主要以社区或社会团体及企业、事业单位等类型来划分调查对象的不同层次，同时通过人文社会科学各知识领域来确定调查对象的不同内涵。

1. 调查总体的界定

2016年12月31日前年满15周岁的上海常住居民(含本地户籍居民与外来人口;外籍人士、港澳台人士作为个案单独访谈)即为本次调查总体。调查总体中排除了一些不纳入调查范围的对象(如现役军人、服刑犯人等)。

2. 抽样框及抽样单位的选择

本次调查抽样框为调查总体中的全部居民,抽样单位为符合调查总体条件的单个常住居民。

3. 样本容量的确定

根据大型社会调查的国际通行统计和实用准则,参考第六次全国人口普查资料,以2016年底上海常住人口数(2 415.27万人)为基数,考虑到调查执行的周期、经费,以及常住人口年增长率和可操作性等因素,同时根据社会统计理论"随着总体人数的增长,样本大小对精确性的回报递减","较大的总体能够使较小的抽样比得出同样好的样本","对非常大的总体(超过1 000万)抽样,可以使用极小的抽样比(0.025%)或是大约2 500个样本就能够得到正确的结果",[1]本次调查采用极小抽样比(约为万分之一),将样本容量确定为2 500个,使其基本具备代表性。

4. 抽样的方法

本次调查抽样采用区域抽样和配额抽样方法。首先,按照取样总体要求,在全市约3 000个社区随机抽取50个社区,每个社区按比例选取55个样本数。其次,根据总体结构参数(城乡比、性别比、年龄分布、教育水平分布、行业分布)制定各层级配额比,并计算各层级所需样本数。总体结构参数值以《中国统计年鉴(2015)》《中国人口和就业统计年鉴(2015)》《上海统计年鉴

---

[1] 纽曼. 社会研究方法[M]. 郝大海,译. 北京:中国人民大学出版社,2007:293.

(2015)》和第六次全国人口普查上海市公布的资料为依据。

5. 样本回收情况

通过60余名调查员和10名督导员历时两个月的入户问卷调查、走访，本次调查共发放问卷2 595份，回收有效问卷2 518份，回收率为97%。

依据课题方案，课题组对调查结果进行数据录入，并运用SPSS统计软件对相关调查数据进行分析处理，统计结果直观反映了15岁以上上海市民的人文社会科学知识与素养的基本状况。调查还特别对上海远郊市民的人文社会科学知识与素养状况做了专门统计分析。在科学、严谨、深入、细致作研究的同时，还征询了有关专家的意见和建议，最终形成此调查结果。

根据抽样调查对象的特征和调查目的，从性别、年龄、政治面貌、宗教信仰、文化程度、当前职业或身份、月收入情况、现居住地、是否本地户籍等方面对调查到的数据进行统计。回收样本的具体情况如表1-1所示：

表1-1 市民样本抽样比例情况表

项目		样本总量2 518人		有效（份）	缺失（未选）（份）
		人数（人）	比例（%）		
性别	男	1 330	53.3	2 493	25
	女	1 163	46.7		
年龄	15—21岁	486	19.5	2 497	21
	22—31岁	639	25.6		
	32—41岁	552	22.1		
	42—51岁	260	10.4		
	52岁及以上	560	22.4		
政治面貌	共产党员	629	25.5	2 463	55
	共青团员	733	29.8		

续　表

项　目		样本总量 2 518 人		有效(份)	缺失(未选)(份)
		人数(人)	比例(%)		
政治面貌	民主党派	56	2.3	2 463	55
	群众	1 045	42.4		
宗教信仰	有宗教信仰	165	7.2	2 301	217
	无宗教信仰	1 806	78.5		
	说不清	330	14.3		
文化程度	小学及以下	29	1.2	2 480	38
	初中	240	9.7		
	高中或中专	551	22.2		
	大专(文科)	280	11.3		
	大专(理工科)	152	6.1		
	大学本科(文科)	471	19		
	大学本科(理工科)	504	20.3		
	研究生及以上(文科)	103	4.2		
	研究生及以上(理工科)	150	6		
当前职业或身份	机关、党群组织、企业事业单位负责人	100	4	2 483	35
	机关、党群组织、企业事业单位办事人员	447	18		
	专业技术人员(含教师)	330	13.3		
	商业、服务业人员	358	14.4		
	产业工人	172	6.9		
	农业劳动者	37	1.5		
	学生	553	22.3		
	无业、失业人员	60	2.4		
	其他(请注明)	426	17.2		

续 表

项　目		样本总量 2 518 人		有效（份）	缺失(未选)（份）
		人数(人)	比例(%)		
月收入情况	1 000 元及以下	502	20.5	2 445	73
	1 001—2 000 元	99	4		
	2 001—3 000 元	312	12.8		
	3 001—5 000 元	662	27.1		
	5 001—7 000 元	370	15.1		
	7 001—10 000 元	304	12.4		
	10 001 元及以上	196	8		
现居住地	城镇	2 281	91.6	2 490	28
	农村	209	8.4		
是否本地户籍	是	1 994	79.5	2 509	9
	否	515	20.5		

(三) 2019 年上海白领人文素养调查样本抽样的情况

2019 年白领调查界定的"上海白领"基数范围,参照第六次全国人口普查数据和上海近年来人口变化情况等方面,主要指具有上海户籍或连续居住在上海满一年及以上并有固定职业或相对稳定经济收入来源的居住者。同时按照国家在第六次全国人口普查中对社会各职业划分的最新有关规定,主要以社区或社会团体及企业、事业单位等类型来划分调查对象的不同层次,同时通过人文社会科学各知识领域来确定调查对象的不同情况。

1. 调查总体的界定

2019 年 12 月 31 日前年满 20 周岁的连续居住于上海满一年及以上、具有大专以上文化程度、在企业从事管理或技术工作的脑力劳动者——白领人员(含本地户籍居民与外来人口;外籍人士、港澳台人士作为个案单独访谈)即为本次调查总体。调查总体中排除了一些不纳入调查范围的对象(如现役军人、服刑犯人等)。

2. 抽样框及抽样单位的选择

本次调查抽样框为调查总体中的全部白领人员,抽样单位为符合调查总体条件的单个常住白领人员。

3. 样本容量的确定

根据大型社会调查的国际通行统计和实用准则,以第六次全国人口普查、上海统计年鉴和相关研究成果中关于白领阶层的统计数据为基数——白领阶层约占上海总人口的 40%,大约在 800 万—1 000 万人[1]。考虑到人口流动情况,以及调查执行的周期、经费和可操作性等因素,本次调查采用极小抽样比,将样本预期容量确定为 1 500 个,有效容量确定为 1 300 个,使其基本具备代表性。

4. 抽样的方法

因为白领阶层这一群体中的大多数人员长期在上海中心城区、高新开发区和上海各主要商圈、商务区等工作、生活,本次调查主要在上海中心城区及个别近郊区采用区域抽样和配额抽样方法进行。

首先,按照取样总体要求,在全市中心城区及周边区县约 1 000 个调查单元(中心城区、高新开发区及白领阶层居住、工作比较集中的开发区、商圈、写

---

[1] 2010 年初,中国社科院社会学所"当代中国社会结构变迁研究"课题组的研究报告表明:目前我国中产阶层的规模约为总人口的 23%,从 2001 年以来,我国中产阶层人数年均递增 1%左右。而北京工业大学和中国社科院社科文献出版社联合发布的《2010 年北京社会建设分析报告》公布的数据表明:目前北京中产阶层在社会阶层结构中所占的比例已经超过 40%,约 540 万人。虽然理论界关于"白领阶层"有不同的理解和认识,但是主流观点基本上把白领阶层等同于中产阶层。

字楼等)随机抽取100个调查单元,每个调查单元按比例选取15个左右的样本。

其次,根据总体结构参数(性别比、年龄分布、教育水平分布、行业分布)制定各层级配额比,并计算各层级所需样本数。总体结构参数值以《中国统计年鉴(2018)》《中国人口和就业统计年鉴(2018)》《上海统计年鉴(2018)》以及第六次全国人口普查资料为依据。

为了保证调查的填答率、回收率,本次调查采用访员入户(单位、公司等)的面对面的调查方式。

5. 入户调查及数据处理情况

本次调查通过40余名调查员和10名督察员历时两月的入户(单位、公司等)问卷调查、走访和反馈,共发放问卷1 500份,回收有效问卷1 351份。按照方案,对部分外籍及港澳台人士以个案形式进行单独访谈。

社会调查结束后,课题组迅速组织专门力量进行数据录入。通过运用SPSS统计软件对相关数据进行分析处理,所呈现的结果反映了上海20岁以上白领的人文社会科学知识与素养的基本状况。

6. 样本回收情况

本次调查共发放问卷1 500份,回收有效问卷1 351份。有效样本的具体情况如表1-2所示:

表1-2 白领样本抽样比例情况表

项 目		人数(人)	比例(%)	有效(份)	缺失(未选)(份)
性别	男	565	41.82	1 351	0
	女	786	58.18		

续 表

项　　目		人数(人)	比例(%)	有效(份)	缺失(未选)(份)
年龄	15—21岁	28	2.07	1 351	0
	22—31岁	375	27.76		
	32—41岁	562	41.60		
	42—51岁	256	18.95		
	52岁及以上	130	9.62		
政治面貌	共产党员	190	14.06	1 351	0
	共青团员	172	12.73		
	民主党派	19	1.41		
	群众	970	71.80		
宗教信仰	有宗教信仰	120	8.88	1 351	0
	无宗教信仰	1 045	77.35		
	说不清	186	13.77		
文化程度	小学及以下	14	1.04	1 351	0
	初中	95	7.03		
	高中或中专	412	30.49		
	大专(文科)	296	21.91		
	大专(理工科)	84	6.22		
	大学本科(文科)	272	20.13		
	大学本科(理工科)	117	8.66		
	研究生及以上(文科)	42	3.11		
	研究生及以上(理工科)	19	1.41		
当前职业或身份	机关、党群组织、企业事业单位负责人	42	3.11	1 351	0
	机关、党群组织、企业事业单位办事人员	291	21.54		

续　表

项　　目		人数(人)	比例(%)	有效(份)	缺失(未选)(份)
当前职业或身份	专业技术人员(含教师)	129	9.55	1 351	0
	商业、服务业人员	561	41.53		
	产业工人	81	6.00		
	产业劳动者	21	1.55		
	学生	15	1.11		
	无业、失业人员	16	1.18		
	其他(请注明)	195	14.43		
月收入情况	1 000元及以下	19	1.41	1 351	0
	1 001—2 000元	15	1.11		
	2 001—3 000元	47	3.48		
	3 001—5 000元	217	16.06		
	5 001—7 000元	416	30.79		
	7 001—10 000元	429	31.75		
	10 001元及以上	208	15.40		
现居住地	城市	1 160	85.86	1 351	0
	农村	191	14.14		
是否本地户籍	是	801	59.29	1 351	0
	否	550	40.71		

注：为了便于将2019年白领阶层人文素养调查的结果与2011年和2016年市民人文素养调查的结果有比较直观的对比效果，故2019年白领阶层人文素养调查抽样样本的项目分类方式采用了与2011年及2016年市民人文素养调查抽样样本项目分类同样的方式，但造成了与2013年白领阶层人文素养调查个别项目数据比较的困难，特作说明。

第二章

上海市民人文社会科学知识与素养状况与变化

一、上海市民人文社会科学知识与素养总体状况及历史比较

(一) 上海市民人文社会科学知识与素养总体平均水平评价

1. 2016年上海市民人文社会科学知识与素养平均分分布情况

依据课题组2016年上海市民人文社会科学知识与素养调查问卷设计的调查内容和计分规则及评价方式,除去用统计频率和理由来描述的12道题目外,每份调查问卷满分为162分。其中,问卷前五部分包括人文知识、人文思想、人文方法及人文精神等30题共107分,综合部分总分为55分。通过SPSS软件对2 518份有效问卷进行统计,我们计算出了调查样本的总体平均分(百分制表示)(文中调查数据用SPSS软件分析时,通常以四舍五入的方式计算,以百分制计,会出现与100分稍有出入的情况)。如表2-1所示,上海市民人文社会科学知识与素养平均分,不算综合部分得分,为75.993 1分,加上综合部分则为83.23分。

表2-1 2016年上海市民人文社会科学知识与素养调查问卷得分均值

	人文知识	人文思想	人文方法	人文精神	人文知识与素养*	综合部分	全部总分
总分(百分制)[原分值](分)	24.3 [26]	3.74 [4]	19.63 [21]	52.34 [56]	100 [107]	100 [55]	100 [162]
被调平均分(分)	19.578 5	2.348 5	13.278 6	40.794 7	75.993 1	90.463 1	83.23
N(样本量)(个)	2 518	2 518	2 518	2 518	2 518	2 518	2 518
标准差	4.149	0.728	2.96	4.746	8.616	9.834	11.131

* 表中"人文知识与素养"为"人文社会科学知识与素养总得分情况"的简写,后文在表或图中出现均为此含义,不再注解

经加权处理,以100分为总体平均分,2016年上海市民人文社会科学知识与素养相对平均分分布如图2-1所示(不包括综合部分得分)。按照评价指标,85.14分以下可以表征人文社会科学知识与素养极低,合计占样本总量的7.94%;121.14分以上可以表征人文社会科学知识与素养水平很高,合计占样本总量的0.16%。这表明,受访者中人文社会科学知识与素养很高者在市民中只占极少数。得分在100—121.14分者,合计占样本总量的55.68%,形成了一个得分集中区域。有近六成市民的人文社会科学知识与素养处于这一中段,表示其人文社会科学知识与素养状况良好。其中,得分为107.67分的市民是各得分点中占样本总量最多的得分点。而低于平均分100分的样本量占样本总量的44.12%,这表明有四成市民的人文社会科学知识与素养状况不是很理想,但是得分在90分以下的则不到10%。同时,最低相对得分为22.14分,最高相对得分为124.40分,说明市民个体之间的人文社会科学知识与素养的差异十分显著。

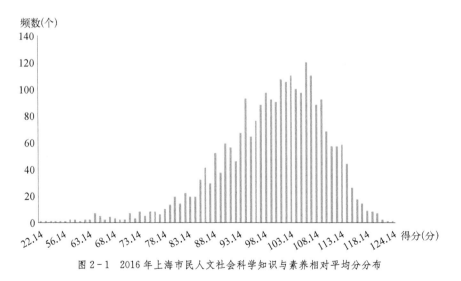

图2-1 2016年上海市民人文社会科学知识与素养相对平均分分布

2. 2016年上海远郊市民人文社会科学知识与素养平均分分布情况

在研究中,课题组专门针对2 518份问卷中的209份上海远郊市民

第二章 上海市民人文社会科学知识与素养状况与变化

样本进行统计。如表2-2所示,上海远郊市民人文社会科学知识与素养平均分,不计算综合部分成绩,为74.2311分,加上综合部分则为79.9820分。

表2-2 2016年上海远郊市民人文社会科学知识与素养调查问卷得分均值

项目	人文知识	人文思想	人文方法	人文精神	人文知识与素养	综合部分	全部总分
总分(百分制)[原分值](分)	24.3 [26]	3.74 [4]	19.63 [21]	52.34 [56]	100 [107]	100 [55]	100 [162]
被调平均分(分)	19.578 5	2.348 5	13.278 6	40.794 7	75.993 1	90.463 1	83.23
N(样本量)(个)	2 518	2 518	2 518	2 518	2 518	2 518	2 518
标准差	4.149	0.728	2.96	4.746	8.616	9.834	11.131
远郊地区均值(分)	19.255 8	2.367 9	12.867 5	39.746 9	74.231 1	85.732 9	79.982 0
N(样本量)(个)	209	209	209	209	209	209	209

经加权处理,以100分为总体平均分,2016年上海远郊市民人文社会科学知识与素养相对平均分分布如图2-2所示(不包括综合部分得分)。85.14分以下可以表征人文社会科学知识与素养较低,合计占样本总量的9.57%;121.14分以上可以表征人文社会科学知识与素养水平很高,合计占样本总量的0%。这表明,远郊市民中人文社会科学知识与素养极高者为零;人文社会科学知识与素养极低的市民占比略高于上海市民调查问卷所显示的7.94%。得分在100—121.14分者,合计占到样本总量的49.76%,这一得分集中区域的比例要低于上海市民的总体水平,说明远郊市民人文素养的总体水平低于城市市民的总体水平。值得关注的是,低于平均分100分的样本量占样本总量的51.24%,这表明多数远郊市民的人文社会科学知识与素养状况不佳。同时,数据显示,远郊市民人文社会科学知识与素养最低相对得分为59.11分,最高相对得分为119.67分,表明上海远郊市民的人文社会科学知识与素养水平的个体差异明显。

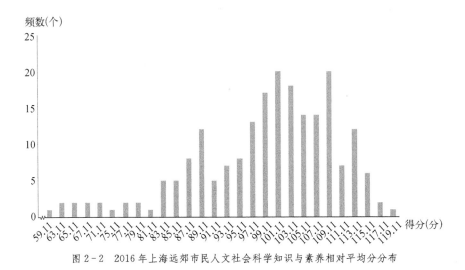

图 2-2 2016年上海远郊市民人文社会科学知识与素养相对平均分分布

3. 2016年上海市民人文社会科学知识与素养状况的城乡比较

上海远郊市民人文社会科学知识与素养的得分分布情况与上海市民的得分分布情况大体一致。但上海远郊市民的得分平均值低于上海市民的得分平均值,差距主要体现在人文精神方面。但是,远郊市民在人文思想方面的总体得分略高于上海市民的总体得分。

总体上讲,上海远郊市民的人文社会科学知识与素养整体平均水平要低于上海市民的总体水平,这表明上海经济社会发展存在的城乡发展不平衡情况,在市民的人文社会科学知识与素养状况上也有所反映。

(二)上海市民人文社会科学知识与素养状况的历史比较

为了便于比较上海市民人文社会科学知识与素养总体平均分水平在2011年与2016年间的变化情况,课题组将两次调查所得的数据转化为统一的标准,以便于比较分析。根据两次调查得到的总体平均分,按照得分布情况分成五个区间,即60(不含)分以下、60(含)—70(不含)分、70(含)—80

(不含)分、80(含)—90(不含)分、90分及以上来进行比较,可以看出2011年至2016年五年来调查数据的变化(如图2-3所示)。按照调查设计的评价标准,得分在70(不含)分以下可以表征人文社会科学知识与素养较低,得分在90分及以上可以表征人文社会科学知识与素养较高。

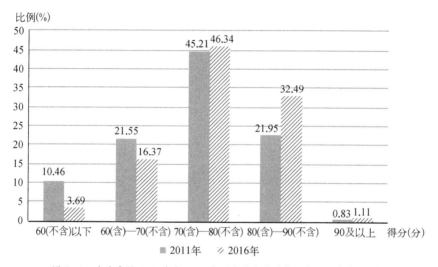

图2-3 上海市民2011年与2016年两次调查的总体平均分分布情况比较

从2011年和2016年两次调查的数据比较(如图2-3所示)可以看出,2011年,得分为60(不含)分以下者合计占样本总量的10.46%,而在2016年的调查中,这一比例为3.69%,显示2016年人文社会科学知识与素养较低者的比例下降了6.77个百分点。在2011年的调查中,得分为90分及以上者合计占样本总量的0.83%,而在2016年的调查中,这一占比为1.11%,显示2011年到2016年这一数据上升了0.28个百分点。在2011年的调查中,得分在70(含)—90(不含)分者合计占样本总量的67.16%,2016年则达到了78.83%,即得分在70(含)—90(不含)分区间的市民样本总量占比上升了11.67个百分点。

从总体上看,2016年上海市民的人文社会科学知识与素养整体水平较2011年有了比较明显的提升。

(三) 上海白领人文社会科学知识与素养总体状况及历史比较

1. 上海白领人文社会科学知识与素养平均分情况及比较

按照 2019 年上海白领人文社会科学知识与素养调查各板块得分情况(如表 2-3 所示),折算成百分制后,各板块平均分分别为:人文知识 24.16 分,人文思想 2.59 分,人文方法 14.15 分,人文精神 42.83 分。总体平均分为 83.82 分,总体情况良好。

表 2-3 2019 年上海白领人文社会科学知识与素养平均分情况

项 目	人文知识	人文思想	人文方法	人文精神	人文知识与素养总分
总分(百分制)[原分值](分)	27.10 [29]	3.73 [4]	19.63 [21]	49.53 [53]	100 [107]
被调平均分(分)	24.16	2.59	14.15	42.83	83.82
N(样本量)(个)	1 351	1 351	1 351	1 351	1 351
标准差	4.18	0.79	2.45	5.46	9.20

2013 年上海白领人文社会科学知识与素养调查各板块得分情况(如表 2-4 所示),折算成百分制后,各板块平均分分别为:人文知识 24.34 分,人文思想 2.95 分,人文方法 13.75 分,人文精神 42.61 分。总体平均分为 83.96 分,总体情况良好。

表 2-4 2013 年上海白领人文社会科学知识与素养平均分情况

项 目	人文知识	人文思想	人文方法	人文精神	人文知识与素养总分
总分(百分制)[原分值](分)	25.44 [29]	3.51 [4]	18.42 [21]	52.63 [60]	100 [114]
被调平均分(分)	24.34	2.95	13.75	42.61	83.96

续 表

项 目	人文知识	人文思想	人文方法	人文精神	人文知识与素养总分
N(样本量)(个)	2 415	2 412	2 335	2 090	2 047
标准差	4.40	0.90	2.67	5.81	9.82

上海白领人文社会科学知识与素养总体平均分从2013年的83.96分到2019年的83.82分,整体水平基本没有变化。

2. 上海白领人文社会科学知识与素养平均分分布情况及比较

如图2-4所示,以100分为总体平均分,2019年上海白领人文社会科学知识与素养平均分分布有三个比较明显的区间,即80(含)—90(不含)分、90(含)—100(不含)分和100分及以上三个区间,占比分别达到12.73%、28.57%和51%,说明上海白领人文社会科学知识与素养总体情况良好。

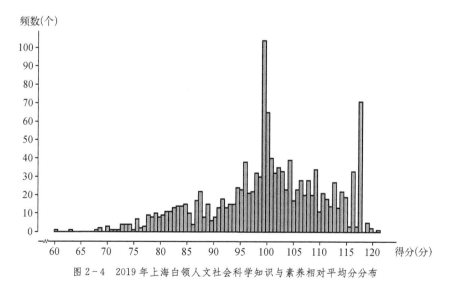

图2-4 2019年上海白领人文社会科学知识与素养相对平均分分布

从2013年的得分情况来看(如图2-5所示,以100分为总体平均分),得分分布有五个比较明显的区间,即78.80分及以下、78.80(含)—91.94

(不含)分、91.94(含)—105.10(不含)分、105.10(含)—118.20(不含)分、118.20分及以上。按照相对计分评价方式,得分在78.80(不含)分以下可以表征人文素养较低,合计占样本总量的6.1%,得分在118.20分及以上可以表征人文素养较高,合计占样本总量的1.1%。得分在95.62分及以上者,合计占到样本总量的68.6%,表征有近七成白领的人文素养状况良好。

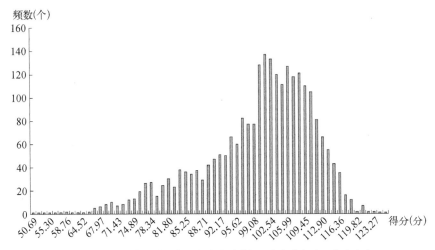

图2-5 2013年上海白领人文社会科学知识与素养相对平均分分布

比较2013年和2019年的数据,上海白领阶层的人文素养得分情况没有太大变化。

二、上海市民人文社会科学知识与素养的性别差异分析及比较

(一) 2016年上海市民人文社会科学知识与素养的性别差异

从2016年调查的结果来看(以100分为总体平均分),男性市民人

文社会科学知识与素养水平状况比女性市民略好,主要体现在人文知识、人文思想得分较高。统计数据显示,男性市民人文社会科学知识与素养平均分为100.48分,高于总体平均分;女性市民为99.54分,低于总体平均分;两者相差0.94分,总体上男性平均分略高于女性。如图2-6所示,造成差异的主要原因是女性市民在人文知识和人文思想上的得分均低于男性市民。尤其是在人文知识方面,男性市民平均分为102.24分,女性市民平均分为97.63分,相差4.61分;人文思想方面,男性高女性3.72分。而在人文方法方面,女性则高男性1.75分,显示女性在人文方法方面的素养高于男性;在人文精神方面,男女仅相差0.11分。

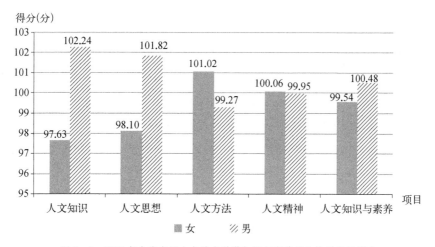

图2-6 2016年上海市民人文社会科学知识与素养得分性别差异情况

从图2-6及图2-7来看2016年与2011年上海市民人文社会科学知识与素养得分性别差异情况,都基本呈现出一定的规律,即男女市民按维度的得分大体上呈现出围绕总体平均分100分对称分布的特点,表现出市民的人文社会科学知识与素养在性别上存在一定的互补性特点。

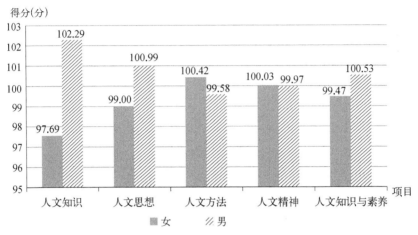

图 2-7　2011 年上海市民人文社会科学知识与素养得分性别差异情况

（二）上海市民人文社会科学知识与素养性别差异比较

从 2011 年和 2016 年两次调查的数据来看，上海市民人文社会科学知识与素养水平状况的性别差异的变化不是很明显。无论是 2011 年的调查数据还是 2016 年的调查数据，均显示出男性人文社会科学知识与素养的整体水平要略高于女性，不过在人文知识方面，市民的性别差异更显著一些，且这种差距五年间基本没有什么大的改变（2011 年两者相差 4.6 分，2016 年两者相差 4.61 分）。不过，从 2011 年和 2016 年的数据来看，男女市民在人文社会科学知识与素养各维度上的得分大体呈现出围绕总体平均分 100 分呈对称分布的特点。

从人文社会科学知识与素养各维度具体得分情况看，对比 2011 年与 2016 年两次调查数据的变化来看，女性市民在人文思想上的得分略有下降，而男性市民在人文思想上的得分则有所上升。在人文思想方面男女市民得分差距增大的趋势比较明显，2011 年两者之间差距为 1.99 分，而 2016 年的差距为 3.72 分。

（三）上海白领人文社会科学知识与素养性别差异及比较

如图 2-8 所示，2019 年上海白领人文社会科学知识与素养的调查显示(以 100 分为总体平均分)，上海市女性白领的各项得分大多都高于男性，其中女性白领各项得分为 98.31、101.39、100.21、101.21、100.62，男性白领各项得分为 100.30、98.37、100.13、99.93、99.82。总体而言，五大领域中都是人文思想领域得分最高，人文知识领域得分最低。

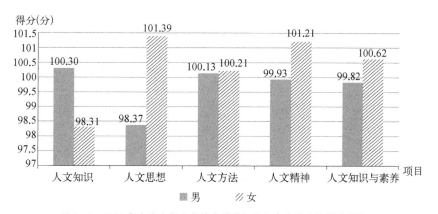

图 2-8　2019 年上海白领人文社会科学知识与素养得分性别差异情况

如图 2-9 所示，2013 年的调查表明(以 100 分为总体平均分)：男性白领人文社会科学知识与素养水平状况总体比女性白领要略低，且主要在人文思想、人文方法和人文精神方面。男性白领仅在人文知识方面略高于女性白领，尤其在人文精神方面与女性的差距明显一点。

对比两组数据可知，2013 年和 2019 年上海白领人文社会科学知识与素养水平得分情况，因为性别不同所引起的人文素养得分差异明显缩小了。总体上，依然是上海市女性白领人文社会科学知识与素养整体状况略好于男性。

上海市民人文素养发展研究报告(2019)

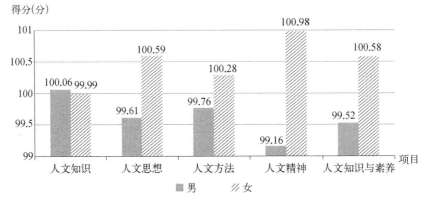

图2-9 2013年上海白领人文社会科学知识与素养得分性别差异情况

三、上海市民人文社会科学知识与素养文化程度差异分析及历史比较

(一) 2016年上海市民人文社会科学知识与素养的文化程度差异

如图2-10所示(以100分为总体平均分),上海市民人文社会科学知识与素养的高低同受教育程度成正比,反映在数据上体现为随着学历的提高,得分也相应提高,即受教育程度越高,市民的人文社会科学知识与素养状况越好。基本情况是,小学及以下文化程度市民平均分最低,研究生及以上文化程度市民平均分最高,两者差距较大。高中或中专以下文化程度市民平均分均略低于总体平均分,大专以上文化程度市民平均分均高于总体平均分。在研究生及以上文化程度市民中,接受文科教育者的人文社会科学知识与素养明显高于接受理工科教育者;在大专、大学本科文化程度市民中,接受理工科教育者的人文社会科学知识与素养明显高于接受文科教育者。

因此,基本的结论是市民人文社会科学知识与素养同其文化程度即受教

第二章　上海市民人文社会科学知识与素养状况与变化

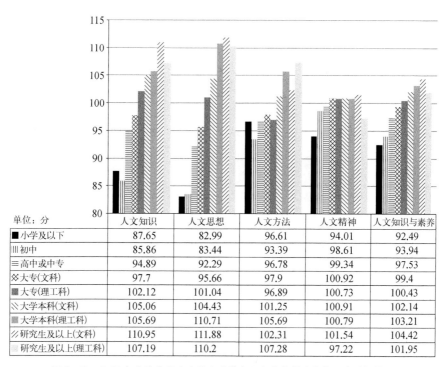

图 2-10　2016年上海市民人文社会科学知识与素养得分文化程度差异情况

育程度呈现出正相关的关系,而且,是否接受大专文化教育成为人文社会科学知识与素养得分是否高于总体平均分的一个重要界限。

上海远郊市民同样表现出这一规律,文化程度越高,其人文社会科学知识与素养的得分基本也越高;初中及以下文化程度市民平均分最低,研究生及以上文化程度市民得分最高,且两者差距较大。如图2-11所示,高中或中专以下文化程度市民得分均低于总体平均分,大专及以上文化程度市民平均分都高于总体平均分。在大专及以上文化程度市民中,接受理工科教育的市民人文社会科学知识与素养明显高于接受文科教育的市民。但是在研究生及以上文化程度市民中,接受文科教育的市民人文社会科学知识与素养明显高于接受理工科教育的市民。显然,远郊市民人文社会科学知识与素养同文化程度表现出的关联性和市民群体的特征类似。

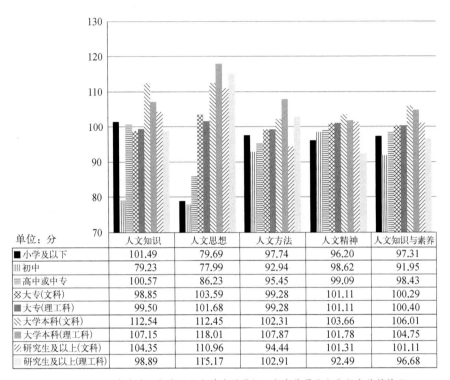

图 2-11 2016年上海远郊市民人文社会科学知识与素养得分文化程度差异情况

从上海远郊市民总体情况来看,是否接受大专及以上文化教育依然是人文社会科学知识与素养得分是否高于总体平均分的一个重要的区分界限。

值得注意的是,研究生及以上(理工科)文化程度市民在人文精神方面得分偏低,为92.49分,低于市民总体平均分。而大专文化程度市民在人文知识、人文方法方面的得分低于市民总体平均分。

上海远郊市民的总体情况与城市市民的总体情况相类似,均基本呈现出人文社会科学知识与素养同文化程度之间存在正相关的关系,但不同文化程度市民表现出的特点上,远郊市民与城市市民总体情况还是存在差异的。大学本科及以上文化程度的城市市民在人文知识、人文思想、人文方法方面的

第二章 上海市民人文社会科学知识与素养状况与变化

得分较高,均在总体平均分 100 分以上。而大专文化程度的远郊市民在人文知识与人文方法方面的得分却在总体平均分 100 分以下。

另外,研究生及以上(理工科)文化程度的远郊市民在人文知识、人文方法和人文精神方面得分明显低于城市市民的平均水平。

(二)上海市民人文社会科学知识与素养文化程度差异的历史比较

如图 2-12 所示,为 2011、2016 年上海市民人文社会科学知识与素养得分差异及比较。横坐标轴以下的部分代表 2016 年的得分水平低于 2011 年的水平,反之则说明高于 2011 年的水平。下面将文化程度的变化情况按照六个方面进行分析比较。

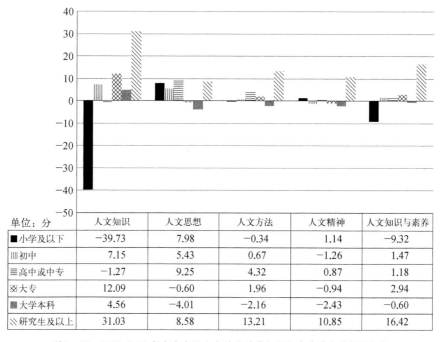

单位:分	人文知识	人文思想	人文方法	人文精神	人文知识与素养
■小学及以下	-39.73	7.98	-0.34	1.14	-9.32
⦀初中	7.15	5.43	0.67	-1.26	1.47
≡高中或中专	-1.27	9.25	4.32	0.87	1.18
※大专	12.09	-0.60	1.96	-0.94	2.94
▬大学本科	4.56	-4.01	-2.16	-2.43	-0.60
⦀研究生及以上	31.03	8.58	13.21	10.85	16.42

图 2-12 2011、2016 年上海市民人文社会科学知识与素养得分差异及比较

人文知识方面,总体有了明显的提升,说明上海市民的知识学习有明显提升,也说明这些年来上海的人文社会科学知识的普及工作有了良好的效果。尤其是研究生及以上文化程度的上海市民相对于2011年来讲,其平均分水平出现了比较显著的上升,但是小学及以下文化程度的上海市民,其在人文知识方面的平均分出现了明显的下降。

在人文思想方面,除大专及大学本科文化程度的上海市民平均分水平略有下降之外,其他文化程度市民的平均分水平均出现了显著的上升。

在人文方法方面,除小学及以下和大学本科文化程度市民之外,其余文化程度的上海市民平均分水平都有一定的提高。

在人文精神方面,小学及以下、高中或中专和研究生及以上文化程度的上海市民平均分相较于2011年均有一定的上升,其他文化程度市民的平均分都略有下降,且大学本科市民的得分下降幅度最大。

从人文社会科学知识与素养的整体水平上看,研究生及以上文化程度市民的得分有了显著提升,这同其在人文知识方面得分的显著提高有密切的关系,而小学及文化程度市民的得分出现显著下降,也同其在人文知识方面得分存在明显下降有关联。

总的来说,文化程度与市民的人文社会科学知识与素养的整体水平有关联性。

(三) 上海白领人文社会科学知识与素养文化程度差异及历史比较

如图2-13所示,2019年上海白领人文社会科学知识与素养的调查显示,在人文社会科学知识与素养得分上,不同文化程度白领的分数的分布相对比较集中,未表现出很大的差距,总体而言学历较高的白领的分数相对较高,人文素养状况也更好。

如图2-14所示,2013年的调查表明(以100分为总体平均分):白领人

第二章 上海市民人文社会科学知识与素养状况与变化

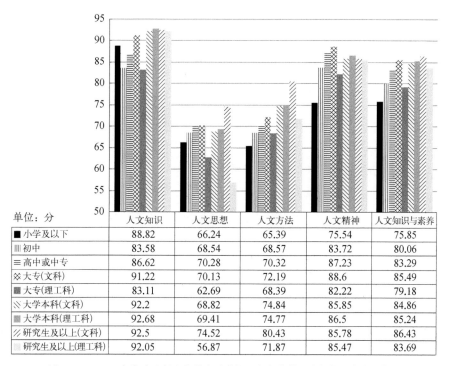

图2-13 2019年上海白领人文社会科学知识与素养得分的文化程度差异情况

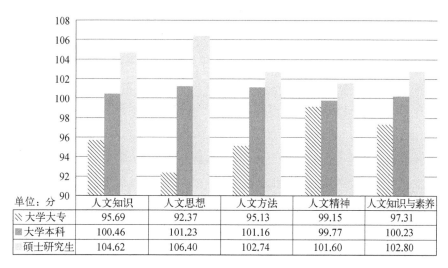

图2-14 2013年上海白领人文社会科学知识与素养得分文化程度差异情况

文素养水平与其文化程度,即受教育程度总体上呈现正相关关系;明显可以看出,文化教育程度高的白领的人文社会科学知识与素养得分要高于文化教育程度低的白领,而且这种趋势表现得比较明显。文化程度为研究生的白领的人文素养水平明显要高于文化程度为大学本科和大专的白领。

对比两组数据可知,从2013年到2019年,由于学历差异所造成的白领人文社会科学知识与素养水平差异有较为明显的缩小。这显然是因为上海白领阶层的职业性质对人文素养有要求。

四、上海市民人文社会科学知识与素养年龄差异分析及历史比较

(一) 2016年上海市民人文社会科学知识与素养的年龄结构差异

如图2-15所示(以100分为总体平均分),按调查要求划分了五个年龄段,即52岁及以上、42—51岁、32—41岁、22—31岁和15—21岁。其中32—41岁、22—31岁和15—21岁年龄段市民人文社会科学知识与素养的平均分高于市民总体平均分(100分),42—51岁市民的得分略低于市民总体平均分,而52岁及以上市民的人文社会科学知识与素养平均分则明显低于总体平均分,与得分最高的15—21岁年龄段市民差距较为明显。

总体显示,15—41岁市民是人文社会科学知识与素养较高的群体,而42岁及以上市民的得分则相对较低。造成差异的主要原因是两者在人文知识、人文思想和人文方法方面的得分低于前者。同时,随着年龄的下降,市民人文社会科学知识与素养得分呈依次上升态势。

从对上海远郊市民的调查结果来看(如图2-16所示),上海远郊32—41岁、22—31岁、15—21岁年龄段市民平均分都高于市民总体平均分(100分),而42—51岁、52岁及以上年龄段市民的人文社会科学知识与素养得分在平均

第二章 上海市民人文社会科学知识与素养状况与变化

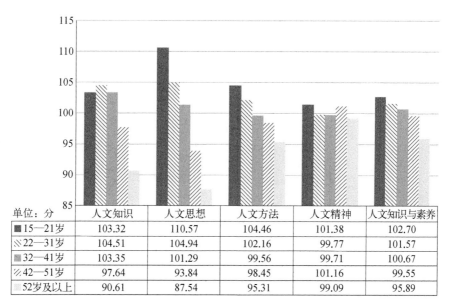

图 2-15 2016年上海市民人文社会科学知识与素养得分年龄差异情况

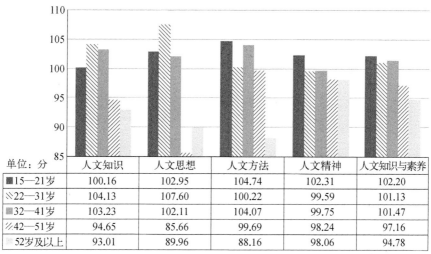

图 2-16 2016年上海远郊市民人文社会科学知识与素养得分年龄差异情况

分(100分)以下。其中52岁及以上年龄段市民得分最低,与其他年龄段市民平均分有一定差距,其差距主要体现在人文知识、人文思想和人文方法方面。

总体上看,上海远郊市民人文社会科学知识与素养状况在年龄上出现的这些特点同上海市民出现的特点也比较类似。

(二) 上海市民人文社会科学知识与素养年龄差异的历史比较

如图2-17和图2-18所示,从2011年和2016年两组调查数据的比较可以看出,不同年龄段上海市民的人文社会科学知识与素养平均分有较大的变化。2016年15—21岁、22—31岁、42—51岁及以上年龄段的市民,其人文社会科学知识与素养的平均分低于2011年的平均分。具体来看(如图2-18所示),年龄在15—21岁的市民,在人文知识与人文思想方面得分下降,而在人文方法和人文精神方面平均分均有所上升,但总体情况是略有下降;年龄在22—31岁的市民,在人文知识与人文方法方面得分出现了下降,而在人文思想方面得分却有了显著的提升,但总体情况也是略有下降;年龄在32—41

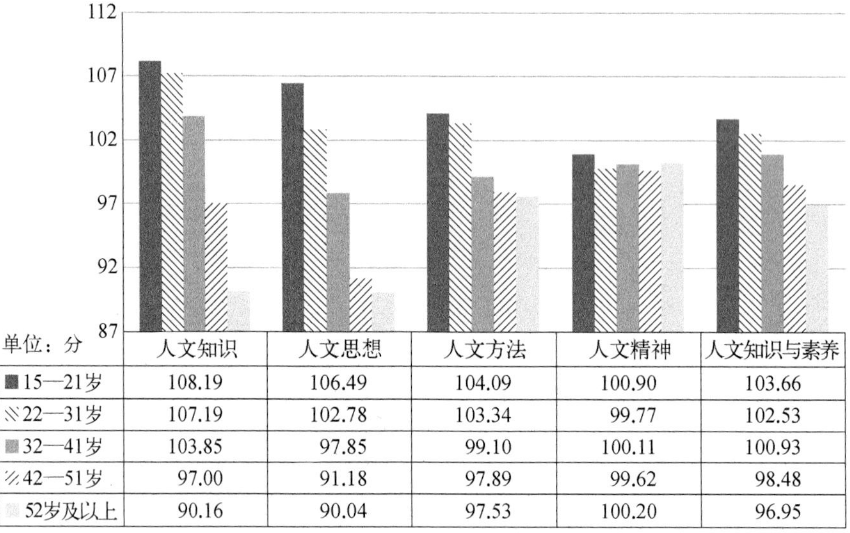

单位:分	人文知识	人文思想	人文方法	人文精神	人文知识与素养
15—21岁	108.19	106.49	104.09	100.90	103.66
22—31岁	107.19	102.78	103.34	99.77	102.53
32—41岁	103.85	97.85	99.10	100.11	100.93
42—51岁	97.00	91.18	97.89	99.62	98.48
52岁及以上	90.16	90.04	97.53	100.20	96.95

图2-17 2011年上海市民人文社会科学知识与素养得分年龄差异情况

第二章　上海市民人文社会科学知识与素养状况与变化

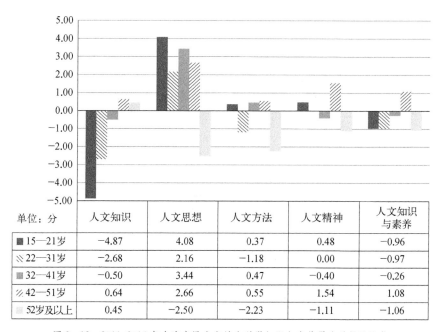

图 2-18　2011、2016 年上海市民人文社会科学知识与素养得分差异及比较

注：本图中水平 0 轴表示 2011 年与 2016 年数据变化的基准线，基准线上正值表示得分数值升高，反之则下降

岁的市民，在人文思想和人文方法方面的提升较明显；年龄在 42—51 岁的市民，在人文思想方面得分出现了明显下降，总体情况是略有下降；52 岁及以上的市民，在人文方法方面得分出现了较为明显的下降，在人文知识方面得分却略有提升，但总体情况是下降的。

以上情况说明五年来不同年龄段市民的人文社会科学知识与素养总体情况及各个具体方面没有出现明显的提高，特别是 52 岁及以上市民的得分还出现了比较明显的下降。社会仍须不断倡导市民终身教育，普及人文社会科学知识。对于逐渐进入老龄化社会的今天，这个问题显得尤为重要。

（三）上海白领人文社会科学知识与素养年龄差异及历史比较

如图 2-19 所示，2019 年上海白领人文社会科学知识与素养的调查显示

(以 100 分为总体平均分),在人文社会科学知识与素养总体得分上,15—21 岁年龄段受访者与其他年龄段相比明显偏低,其他年龄段总体得分差距不太大,且 32—41 岁受访者总体得分最高。各分项情况,也多是 32—41 岁受访者得分相对更高。

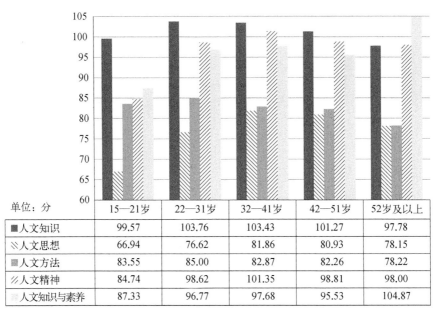

图 2-19　2019 年上海白领人文社会科学知识与素养得分年龄差异情况

如图 2-20 所示,2013 年的调查显示(以 100 分为总体平均分),20—25 岁、26—35 岁、46—55 岁年龄段的白领受访者人文素养都比较高,差距不是太大;36—45 岁的白领受访者的人文社会科学知识与素养水平最高,56 岁以上的白领人文社会科学知识与素养总体水平相对较低,尤其在人文知识、人文思想方面显得尤为缺乏。

对比两组数据显示,2019 年上海白领各年龄段受访者人文社会科学知识与素养总体得分情况相比 2013 年发生了一些结构性改变,52 岁及以上的白领人文社会科学知识与素养总体得分则出现了比较显著的提高。

第二章 上海市民人文社会科学知识与素养状况与变化

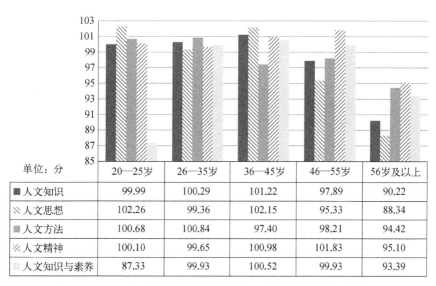

图 2-20 2013 年上海白领人文社会科学知识与素养得分年龄差异情况

五、上海市民人文社会科学知识与素养户籍、居住地差异及历史比较

(一) 2016 年上海市民人文社会科学知识与素养户籍、居住地差异

图 2-21 显示(以 100 分为总体平均分),本地户籍市民人文社会科学知识与素养得分低于市民总体平均分(100 分),而外地户籍市民的得分高于市民总体平均分,两者相差 2.77 分;居住地在城镇的市民得分在市民总体平均分以上,居住地在农村的市民得分在市民总体平均分以下,两者相差 2.63 分,主要体现在人文方法方面,得分相差 3.46 分。但是,在人文思想方面,居住地在农村的市民的得分却高于居住地在城镇的市民。

值得注意的是,外地户籍市民的人文社会科学知识与素养各维度得分普遍高于本地户籍市民的得分,尤其在人文思想方面,外地户籍市民得分高于本地户籍市民得分13.10分,差距比较明显。

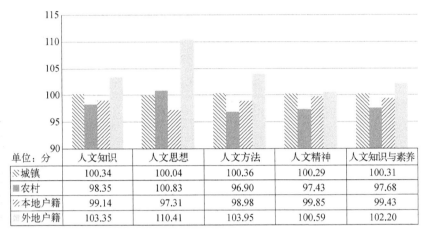

图 2-21 2016年上海市民人文社会科学知识与素养得分户籍、居住地差异情况

在远郊地区的市民中,本地户籍市民在人文知识方面得分显著高于非本地户籍市民(如图 2-22 所示),但是非本地户籍市民的整体得分水平依然要略高于本地户籍市民,且差距主要体现在人文方法得分上。

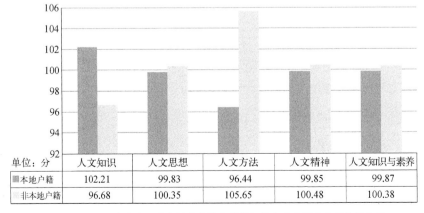

图 2-22 2016年上海远郊市民人文社会科学知识与素养得分户籍差异情况

(二) 上海市民人文社会科学知识与素养户籍、居住地差异的历史比较

如图2-23所示,2011、2016年数据比较显示,五年来城镇市民人文社会科学知识与素养的整体得分基本没有太大变化,但在人文知识、人文思想得分上略有降低;农村居住地市民整体得分水平上升,尤其是人文知识、人文思想得分有比较显著的提高,但是人文方法得分的下降也较明显;本地户籍市民人文社会科学知识与素养整体得分和各个部分的得分都略有下降;非本地户籍市民的整体得分和各个部分得分则全部上升,尤其是人文知识和人文思想得分提高比较显著。

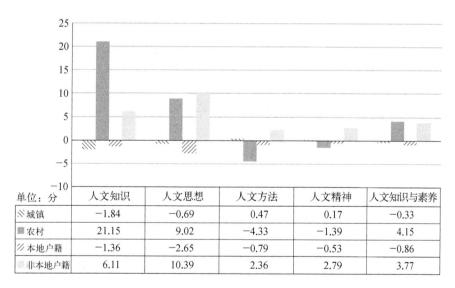

图2-23 2011、2016年上海市民人文社会科学知识与素养得分户籍、居住地差异比较

注:本图中水平0轴表示2011、2016年数据变化的基准线,基准线上正值表示数值升高,反之下降

（三）上海白领人文社会科学知识与素养户籍、居住地差异及比较

如图 2-24 所示，2019 年上海白领人文社会科学知识与素养的调查显示，不同户籍、居住地白领的得分相对比较集中，均在 80 分上下，未表现出很大的差距。总体而言，来自农村（指居住地仍在农村）的白领群体的分数相对较低，而在各项得分上，来自农村的白领的人文思想和人文方法得分偏低，人文知识和人文精神得分相对较高。

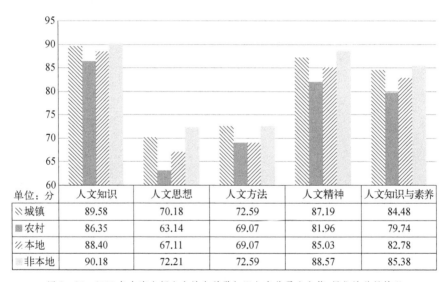

图 2-24　2019 年上海白领人文社会科学知识与素养得分户籍、居住地差异情况

如图 2-25 所示，2013 年的调查情况（以 100 分为总体平均分）：来自农村的白领的人文社会科学知识与素养的总体水平要明显低于城镇的白领，尤其在人文思想和人文知识得分上差距更大。而外地户籍白领在人文知识和人文思想得分上要稍低于本地户籍白领。然而，就人文方法、人文精神得分而言，两者差距不大，外地户籍白领的得分甚至略高于本地户籍的白领。

第二章　上海市民人文社会科学知识与素养状况与变化

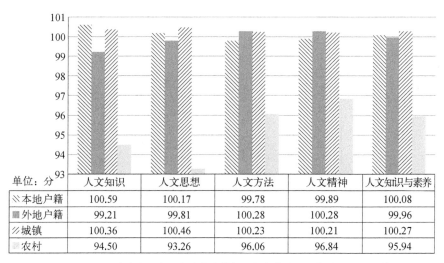

图 2-25　2013 年上海白领人文社会科学知识与素养得分户籍、居住地差异情况

对比 2013、2019 年两组数据，2019 年农村户籍白领的人文社会科学知识与素养有了显著的提高，由以往与平均水平差距较大的情况变为基本接近平均水平。

总体而言，本地户籍与外地户籍白领、城镇和农村白领的人文社会科学知识与素养水平差异已经变小了。

六、上海市民人文社会科学知识与素养政治面貌差异及比较

(一) 2016 年上海市民人文社会科学知识与素养的政治面貌差异

如图 2-26 所示，政治面貌为共产党员、共青团员的市民的人文社会科学知识与素养平均分均高于市民总体平均分(100 分)；政治面貌为民主党派的市民的人文社会科学知识与素养平均分略低于市民总体平均分；普通群众

平均分为97.46分,低于市民总体平均分近2.54分。其中,共产党员和共青团员得分最高,分别为102.26分和102.27分,高出普通群众平均分4.8分和4.81分;政治面貌为民主党派的市民平均分为99.5分。

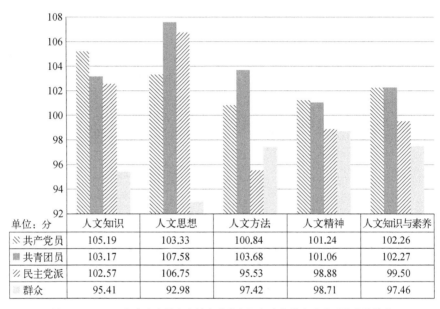

图2-26 2016年上海市民人文社会科学知识与素养得分政治面貌差异情况

由此可以认为,市民人文社会科学知识与素养同政治素养有着较强的关联性。政治素养是人文社会科学知识与素养的重要组成部分,调查显示共产党员、共青团员的人文社会科学知识与素养要明显高于一般群众。

如图2-27所示,在远郊市民中,共产党员、共青团员、民主党派市民的人文社会科学知识与素养平均分都约等于或高于市民总体平均分(100分),普通群众平均分为96.3分,低于市民总体平均分。数据显示,政治面貌为民主党派的远郊市民平均分最高,为109.97分,高出群众平均分13.67分。政治面貌为共青团员的远郊市民位列其后,为103.49分;政治面貌为共产党员的远郊市民平均分为99.82分。

第二章　上海市民人文社会科学知识与素养状况与变化

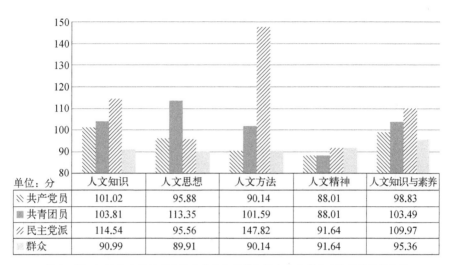

图2-27　2016年上海远郊市民人文社会科学知识与素养得分政治面貌差异情况

这表明,在远郊市民中,共产党员的人文社会科学知识与素养平均分虽然与平均值相近,却与上海总体样本调查结果情况不同,其平均分低于共青团员。上海远郊市民中民主党派身份的市民主要因人文知识、人文方法的得分较高,因而整体得分最高。

(二) 上海市民人文社会科学知识与素养政治面貌差异的历史比较

如图2-28所示(以100分为总体平均分),从2011年和2016年两次调查的数据来看,政治面貌为共产党员、共青团员和民主党派的市民的人文社会科学知识与素养均明显高于一般群众。但从历史变化上看,不同政治面貌市民的人文社会科学知识与素养的得分情况发生了一些变化。除政治面貌为群众的市民的人文社会科学知识与素养的得分有所上升外,其他群体的得分都有不同程度的下降。

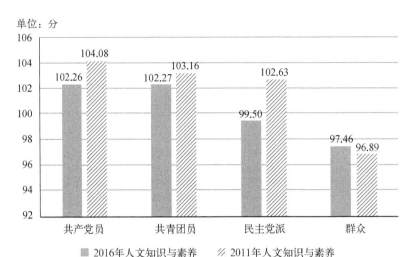

图 2-28 2011、2016 年上海市民人文社会科学知识与素养得分政治面貌差异的历史比较

（三）上海白领人文社会科学知识与素养政治面貌差异及比较

如图 2-29 所示，2019 年上海白领人文社会科学知识与素养的调查显示，不同政治面貌白领的人文社会科学知识与素养的得分从低到高排列依次为民主党派、共青团员、群众、共产党员。可以看出，共产党员的人文社会科学知识与素养相对较高。

如图 2-30 所示，2013 年的调查显示（以 100 分为总体平均分），政治面貌为共产党员、共青团员的白领其人文素养得分明显高于政治面貌为群众的白领，政治面貌为民主党派的白领的人文素养得分相对略低。

2013 年的调查显示白领的人文社会科学知识与素养水平与政治面貌有一定的相关性。共产党员和共青团员的人文社会科学知识与素养总体要略高于群众和民主党派人士。

对比两组数据可发现，2013 年不同政治面貌的白领群体的人文素养情

第二章　上海市民人文社会科学知识与素养状况与变化

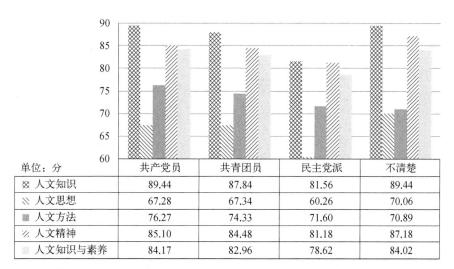

图 2-29　2019 年上海白领人文社会科学知识与素养得分政治面貌差异情况

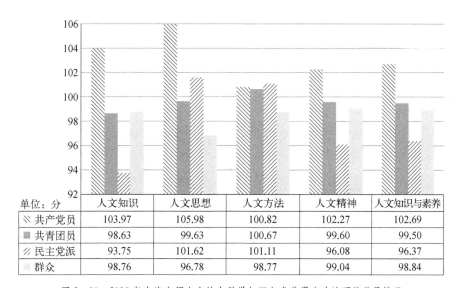

图 2-30　2013 年上海白领人文社会科学知识与素养得分政治面貌差异情况

况与2019年的调查结果基本是保持一致的,均显示政治面貌为共产党员、共青团员的白领其人文素养明显高一些,民主党派白领的人文素养相对略低些。

七、上海市民人文社会科学知识与素养宗教信仰差异及历史比较

(一) 2016年上海市民人文社会科学知识与素养的宗教信仰差异

如图2-31显示,对于宗教信仰问题回答"说不清"的市民的人文社会科学知识与素养平均分在市民总体平均分(100分)之下,而明确回答自己有宗教信仰或无宗教信仰的市民,其平均分都高于市民总体平均分。其中,有宗教信仰的市民其平均分略高于总体平均分,无宗教信仰的市民明显高于总体平均分,与说不清者的差距有4.09分。

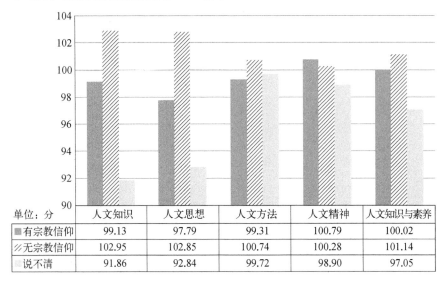

图2-31 2016年上海市民人文社会科学知识与素养得分宗教信仰差异情况

第二章 上海市民人文社会科学知识与素养状况与变化

总体而言,对自己的宗教信仰有明确态度的市民的人文社会科学知识与素养水平较高,在信仰问题上不知道自己信什么、处于迷茫中的市民的人文社会科学知识与素养往往较低。同时,无宗教信仰的市民的人文社会科学知识与素养得分高于有宗教信仰的市民1.12分,其差异主要体现在人文知识和人文思想得分上。另外,从不同维度来看,有宗教信仰的市民的人文精神得分相对最高,为100.79分,说明市民的人文精神会一定程度地受到宗教信仰的正面影响。

如图2-32所示,远郊市民中明确回答自己有宗教信仰或说不清的市民,其人文社会科学知识与素养平均分都在市民总体平均分(100分)之下,而无宗教信仰的市民,其平均分(101.23分)略高于总体平均分,与说不清者平均分差距达到5.24分。

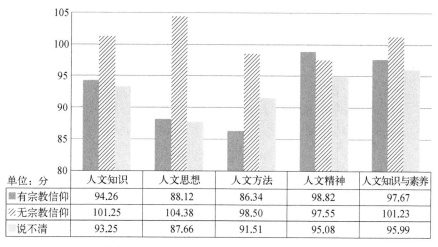

单位:分	人文知识	人文思想	人文方法	人文精神	人文知识与素养
有宗教信仰	94.26	88.12	86.34	98.82	97.67
无宗教信仰	101.25	104.38	98.50	97.55	101.23
说不清	93.25	87.66	91.51	95.08	95.99

图2-32 上海远郊市民人文社会科学知识与素养得分宗教信仰差异情况

总体而言,对自己的宗教信仰有明确态度的市民的人文社会科学知识与素养水平较高,在信仰问题上不明确的市民的人文社会科学知识与素养水平稍低。同时,明确无宗教信仰的市民的人文社会科学知识与素养得分高于明确有宗教信仰的市民,高出3.56分,其差异主要体现在人文知识、人文思想和人文方法的得分上;而无宗教信仰的市民的人文社会科学知识与素养得分与说不清者的差异也体现在人文知识、人文思想、人文方法的得分上;但在人文精神方面,同上海市民的调查结果一样,有宗教信仰的远郊市民得分最高,说明宗教信仰对市民的人文精神有一定影响。

(二) 上海市民人文社会科学知识与素养宗教信仰差异的历史比较

如图2-33所示(以100分为总体平均分),宗教信仰对市民的人文社会科学知识与素养产生了一定的影响。总体而言,2016年无宗教信仰的市民,其人文社会科学知识与素养平均分略有下降,降低了0.31分,下降程度不是很明显;而有宗教信仰和说不清者的人文社会科学知识与素养平均分比2011年分别提高了1.98分、0.70分。如图2-34所示,对有宗教信仰者来讲,其人文社会科学知识与素养水平在各维度均有所提高,主要表现在人文知识和人文思想方面,分别上升了5.47分、1.17分。据此可知,宗教信仰对市民人文社会科学知识与素养的提高是有一定的积

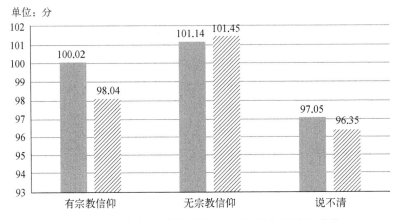

图2-33 上海市民人文社会科学知识与素养宗教信仰差异的历史比较

第二章 上海市民人文社会科学知识与素养状况与变化

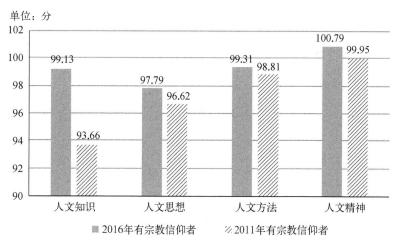

图 2-34 上海市有宗教信仰者人文社会科学知识与素养分项的历史比较

极作用的。

具体来看,有宗教信仰的市民的人文社会科学知识与素养水平在 2016 年有明显提升,重要原因是由于在有宗教信仰的市民中,文化程度在大专及以上的人数占比有了较大的提高,由 2011 年的 45% 上升到 2016 年的 67%。这也反映出一个问题,即近年来有更多的具有高学历的市民选择某种宗教信仰,这个问题值得关注。

(三) 上海白领人文社会科学知识与素养宗教信仰差异及比较

如图 2-35,2019 年上海白领人文社会科学知识与素养的调查显示,不同宗教信仰的白领的得分从低到高依次为:有宗教信仰者、无宗教信仰者、宗教信仰不明者。有宗教信仰的白领比无宗教信仰的白领的人文社会科学知识与素养水平略好一些,但差距较小。宗教信仰不明确的白领群体与宗教信仰明确的白领群体的得分有一定的差距。

如图 2-36 所示(以 100 分为总体平均分),2013 年的调查情况显示,对

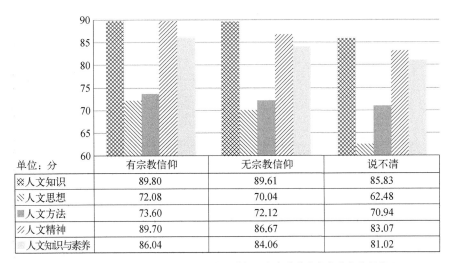

图 2-35　2019 年上海白领人文社会科学知识与素养得分宗教信仰差异情况

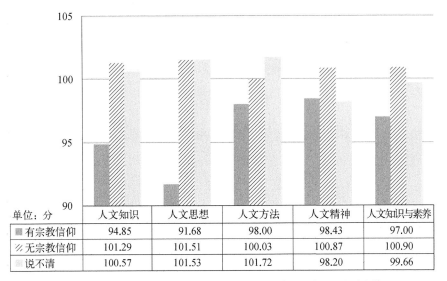

图 2-36　2013 年上海白领人文社会科学知识与素养得分宗教信仰差异情况

于白领阶层而言,明确回答自己有宗教信仰的白领,其人文社会科学知识与素养水平总体上要低于没有宗教信仰和说不清的白领,而明确回答自己无宗教信仰的白领的人文社会科学知识与素养水平最高。其中,有宗教信仰的白领在人文思想方面得分较低的情况值得关注。

对比两组数据可知,较 2013 年而言,2019 年,有宗教信仰的白领群体的人文社会科学知识与素养有了一定程度的提高,由以往与其他群体差距较大的情况变为基本接近的状态。但宗教信仰不明确的白领群体的人文素养却出现了下降趋势。

八、上海市民人文社会科学知识与素养的职业或身份差异与历史比较

(一) 2016 年上海市民人文社会科学知识与素养的职业或身份差异

在考察的八个当前职业或身份中,如图 2-37 显示(以 100 分为总体平均分),机关、党群组织、企业事业单位办事人员,专业技术人员和学生的人文社会科学知识与素养平均分都在市民总体平均分之上;商业、服务业人员,产业工人,农业劳动者,无业、失业人员的平均分在市民人文社会科学知识与素养总体平均分以下,而农业劳动者和产业工人平均分更是明显低于市民总体平均分。平均分最高(学生)与平均分最低(农业劳动者)的群体相差 9.2 分,差距较大。值得注意的是,机关、党群组织、企业事业单位负责人的人文社会科学知识与素养平均分不是很高,甚至没有达到市民总体平均分,这应该引起我们的高度重视。

调查数据反映出的尽管是相对的情况,但是从某个角度来讲也说明了一定的问题。现在一些机关、党群组织、企业事业单位负责人忽视自身的继续教育和人文社会科学知识与素养提升的现象还是较为普遍的。另外,无业、

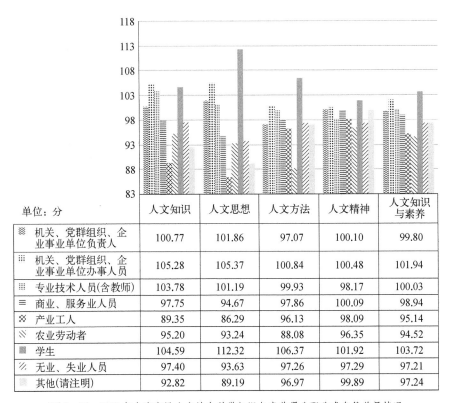

图 2-37 2016年上海市民人文社会科学知识与素养得分职业或身份差异情况

失业(或自谋职业)人员的得分并没有设想的低,虽然得分低于市民总体平均水平(为97.21分),但是从人文社会科学知识与素养的维度来看,其在人文知识或人文思想方面的得分要显著高于农业劳动者或产业工人,这说明上海市民中的无业、失业人员为了要实现再就业、再创业需要较高的人文社会科学知识与素养。

值得关注的是,农业劳动者的人文社会科学知识与素养平均分在各类人群中是最低的,尤其在人文方法和人文精神上的平均分较低,分别为88.08分、96.35分。这种状况对实现农业现代化不利,也会影响农村人力资源在未来城市化过程中向第二、第三产业的转移。因此,提高农业劳动者的人文社会科学知识与素养在城市发展战略中就显得非常重要。

另外,图2-38显示了远郊市民的职业或身份与人文素养之间的关系情况,机关、党群组织、企业事业单位办事人员和学生的人文社会科学知识与素养平均分都在市民总体平均分之上,其中学生得分最高(为102.51分)。商业、服务业人员平均分接近总体平均分;机关、党群组织、企业事业单位负责人,专业技术人员,农业劳动者的得分在总体平均分以下;产业工人,无业、失业人员平均分则显著低于市民总体平均分。其中,最高平均分(学生)与最低平均分(产业工人)相差11.99分,有较大差距。

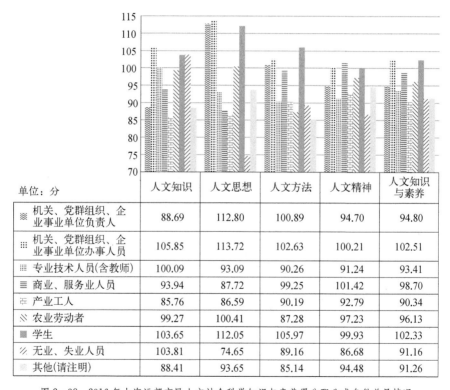

图2-38 2016年上海远郊市民人文社会科学知识与素养得分职业或身份差异情况

单位:分	人文知识	人文思想	人文方法	人文精神	人文知识与素养
机关、党群组织、企业事业单位负责人	88.69	112.80	100.89	94.70	94.80
机关、党群组织、企业事业单位办事人员	105.85	113.72	102.63	100.21	102.51
专业技术人员(含教师)	100.09	93.09	90.26	91.24	93.41
商业、服务业人员	93.94	87.72	99.25	101.42	98.70
产业工人	85.76	86.59	90.19	92.79	90.34
农业劳动者	99.27	100.41	87.28	97.23	96.13
学生	103.65	112.05	105.97	99.93	102.33
无业、失业人员	103.81	74.65	89.16	86.68	91.16
其他(请注明)	88.41	93.65	85.14	94.48	91.26

图2-37和图2-38显示,职业或身份对上海远郊地区市民的人文社会科学知识与素养状况的影响与上海市民的整体情况基本类似,大体上学生,

机关、党群组织、企业事业单位办事人员,专业技术人员,商业、服务业人员等几类群体的人文社会科学知识与素养都比较高,而机关、党群组织、企业事业单位负责人,农业劳动者,产业工人,无业、失业人员的人文社会科学知识与素养相对较低,其中的原因是耐人寻味的。

(二) 上海市民人文社会科学知识与素养职业或身份差异的历史比较

市民的人文社会科学知识与素养会受到职业或身份的影响。从2016年和2011年的数据对比来看(如图2-39所示),除农业劳动者和无业、失业人员之外的群体,其人文社会科学知识与素养水平相对变化不大,基本保持稳定。对于农业劳动者来讲,其人文社会科学知识与素养平均分从2011年的89.08分增加到2016年的94.52分,有一定的提升。这一提升主要原因是农业劳动者的人文知识和人文思想得分提升了。对于失业、无业人员而言,其

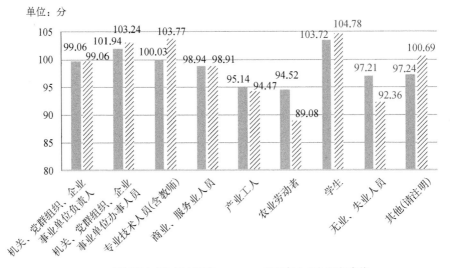

图2-39 上海市民人文社会科学知识与素养的职业或身份差异比较情况

人文社会科学知识与素养平均分也显著提升,由2011年的92.36分提高到2016年的97.21分。这说明农业劳动者和无业、失业人员的人文素养有明显提高,也侧面反映了上海市民整体人文社会科学知识与素养水平的提高。当然,其中也有值得关注的现象,专业技术人员(含教师)的人文社会科学知识与素养平均分与2011年相比,出现了一定幅度的下降。

上海市民中农业劳动者和无业、失业人员的人文素养水平出现明显提高的原因是:首先,从文化程度结构上讲,农业劳动者中高中及以下学历者占比从2011年的98%下降到了2016年的61%(如图2-40所示),大专及以上学历人员有很大幅度的提高(提升37%),使得农业劳动者的人文社会科学知识与素养总体水平出现了非常明显的提高;同样,对无业、失业者来说,高中及以下学历者明显下降,大专及以上学历者大幅提升了17%。由于文化程度结构的优化,使农业劳动者和无业、失业者的人文社会科学知识与素养水平也出现了明显变化。

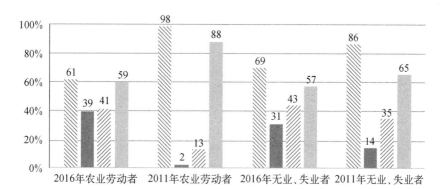

图2-40 上海市农业劳动者与无业、失业人员文化程度和年龄构成变化情况

其次,从年龄结构上讲(如图2-40所示),农业劳动者中高年龄段者(42岁及以上)从2011年的88%下降到2016年的59%,无业、失业人员中高年龄段者(42岁及以上)从2011年的65%下降到2016年的57%,说明这两类人员的年龄结构出现了年轻化的趋势,因此其人文社会科学知识与素养水平相对

上升。

最后,由于我国近年来的农业供给侧结构性改革和脱贫攻坚战的打响,使得上海的农业劳动者及失业、无业劳动者的数量减少,在获取政策扶持与帮助的同时,其劳动技能和劳动效率得到较大提升,个人素质也在不断改进与完善,其人文素养水平得到提升。

(三) 上海白领人文社会科学知识与素养职业或身份差异及比较

1. 2019 年上海白领人文社会科学知识与素养的职业或身份差异

如图 2-41 所示,职业或身份为其他,农业劳动者,机关、党群组织、企业事业单位办事人员和学生的受访者的人文社会科学知识与素养平均分分列前四位。产业工人,无业、失业受访者的人文社会科学知识与素养平均分最低。

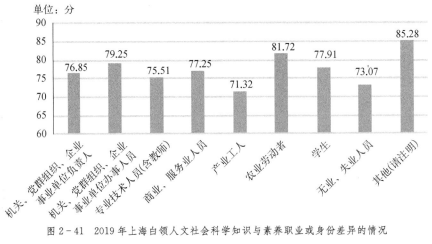

图 2-41 2019 年上海白领人文社会科学知识与素养职业或身份差异的情况

2. 2013 年上海白领人文社会科学知识与素养的职业或身份差异

(1) 按照企业类型不同的情况

如图 2-42 所示,2013 年上海白领人文社会科学知识与素养状况,按照企业类型显示,高新技术型企业白领的人文社会科学知识与素养的平均分最

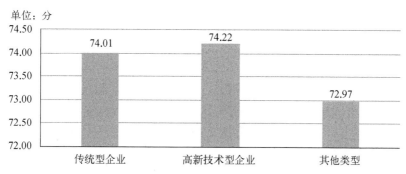

图 2-42　2013 年上海白领人文社会科学知识与素养企业类型差异的情况

高,传统型企业白领得分次之,其他类型企业白领得分最低。

(2) 按照企业性质不同的情况

如图 2-43 所示,2013 年上海白领人文社会科学知识与素养状况,按照企业性质显示,中外合资企业、外企和国企白领的人文社会科学知识与素养的平均分排在前三位,而私营企业白领得分最低。

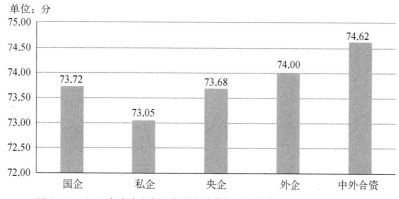

图 2-43　2013 年上海白领人文社会科学知识与素养企业性质差异的情况

3. 上海白领人文社会科学知识与素养职业或身份差异的历史比较

由于 2019 年和 2013 年白领调查的统计口径不同,上海白领人文社科学知识与素养的不同职业或身份的差异不便比较,但是统计结果体现了一种趋势,即外资企业或高新技术企业白领的人文社会科学知识与素养状况比较好。

九、上海市民人文社会科学知识与素养的收入因素的分析与比较

(一) 2016年上海市民人文社会科学知识与素养的收入差异

图2-44显示了上海市民人文社会科学知识与素养与收入有较大的关系(以100分为总体平均分)。月收入在1 001—5 000元之间的市民的人文社会科学知识与素养平均分低于总体平均分,其中月收入在2 001—3 000元

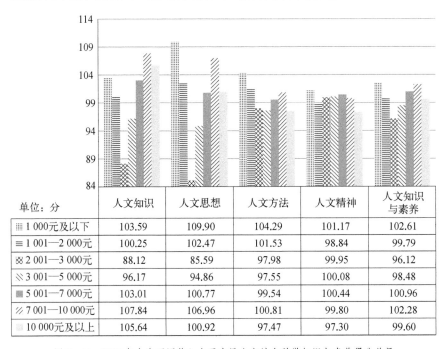

单位: 分	人文知识	人文思想	人文方法	人文精神	人文知识与素养
1 000元及以下	103.59	109.90	104.29	101.17	102.61
1 001—2 000元	100.25	102.47	101.53	98.84	99.79
2 001—3 000元	88.12	85.59	97.98	99.95	96.12
3 001—5 000元	96.17	94.86	97.55	100.08	98.48
5 001—7 000元	103.01	100.77	99.54	100.44	100.96
7 001—10 000元	107.84	106.96	100.81	99.80	102.28
10 000元及以上	105.64	100.92	97.47	97.30	99.60

图2-44 2016年上海不同收入水平市民人文社会科学知识与素养得分差异

之间的市民平均分最低,低于总体平均分3.88分。月收入在1 000元及以下和5 001元及以上的市民平均分都高于市民总体平均分。

总体上看,月收入在2 001—10 000元之间的市民的人文社会科学知识与素养的平均分呈现随收入增长而增加的趋势,且月收入在7 001—10 000元之间的市民的人文社会科学知识与素养平均分最高。这一现象非常有意思,月收入超过10 000元以后,市民的人文社会科学知识与素养得分不再呈现随收入而增加的趋势,而月收入在7 001—10 000元的市民的人文社会科学知识与素养平均分最高。月收入1 000元及以下的市民,实际上是在校学习期间到企业实习的大学生,故其人文社会科学知识与素养比较高。

对于远郊市民而言,其人文社会科学知识与素养状况与收入的关系显现了与市民总体情况不太相同的情况(如图2-45所示)。总体上看,随着收入

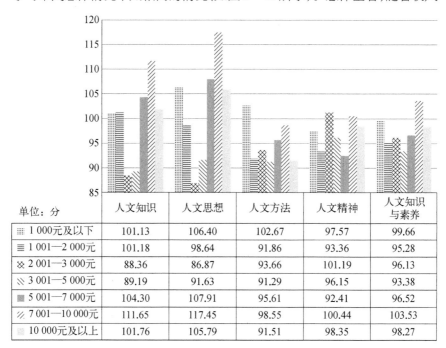

单位:分	人文知识	人文思想	人文方法	人文精神	人文知识与素养
1 000元及以下	101.13	106.40	102.67	97.57	99.66
1 001—2 000元	101.18	98.64	91.86	93.36	95.28
2 001—3 000元	88.36	86.87	93.66	101.19	96.13
3 001—5 000元	89.19	91.63	91.29	96.15	93.38
5 001—7 000元	104.30	107.91	95.61	92.41	96.52
7 001—10 000元	111.65	117.45	98.55	100.44	103.53
10 000元及以上	101.76	105.79	91.51	98.35	98.27

图2-45 2016年上海远郊市民人文社会科学知识与素养得分收入差异情况

的增加,远郊市民人文社会科学知识与素养在人文知识、人文思想、人文方法、人文精神四个维度的平均分围绕总体平均分上下波动。但是对于不同收入的远郊市民,其人文社会科学知识与素养的平均分大部分均低于上海市民的总体平均分,仅有月收入在 7 001—10 000 元之间的远郊市民的人文社会科学知识与素养平均分高于总体平均分。其中,月收入在 3 001—5 000 元的远郊市民的人文社会科学知识与素养平均分最低,为 93.38 分,与月收入在 7 001—10 000 元且得分最高的远郊市民之间相差 10.15 分。

比较来看,月收入对上海远郊市民人文社会科学知识与素养平均分与对上海市民人文社会科学知识与素养平均分的影响略有不同。具体来讲,上海远郊市民人文社会科学知识与素养与月收入的关联性相对较弱,其月收入要达到 7 001—10 000 元仍需要较高的人文社会科学知识与素养。上海市民和远郊市民平均分较低的分别是月收入为 2 001—3 000 元、3 001—5 000 元的群体。

(二) 上海市民人文社会科学知识与素养的收入差异的历史比较

如图 2-46 所示(以 100 分为总体平均分),结合 2016 年和 2011 年的数据来分析,月收入对上海市民人文社会科学知识与素养水平的影响程度大致相同。从 2011 年到 2016 年,月收入处于 1 000 元及以下、1 001—2 000 元的群体的人文社会科学知识与素养平均分有明显提升,分别提高了 1.11 分、4.21 分;月收入处于 2 001—3 000 元、3 001—5 000 元、5 001—7 000 元、7 001—10 000 元、10 000 元及以上的群体的人文社会科学知识与素养平均分出现下降,分别下降 3.1 分、3.45 分、1.43 分、3.03 分、1.9 分。

对于人文社会科学知识与素养平均分较低的收入层次的市民,按人文素养不同维度来看,五年来的得分出现了下降的趋势。例如收入为 2 001—3 000 元的市民各维度的分值都下降了(如图 2-47 所示)。

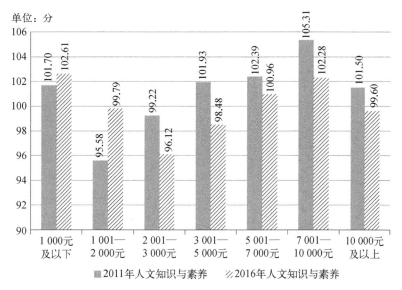

图 2-46　上海市民人文社会科学知识与素养的收入差异比较

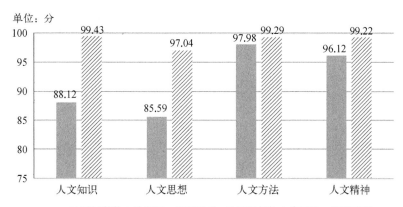

图 2-47　上海市民收入为 2 001—3 000 元者人文社会科学知识与素养得分各维度比较

另外,对于月收入与人文社会科学知识与素养水平之间的关联性来讲,2016年月收入对市民人文社会科学知识与素养水平的影响程度更为显著,说明月收入对市民人文素养的影响程度在逐渐加强。这从侧面反映了上海对于劳动力或人才的聘用更加注重自身能力和综合素质,即月收入相对较高的岗位,对人才的综合素养、能力的要求也越高。

2015年11月1日起,上海开始实施《关于服务具有全球影响力的科技创新中心建设实施更加开放的国内人才引进政策的实施办法》(沪人社力发〔2015〕41号,以下简称《实施办法》)和《关于完善本市科研人员双向流动的实施意见》(沪人社专发〔2015〕40号),进一步构建更加开放、更具竞争力的国内人才引进政策和实施更加灵活、更为有效的人才流动政策,大力集聚创新创业人才,大力促进科研成果向现实生产力转化,大力释放人才创新创业活力。

在引才对象方面,《实施办法》提出要坚持需求导向,聚焦建设具有全球影响力的科创中心需求,重点引进五类人才:创业人才、创新创业中介服务人才、风险投资管理运营人才、企业高级管理和科技技能人才、企业家。从该政策中我们可以看出,上海在国内人才引进上,更加注重高素质这一要求,而这些引进的人才自然也因其能力而得到较高的收入。

因此,在上海人口接近2 500万人上限的同时,上海的落户政策更加严格与公平,很大程度上使得上海的高收入人群也具有相应的高素质和较高的人文素养。

(三) 上海白领人文社会科学知识与素养的收入差异及比较

如图2-48所示,2019年上海白领人文社会科学知识与素养的调查显示,人文社会科学知识与素养水平的高低和白领收入的多少呈现出正相关关系,以月收入在3 001—5 000元的白领群体为分界线。

如图2-49所示(以100分为总体平均分),2013年调查数据表明,不同

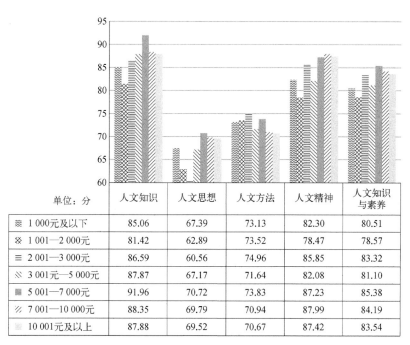

图2-48 2019年上海白领人文社会科学知识与素养得分收入差异情况

单位：分	人文知识	人文思想	人文方法	人文精神	人文知识与素养
1 000元及以下	85.06	67.39	73.13	82.30	80.51
1 001—2 000元	81.42	62.89	73.52	78.47	78.57
2 001—3 000元	86.59	60.56	74.96	85.85	83.32
3 001元—5 000元	87.87	67.17	71.64	82.08	81.10
5 001—7 000元	91.96	70.72	73.83	87.23	85.38
7 001—10 000元	88.35	69.79	70.94	87.99	84.19
10 001元及以上	87.88	69.52	70.67	87.42	83.54

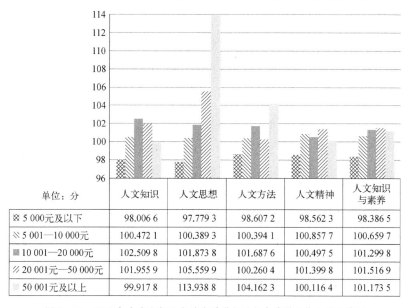

单位：分	人文知识	人文思想	人文方法	人文精神	人文知识与素养
5 000元及以下	98.006 6	97.779 3	98.607 2	98.562 3	98.386 5
5 001—10 000元	100.472 1	100.389 3	100.394 1	100.857 7	100.659 7
10 001—20 000元	102.509 8	101.873 8	101.687 6	100.497 5	101.299 8
20 001元—50 000元	101.955 9	105.559 9	100.260 4	101.399 8	101.516 9
50 001元及以上	99.917 8	113.938 8	104.162 3	100.116 4	101.173 5

图2-49 2013年上海白领人文社会科学知识与素养得分收入差异情况

收入水平的白领群体大体上其人文社会科学知识与素养水平高低和收入的多少呈现出一定的正相关。月收入在5 000元及以下的白领的人文社会科学知识与素养水平总体最低,月收入在50 001元及以上白领的人文素养整体上最高,尤其是人文思想得分非常高,值得关注。

对比两组数据可知,从2013年到2019年,白领人文社会科学知识与素养水平大体上呈现随着月收入水平的提高而上升的趋势。但不同点在于,2019年的白领人文素养水平随收入不同分布的正相关性呈现强相关性,2013年的情况则有例外。

十、上海市民对身边市民人文社会 科学知识与素养评价及比较

(一) 2016年上海市民对身边市民人文社会科学知识与素养评价

市民对自己身边市民人文社会科学知识与素养的评价,一方面直接反映市民自己的感受,另一方面也体现市民自身的人文社会科学知识与素养。调查结果显示(如图2-50所示),在"很好"到"很差"的五个评价指标中,49.29%的被调查者对身边市民的人文社会科学知识与素养选择了

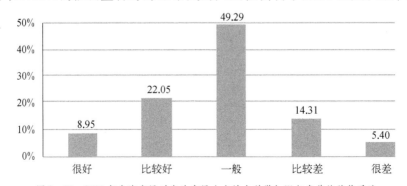

图2-50 2016年上海市民对身边市民人文社会科学知识与素养的总体看法

第二章　上海市民人文社会科学知识与素养状况与变化

"一般"评价,认为"很好"的占 8.95%,"比较好"的占 22.05%,即有 31%的市民对目前市民的人文社会科学知识与素养比较满意。认为身边市民人文社会科学知识与素养"比较差"的占 14.31%,认为"很差"的占 5.40%,也就是说,有 19.71%的市民对目前市民的人文社会科学知识与素养不满意,这个比例远低于对身边市民人文社会科学知识与素养表示满意的比例。因此,总体来看,上海市民对身边市民人文社会科学知识与素养的评价较高。

上海远郊市民调查结果也显示(如图 2-51 所示),在"很好"到"很差"的五个评价指标中,37.09%的被调查者对身边市民的人文社会科学知识与素养选择了"一般"评价,认为"很好"的占 17.84%,"比较好"的也占 17.84%。即远郊市民对目前市民的人文社会科学知识与素养状况比较满意的占 35.68%。同时,认为身边市民人文社会科学知识与素养"比较差"的占 10.80%,认为"很差"的占 16.43%,仍有 27.23%的远郊市民对身边市民的人文社会科学知识与素养不满意。

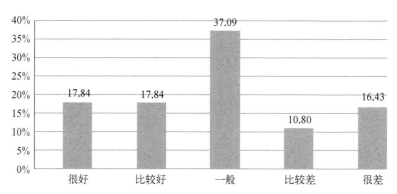

图 2-51　上海远郊市民对身边市民人文社会科学知识与素养的总体看法

相比较来看,同上海市民总体调查结果比较一致的是,远郊市民的满意度也高于不满意度。但两者的区别在于,远郊市民的满意度和不满意度所占比例均高于上海市民这两项的占比。

(二) 上海市民对身边市民人文社会科学知识与素养评价的历史比较

根据2016年和2011年的数据(如图2-52所示),上海市民对身边市民人文社会科学知识与素养评价为"满意"的占比出现小幅上升;评价为"不满意"的占比显著下降,降低了将近10个百分点,说明上海市民对身边市民人文社会科学知识与素养水平的满意度越来越高。

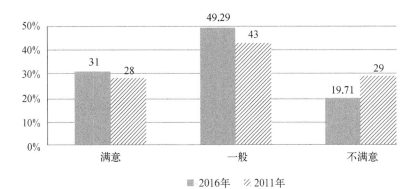

图2-52 上海市民对身边市民人文社会科学知识与素养的总体看法的历史比较

上海市民对身边市民人文社会科学知识与素养水平的评价,即满意程度提升、不满意程度下降这一现象,表明上海的人文环境越来越好。在自媒体时代,网络、手机等媒介的使用,使得市民获取信息更加畅通,人与人之间包含人文关怀的信息的传递更具有时效性与高效性;此外,由于媒体对体现社会正能量的事件的报道与宣传,使得市民的人文社会科学知识与素养在潜移默化中得到提高,这显然是互联网时代带给社会的一大优势。

另外,上海市民的"现代化"特征随着时间的推移更加明显,市民乐于以新的方式和态度对待生活。生活方式的多样化和丰富多彩,决定了人的思维方式的现代化,正如奈斯比特向我们揭示的现代社会的一大转变,即"从非此即彼的选择到多种多样的选择"。

(三) 上海白领对身边市民人文社会科学知识与素养评价及比较

如图 2-53 所示,在 2019 年上海白领对身边市民人文素养的总体看法的调查中,23.42%的受访者认为身边市民人文素养"很好",30.40%的受访者认为身边市民人文素养"比较好",30.69%的受访者认为身边市民人文素养"一般",13.96%的受访者认为身边市民人文素养"比较差",1.53%的受访者认为身边市民人文素养"很差"。

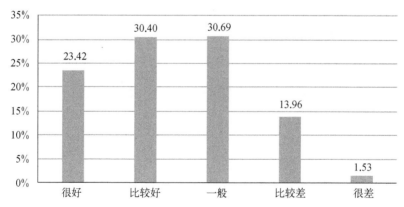

图 2-53　2019 年上海白领对身边市民人文素养的总体看法

如图 2-54 所示,2013 年的数据显示:43.6%的白领对身边市民的人文素养选择了"一般"评价,14.6%的受访者认为"很好",22.1%的受访者认为"比较好",13.8%的受访者认为"比较差",5.9%的受访者认为"很差"。

对比两组数据可以看出,2019 年上海白领对身边市民人文素养的评价持积极态度的比例(53.82%)较 2013 年(36.70%)明显上升,对身边市民人文素养评价比较差或很差的比例则略有下降,总体看法呈积极向好趋势。

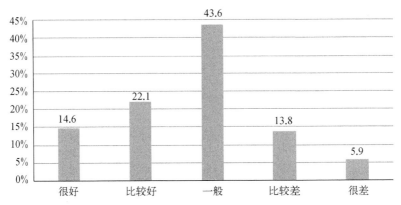

图 2-54 2013 年上海白领对身边市民人文素养的总体看法

十一、上海市民人文社会科学知识与素养养成影响因素分析及比较

(一) 2016 年上海市民人文社会科学知识与素养养成影响因素分析

"自己的兴趣""父母的影响"和"社会的需要"是市民人文社会科学知识与素养养成的重要影响因素。人生理想反映一个人的人生观和价值观,而这恰恰是人文精神乃至人文社会科学知识与素养的核心内容之一。

图 2-55 显示,在回答关于"人生理想主要是因为什么而决定的"时,53%的受访者将"自己的兴趣"作为第一因素,19%的受访者将"父母的决定"作为第一因素,10%的受访者将"社会的需要"作为第一因素;在第二因素选择中,"社会的需要"占 22%,"自己的兴趣"占 21%,"利益的影响"占 19%,"师友的建议"占 17%,"父母的决定"占 11%;在第三因素选择中,"社会的需要"占 25%,"榜样的示范"占 18%,"利益的影响"占 17%,"自己的兴趣"仅占 13%。在选择影响的前三个因素时,有 88%的受访者选择"自己的兴趣",

"社会的需要"占58%,"父母的决定"占43%,"利益的影响"占42%,"师友的建议"占36%。

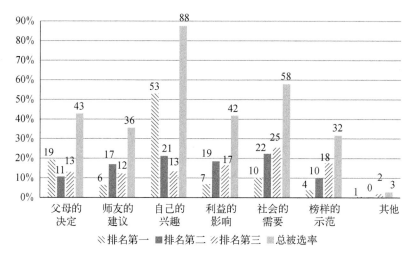

图2-55 2016年上海市民人文社会科学知识与素养养成影响因素

由此可见,"自己的兴趣"是影响人文社会科学知识与素养养成的最重要因素,其次是"社会的需要"和"父母的决定","社会的需要"的选择率仅次于"父母的决定",说明父母对子女人文社会科学知识与素养养成起着至关重要的作用,父母的人文社会科学知识与素养对于子女来讲尤为重要。不过,"师友的建议""榜样的示范"分别只占到第一影响因素的6%、4%,这表明,教育、示范在人文社会科学知识与素养养成中还没有发挥其应有的作用。

对于远郊市民而言,其人文社会科学知识与素养养成的重要影响因素分别为"自己的兴趣""社会的需要""利益的影响"。如图2-56显示,在回答关于"人生理想主要是因为什么而决定的"时,54%的受访者将"自己的兴趣"作为第一因素,17%的受访者将"父母的决定"作为第一因素,10%的受访者将"社会的需要"作为第一因素;在第二因素选择中,"利益的影响"占22%,"自己的兴趣"占21%,"社会的需要"占16%;在第三因素选择中,"社会的需要"占26%,"师友的建议"占16%,"利益的影响"占16%。在选择影响的前三个

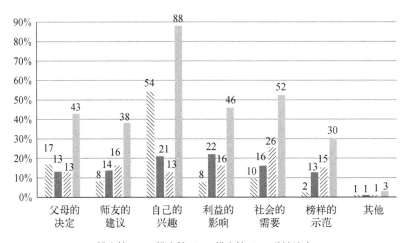

图 2-56 2016 年上海远郊市民人文社会科学知识与素养养成影响因素

因素时,有 88% 的受访者选择"自己的兴趣","社会的需要"占 52%,"利益的影响"占 46%,"父母的决定"占 43%,"师友的建议"占 38%。

两组数据对比发现,远郊市民人文社会科学知识与素养养成的重要影响因素与上海市民的总体略有不同。在市民人文社会科学知识与素养养成影响因素中,"自己的兴趣""社会的需要"始终占据重要的地位。另外,"父母的决定"对于上海市民和远郊市民的影响保持不变,均为 43%。然而,"利益的影响"对于上海市民和远郊市民的影响分别为 42%、46%,说明利益因素对远郊市民人文社会科学知识与素养的养成产生的影响更大一些。

(二) 上海市民人文社会科学知识与素养养成影响因素的比较

对比 2016 年和 2011 年的数据(如图 2-57 所示),可以发现上海市民人文社会科学知识与素养养成的影响因素并没有发生显著变化,"自己的兴趣""父母的决定""社会的需要"成为重要的影响因素,且影响程度没有出现大的

第二章 上海市民人文社会科学知识与素养状况与变化

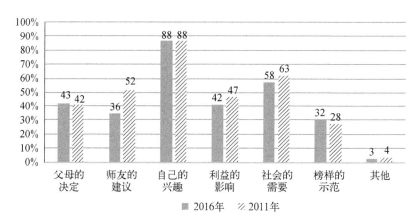

图2-57 上海市民人文社会科学知识与素养养成影响因素的历史比较

变化。另外,"师友的建议"占比下降16个百分点,"榜样的示范"占比上升4个百分点,说明榜样的示范作用被人们关注的程度有所提高。

榜样的示范作用曾一度在社会中被弱化,甚至被有些人刻意贬低。近年来,随着国家越来越重视榜样的力量以及对楷模的宣传,使榜样、楷模在市民人文社会科学知识与素养提升中发挥了愈发重要的作用。例如2017年9月28日,由中央组织部、中央电视台联合录制的《榜样》专题节目在中央电视台首播。专题片一经播出,便赢得了社会各界的高度关注和一致好评。广大网友纷纷在社交平台上写下对"榜样"的崇敬之情与感受。榜样的力量在于用平凡故事讲述深刻道理,用先进典型模范事迹诠释党的崇高理想。

随着经济与政治现代化程度的日益加深,人们越来越需要榜样的力量来引领自己。这些先进的事迹与主题既展现一代又一代共产党人不忘初心的执着坚守,又紧贴时代要求,紧贴脱贫攻坚等中心工作,彰显了当代共产党人信仰坚定、心系群众、勇于担当、创新奉献的精神风貌,具有较强的思想性、艺术性和吸引力、感染力,对市民人文社会科学知识与素养水平,尤其是人文精神的塑造发挥着越来越大的作用。

十二、上海市民人文社会科学知识与素养影响因素的强度及比较

(一) 2016 年上海市民人文社会科学知识与素养影响因素的强度

在调查中,课题组按照上海市民不同性别、年龄、政治面貌、宗教信仰、职业或身份、月收入、居住地、户籍类别等九个因素进行了分类统计,并将这九个因素分别与人文社会科学知识与素养得分做了相关性分析,通过多元回归系数和置信水平分析可以看出(如图 2-58 所示),月收入与市民人文社会科学知识与素养得分的标准化回归系数达 0.013 5,且与市民人文社会科学知识与素养呈正相关关系,是诸多因素中对市民人文社会科学知识与素养状况影响最为强烈的正向因素;而职业或身份与市民人文社会科学知识与素养得分的标准化回归系数为 -0.025 5,且与市民人文社会科学知识与素养呈负

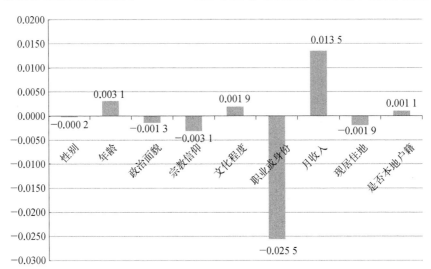

图 2-58 2016 年上海市民人文社会科学知识与素养水平影响因素强度分析

相关关系,影响相对强烈。性别的标准化回归系数为-0.000 2,是诸因素中影响最为微弱的因素,几乎可以忽略不计。课题组从标准化回归系数中还发现,月收入、职业或身份、年龄、宗教信仰、文化程度是影响市民人文社会科学知识与素养的五个最主要因素,居住地、政治面貌、户籍因素的影响强度依次减弱,性别影响程度最小。

另外,课题组对远郊市民的性别、年龄、文化程度、政治面貌、宗教信仰、职业或身份、月收入、居住地与户籍类型等九个方面,分别与人文社会科学知识与素养得分相关性也做了分析(如图2-59所示)。文化程度与市民人文社会科学知识与素养得分的标准化回归系数达0.387 5,置信度为0.99,接近1,是诸多因素中对远郊市民人文社会科学知识与素养状况影响最为强烈的因素。户籍类别的标准化回归系数为0.003 9,置信水平为0.05,是诸因素中影响最为微弱的因素。同时,文化程度、年龄、职业或身份、居住地、政治面貌是影响市民人文社会科学知识与素养的五个最主要因素,其中文化程度、年龄与市民人文社会科学知识与素养相关性最强。月收入、性别、户籍类别等因素的影响力逐步趋弱。

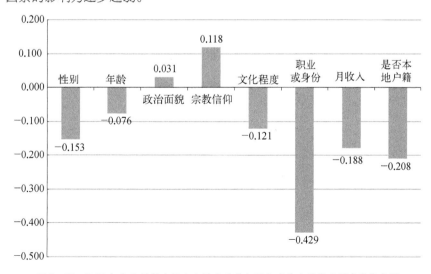

图2-59 2016年上海远郊市民人文社会科学知识与素养水平影响因素强度分析

(二) 2011年上海市民人文社会科学知识与素养影响因素的强度

2011年的数据,通过多元回归系数和置信水平分析可以看出(如图2-60所示),文化程度与市民人文社会科学知识与素养得分的标准化回归系数达0.321,是诸多因素中对市民人文社会科学知识与素养状况影响最为强烈的因素。月收入的标准化回归系数为0.004,是诸因素中影响最为微弱的因素,几乎可以忽略不计。我们从标准化回归系数和置信水平还可以得出结论,文化程度、户籍类别、政治面貌、宗教信仰、现居住地是影响市民人文社会科学知识与素养的五个最主要因素,其中文化程度、政治面貌与市民人文社会科学知识与素养相关性最强。职业或身份、年龄、性别因素的影响强度依次减弱,月收入影响最小。

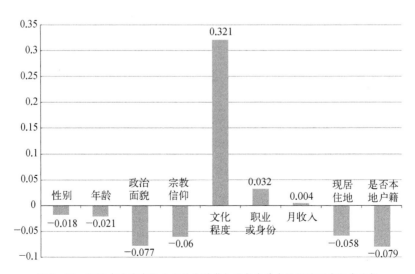

图2-60 2011年上海市民人文社会科学知识与素养水平影响因素强度分析

(三) 上海市民人文社会科学知识与素养水平影响因素强度的比较

如图 2-61 所示,将 2016 年和 2011 年影响上海市民人文社会科学知识与素养水平因素的强度进行对比,可以发现,2016 年各主要因素的相关性强度比较平均,差异性不大,没有特别强的因素;而 2011 年的情况则不同,有五个因素的相关性强度要明显高于其他因素。2011 年,文化程度对上海市民人文社会科学知识与素养的影响比较强烈,相关系数为 0.321,有很强的相关性;而 2016 年,文化程度对上海市民人文社会科学知识与素养的影响强度明显下降,相关性强度系数只有 0.001 9;另外,月收入在 2011 年是对上海市民人文社会科学知识与素养影响最弱的因素,而其在 2016 年对上海市民人文社会科学知识与素养影响程度却最为强烈,这些变化值得我们关注。

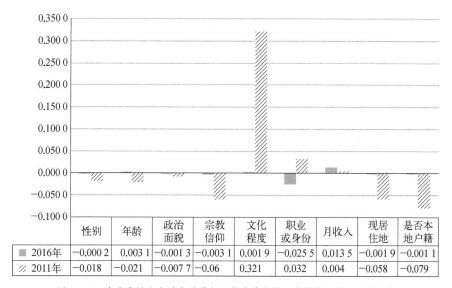

	性别	年龄	政治面貌	宗教信仰	文化程度	职业或身份	月收入	现居住地	是否本地户籍
2016年	-0.000 2	0.003 1	-0.001 3	-0.003 1	0.001 9	-0.025 5	0.013 5	-0.001 9	-0.001 1
2011年	-0.018	-0.021	-0.007 7	-0.06	0.321	0.032	0.004	-0.058	-0.079

图 2-61 上海市民人文社会科学知识与素养水平影响因素强度的历史比较

第三章

上海市民人文知识状况与变化

人文知识是构成人文素养的一个基础的部分,人文知识的掌握程度是反映人们对人文精神认知的前提,因而在人文素养中,人文知识是个重要的衡量指标。人文知识本身具有一定的确定性,也是人文素养中相对比较容易量化的部分。从学科意义上看,人文知识应该包括所有人文科学和社会科学知识,但通常人们认为其中最主要的是文学知识、历史知识、哲学知识、政治知识、经济知识、法律知识、人文地理知识、艺术知识、宗教知识、道德知识等。我们对上海市民人文知识状况的调查主要从这十个项目进行考察。

一、上海市民人文知识平均分分布情况分析及比较

(一) 2016 年上海市民人文知识得分的分布情况

2016 年上海市民人文知识总体平均分为 19.58 分。如果以 100 分为总体平均分,上海市民人文知识相对平均分分布如图 3-1 所示。调查显示:有 60% 的市民人文知识处于平均水平以上,有 40% 的市民的得分低于平均水平,其中 13.7% 的市民分数低于 80 分,这一部分主要由农村户籍市民构成,约占到 91.4%。可见,乡村地区仍然是我们开展自然科学和人文社会科学知识普及的重点地区。据资料显示,尽管经过 50 多年的努力,我国文盲率已经大大降低,但目前我国农民的整体素质仍相对偏低,就是上海这样的国际大都市,郊区农民的整体素质仍有较大的提升空间,需要我们做出更大的努力。

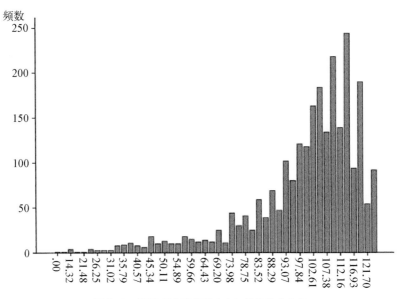

图 3-1 2016 年上海市民人文知识平均分分布

(二) 上海市民人文知识得分分布情况的历史比较

为了便于比较,课题组将 2016 年和 2011 年的得分情况转化为百分制,70 分为总体平均分,70(含)—80(不含)分为较好,80(含)—90(不含)分为很好,90 分及以上为极好;60(含)—70(不含)分为一般,60(不含)分以下为较差。

由图 3-2 可以看出,2016 年得分在 70 分及以上的市民要比 2011 年高 9.9 个百分百点,得分在 70 分以下的也相应降低了 9.9 个百分点。从市民人文知识平均分分布来看,2016 年得分在 80(含)—90(不含)分之间的市民比例为 33.2%,略高于 2011 年的 32.1%;在 70(含)—80(不含)分之间的比例分别为 16.7% 和 16.0%,比较相近;得分在 90 分及以上的比例,2016 年要比 2011 年高出 8.1 个百分点。

第三章 上海市民人文知识状况与变化

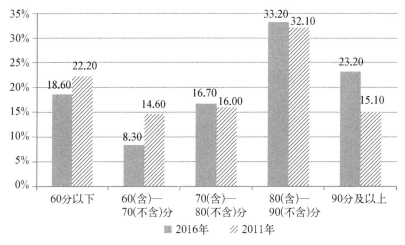

图3-2 上海市民人文知识相对平均分分布的历史比较

总体来看,2016年上海市民人文知识整体状况要比2011年高,主要原因是2016年得分在70分以下的市民的比例降低,仅占整体的26.9%。可见,近几年在远郊地区开展的人文社会科学知识的教育普及工作是比较有成效的。

上海市政府新闻办2017年9月25日举行的市政府新闻发布会上,市文广影视局局长于秀芬介绍了上海建设一流文化设施、构建全球卓越城市的文化软实力等相关情况。据介绍,近年来上海对标建设全球卓越城市的目标,按照"十三五"全市文化改革发展规划,启动新一轮的重大文化设施布局和建设。过去五年,上海的各级各类文化设施建设取得长足进步,公共文化基础网络设施基本布局建设到位,为上海建设国际文化大都市奠定了强有力的基础。公共文化设施布点逐步到位,依托"三个体系"提高服务效能。已基本形成涵盖市、区、街道、村居的四级公共文化基础设施网络,"十五分钟公共文化服务圈"不断完善。截至2017年,共有市区两级群艺馆、文化馆24个,开放运营的标准化社区文化活动中心216个,农家书屋1 514个,居委活动室3 952个,村委活动室1 265个。可见,这些基础文化设施的运行与完善对上海市民人文知识水平的提高产生了重要作用。

(三) 上海白领人文知识得分分布情况及历史比较

1. 2019 年上海白领人文知识得分的分布情况

2019 年上海白领人文知识总体平均分为 24.16 分(总分 29 分),相对平均分分布如图 3-3 所示,按照总分 100 分换算,对分值进行加权处理,加权后的均值为 83.29 分,如图所示:70—75 分、80—85 分和 95—100 分区间占比最大,说明平均分分布状况良好,且有超过 63.7%的白领得分超过了总体平均水平。有 10%的白领的得分处于 60 分以下,有 26.3%的白领的得分处于 60 分及以上总体平均线以下,人文知识有待进一步提高。

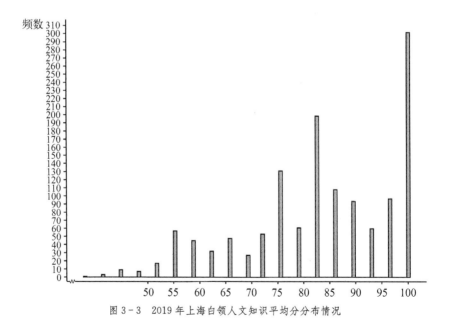

图 3-3 2019 年上海白领人文知识平均分分布情况

2. 2013 年上海白领人文知识得分的分布情况

2013 年上海白领人文知识总体平均分为总分 24.34 分(总分 29 分),相对平均分分布如图 3-4 所示,按照总分 100 分换算,对分值进行加权处理:

白领总体平均分为83.93分。比较明显的是75分以下、85(含)—90(不含)分、90(含)—95(不含)分及以上三个区间。人文知识比较差(60分以下)的白领占比为11.32%;60(含)分到总体平均线的占比为24.65%。人文知识比较好(总体平均线83.93分)的占比为64.03%。有六成多白领的人文知识处于平均水平以上,约有两成多的白领得分略低于平均水平,还有少数得分过于偏低,形成强烈反差,这部分主要是来自农村的白领。

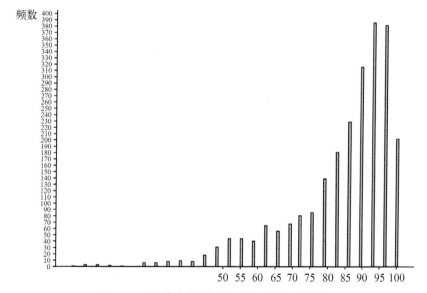

图3-4　2013年上海白领人文知识平均分分布情况

3. 上海白领人文知识得分分布情况的历史比较

为了便于比较,我们将2013年与2019年上海白领的得分情况转化为统一的百分制表示(如图3-5所示),60分以下为较差,60(含)—70(不含)分为一般,70(含)—80(不含)分为较好,80(含)—90(不含)分为很好,90分及以上为极好。

如图3-5所示,2019年,上海白领人文知识平均分分布情况有较大的变化,得分在80分以下的各区间的白领比例均有比较明显的下降,而80分及以上的比

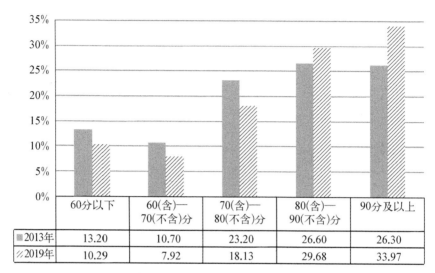

图 3-5 上海白领人文知识相对平均分分布的历史比较

例显著上升,特别是得分在 90 分及以上的比例上升了将近 8 个百分点。

二、上海市民人文知识状况的性别因素差异及比较

(一) 2016 年上海市民人文知识状况的性别差异

如图 3-6 所示(以 100 分为总体平均分),2016 年上海男性市民人文知识平均分为 102.22 分,高于总体平均分,女性市民为 97.61 分,低于总体平均分,两者相差 4.61 分,显示男性的人文知识总体上好于女性。

从具体问题的回答情况来看,显示出以下特点:

一是市民文学知识掌握情况良好,男性的文学知识好于女性。在回答中国古代四大名著中有关人物的问题时,市民的正确率在 75.69% 以上,说明有超过四分之三的市民比较熟悉中国的四大名著。在四大名著的人物中,以《红楼梦》中贾宝玉的知晓度最高,正确率达 91.7%。而通过男女不同性别

第三章 上海市民人文知识状况与变化

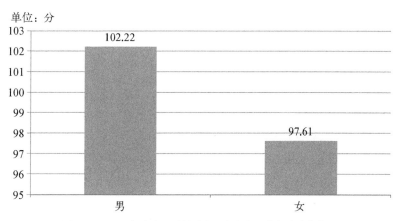

图 3-6 2016 年上海不同性别市民人文知识掌握的总体情况

的比较则可发现,在这道 4 分分值的题目中,女性的平均分为 3.539 分,略高于男性的 3.52 分。对于李逵、张飞、孙悟空等选项,女性的选择率一般低于男性 2—4 个百分点,而只有对于贾宝玉这一选项的选择率仅高于男性 0.019 个百分点。可见,在中国古典四大名著中,女性还是对《红楼梦》这种温情著作更为熟识,而对战争题材和玄幻小说相对生疏。

二是在有关公共道德的问题回答上,市民回答相对比较一致,符合社会主流道德的价值取向,但也有部分市民不介意"恶小而为之",相比之下女性更为自律。在判断"排队时插队""在任何地方想抽烟就抽烟""考试时看他人答案""生活中占小便宜"等四种行为是否不道德时,该题目平均正确率约为 54.05%,单项最高正确率达 92.7%。但是,对"考试时看他人答案"一题,有 18.5%市民不认为是不道德的,"生活中占小便宜"只有 62.1%的市民认为是不道德的。这表明,有相当多的市民觉得这些"小事情"不一定就是不道德的。

三是男性和女性市民对经济知识了解不够,但男性市民表现略好。GDP 是一个耳熟能详的经济概念,但是只有 53%的市民能够准确知道其含义,3.6%的市民表示不清楚它的意思,高达 47%的市民对其含义的理解是错误的。

(二) 上海市民人文知识状况的性别差异的历史比较

从图 3-7 可知,两个年度上海市民人文知识的性别因素中,男性市民的人文知识得分普遍高于女性市民,且两个年度同性别的得分基本没有变化。说明这五年期间,性别因素对上海市民人文知识的影响不大。

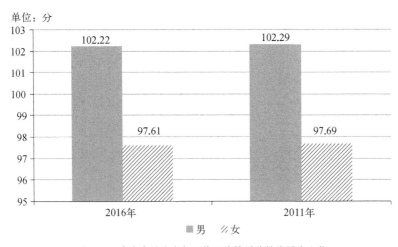

图 3-7 上海市民人文知识状况的性别差异的历史比较

(三) 上海白领人文知识状况的性别差异及历史比较

1. 2019 年上海白领人文知识状况的性别差异

如图 3-8 所示,2019 年上海不同性别白领的人文知识得分显示,女性白领人文知识平均分为 84.57 分,高于白领人文知识总体平均分(83.29 分),男性白领人文知识平均分为 81.51 分,低于白领人文知识总体平均分,女性白领人文知识状况要好于男性。

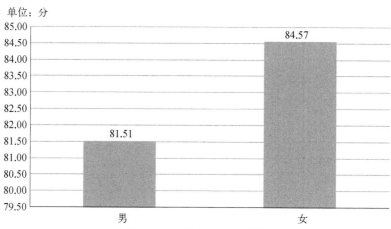

图 3-8　2019 年上海白领人文知识掌握性别差异情况

2. 2013 年上海白领人文知识状况的性别差异

如图 3-9 所示,2013 年上海不同性别白领的人文知识得分显示,男性白领人文知识平均分为 83.99 分,略高于白领人文知识总体平均分(83.93 分),女性白领人文知识平均分为 83.84 分,略低于白领人文知识总体平均分,2013 年男女性别白领人文知识状况基本上没有差别。

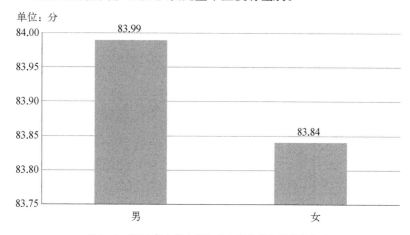

图 3-9　2013 年上海白领人文知识掌握性别差异情况

3. 上海白领人文知识状况的性别差异的历史比较

如图3-10所示,对照2013年和2019年上海男女性别白领的人文知识得分显示,男性白领人文知识平均分由2013年的83.99分下降到2019年的81.51分,而女性白领人文知识平均分则由2013年的83.84分上升到2019年的84.57分。

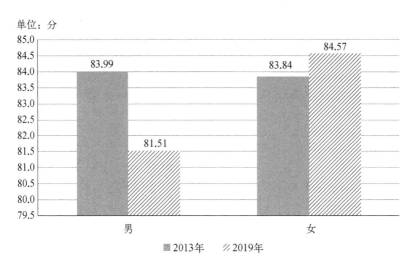

图3-10 上海白领人文知识得分性别差异的历史比较

三、上海市民人文知识状况的文化程度差异及比较

(一) 2016年上海市民人文知识状况的文化程度差异

调查显示,2016年上海市民人文知识状况与其文化程度即受教育程度,仍然呈现出较强的正相关关系,且大专以上文化教育程度成为人文知识得分是否高于总体平均分的重要分界线。

如图3-11所示,以100分为总体平均分,文化程度越高人文知识得分

第三章　上海市民人文知识状况与变化

越高。初中文化程度平均分最低,为 85.83 分,研究生及以上(文科)得分最高,为 110.93 分,两者相差 25.1 分,存在较大差距。高中或中专及以下文化程度人文知识得分均低于总体平均分(100 分),大专(理工科)及以上文化程度平均分都高于总体平均分(100 分)。在大专、大学本科的文化程度中,理工科教育背景的市民的人文知识得分明显高于文科教育背景的市民。不过在研究生及以上文化程度中,文科教育背景的市民的人文知识平均分却高于理工科教育背景的市民,并且也是所有群体中得分最高的。

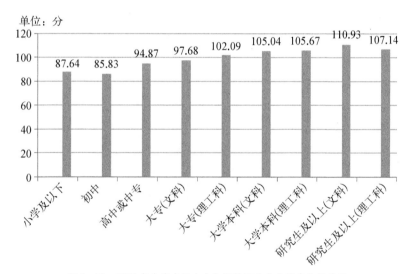

图 3-11　2016 年上海市民人文知识状况的文化程度差异情况

市民的哲学知识认知总体较好,小学及以下文化程度市民对哲学有一种朴素认识。在关于"世界上确实存在着鬼神""生日、星座与人的性格、命运息息相关""数字'8''6'确实比'3''4'吉利"等命题的判断中,能确认这些是唯心主义命题的选择率都在 56% 以上。而把"心有多大,人生的舞台就有多大"也确认为唯心主义命题的选择率也达到 56.1%。在其他如辛亥革命、GDP 含义等历史和经济知识上,小学及以下文化程度市民的正确率一般为 34.48%—48.28%。而在这些哲学问题上,能正确回答的市民占到 50%—

70%,这说明上海市民还是有一定哲学思想基础的。

(二) 上海市民人文知识状况的文化程度差异的历史比较

2016年和2011年,上海市民人文知识状况与文化程度之间表现出相同的特点,均存在着较强的正相关性,即市民的人文知识水平随着学历的增高而上升,特别是高学历的研究生和低学历者有较大差距,说明文化程度对市民人文知识有很大的影响。

如图3-12所示,2016年上海市民的人文知识得分整体低于2011年,但是2016年小学及以下文化程度市民的人文知识得分比2011年高了25.88分,可见这部分上海市民的人文知识水平在过去五年里有了较大的进步。

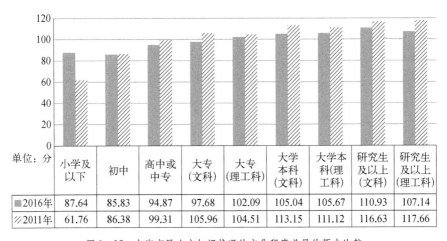

图3-12 上海市民人文知识状况的文化程度差异的历史比较

据《上海年鉴》显示,近年来,上海教育综合改革试点工作稳步推进,至2015年末,上海拥有普通高等院校67所,在校学生51.16万人,毕业生12.87万人。有48家机构培养研究生,全年招收研究生4.60万人,毕业生3.79万人。有外国留学生2.92万人,其中自费1.82万人,中国政府资助

0.6万人。全市有普通小学764所,普通中等学校875所,其中普通中学790所。

2015年,上海全市九年义务教育入学率保持在99.9%以上。有民办高校20所,在校学生10.01万人;民办普通中学117所,在校学生7.39万人;民办小学173所,在校学生13.94万人。有成人中高等学历教育学校33所,成人职业技术培训机构636所,老年教育机构291所。有校外教育机构22所。其中,少年宫(含青少年活动中心)17所,少年科技站4所,少年之家1所。从这些数据可以看出上海市政府对上海市民学历教育和继续教育的重视,这为提升上海市民的人文知识水平发挥了很大的作用。

(三)上海白领人文知识状况的文化程度差异及历史比较

1. 2019年上海白领人文知识状况的文化程度差异

如图3-13所示,2019年上海不同文化程度白领的人文知识状况显示了较大的差异。大专(文科)及以上文化程度白领的人文知识平均分均在白领

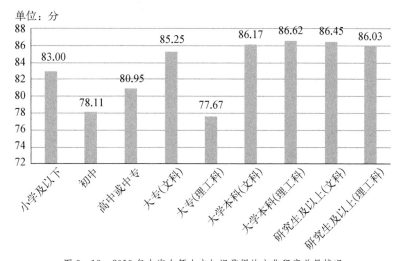

图3-13 2019年上海白领人文知识掌握的文化程度差异情况

人文知识总体平均分(83.29分)以上,且以大学本科(理工科)白领的平均分最高(86.62分);大专(理工科)及以下文化程度白领的人文知识平均分在白领人文知识总体平均分(83.29分)以下,且出现了大专(理工科)白领的得分最低,仅有77.67分。值得一提的是,小学及以下文化程度的白领的平均分却达到了83分。

2. 2013年上海白领人文知识状况的文化程度差异

如图3-14所示,2013年上海不同文化程度白领的人文知识状况显示了较大的差异。大学本科及以上文化程度白领的人文知识平均分均在白领人文知识总体平均分(83.93分)以上,且以硕士研究生白领的平均分最高(88.03分);大专及以下文化程度白领的人文知识平均分在白领人文知识总体平均分(83.93分)以下。

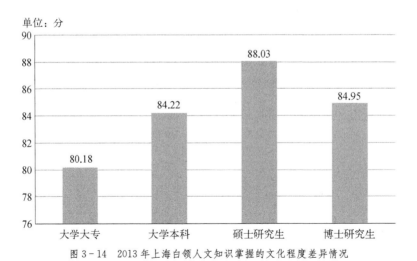

图3-14 2013年上海白领人文知识掌握的文化程度差异情况

3. 上海白领人文知识状况的文化程度差异的历史比较

如图3-15所示,2013年和2019年上海不同文化程度白领的人文知识状况的数据显示,大专和本科文化程度白领的人文知识平均分均有一定幅度的提升,研究生文化程度白领的人文知识总体平均分略有下降。

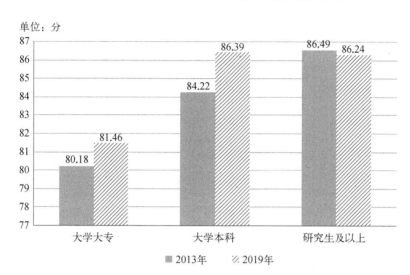

图3-15 上海白领人文知识得分的文化程度差异的历史比较

四、上海市民人文知识状况的年龄结构差异及历史比较

(一) 2016年上海市民人文知识状况的年龄结构差异

如图3-16所示,以100分为总体平均分,总体上32—41岁、22—31岁、15—21岁群体的人文知识平均分高于市民总体平均分,分别为103.33分、104.49分和103.29分。42—51岁及以上群体的人文知识得分都在市民总体平均分以下。其中,52岁及以上市民得分最低,与22—31岁市民相差14.07分。具体分析这次调查情况显示出以下特点:

一是对经济知识的了解,各年龄段市民均有待提高,如对GDP含义的了解多数人不清楚。22—31岁市民对这一问题回答的正确率最高,但也仅为59.78%,15—21岁市民的正确率为52.1%,32—41岁市民为55.25%,42—

51岁市民为50.77%,52岁及以上市民为43.75%。

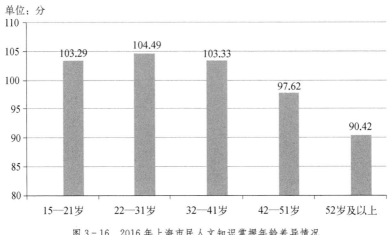

图3-16 2016年上海市民人文知识掌握年龄差异情况

二是15—21岁市民法律知识掌握比较好,22—31岁市民其次,52岁及以上市民最差。在"哪部法律是国家的根本大法"的问卷调查中,90.74%的15—21岁市民给出了正确答案,22—31岁市民的正确率为93.9%,仅次于15—21岁市民,52岁及以上市民中有85%的人给出了正确答案。

(二) 上海市民人文知识状况的年龄差异的历史比较

由图3-17可知,年龄和市民人文知识之间存在着较强的负相关性,即年龄越大的市民,其人文知识得分越低,32—41岁的得分是市民平均分的分界线,42岁及以上市民的人文知识得分均低于100分。"第六次人口普查"资料显示,上海15—59岁的劳动年龄人口规模从"第五次人口普查"时的1193.92万人增加到1756.67万人,增幅为47.1%,占总人口比重也从72.8%上升到76.3%。从劳动年龄内部结构来看,15—29岁青年劳动年龄人口占劳动年龄人口的35.9%,比"第五次人口普查"时上升2.4个百分点;

第三章 上海市民人文知识状况与变化

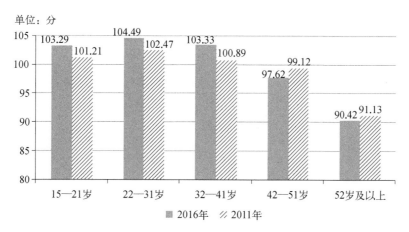

图 3-17 上海市民人文知识状况的年龄差异的历史比较

30—44岁中年劳动年龄人口占劳动年龄人口的33.7%,下降4.8个百分点；45—59岁年长劳动年龄人口占劳动年龄人口的30.3%,上升2.4个百分点。"第六次人口普查"资料显示,外来人口大量流入对上海常住人口年龄结构影响非常明显,两者呈现同步变动趋势。随着上海人口年龄结构的变化,年龄因素对市民人文知识的影响将持续发挥影响,应更加关注52岁及以上的市民群体。

(三) 上海白领人文知识状况的年龄差异及历史比较

1. 2019年上海白领人文知识状况的年龄差异

如图3-18所示,2019年上海不同年龄段白领的人文知识状况显示了一定差异。年龄段为22—31岁和32—41岁白领的人文知识平均分均在总体平均分(83.29分)以上,且以22—31岁白领的平均分最高,为84.33分;其他年龄段白领的人文知识平均分在总体平均分(83.29分)以下,且52岁及以上白领的平均分最低,为79.47分。

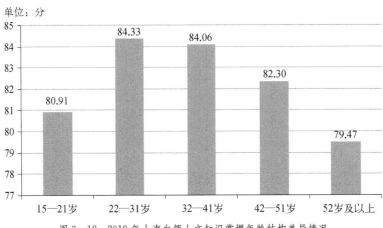

图3-18　2019年上海白领人文知识掌握年龄结构差异情况

2. 2013年上海白领人文知识状况的年龄差异

如图3-19所示,2013年上海不同年龄段白领的人文知识状况显示了一定差异。年龄段为20—25岁、26—35岁和36—45岁白领的人文知识平均分均在总体平均分(83.93分)以上或接近,且以36—45岁白领的平均分最高,为85.18分;其他年龄段白领的人文知识平均分在总体平均分(83.93分)以下,且56岁及以上白领的平均分最低,为75.46分。

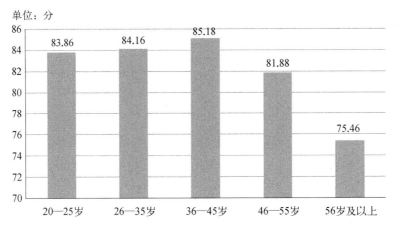

图3-19　2013年上海白领人文知识掌握年龄结构差异情况

3. 上海白领人文知识状况的年龄差异的历史比较

2013年和2019年,上海不同年龄段白领的人文知识状况显示出了基本相同的规律,中青年白领的人文知识平均分较高。

五、上海市民人文知识状况的户籍、居住地差异及历史比较

(一) 2016上海市民人文知识状况的户籍、居住地差异

如图3-20显示,以100分为总体平均分,本地户籍市民人文知识平均分低于市民总体平均分,外地户籍市民平均分高于市民总体平均分,两者相差4.21分。

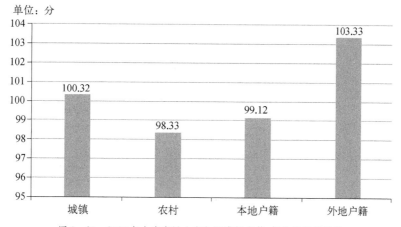

图3-20 2016年上海市民人文知识掌握户籍、居住地差异情况

居住地在城镇的市民的人文知识平均分在市民总体平均分以上,居住地在农村的市民的人文知识得分尽管在市民总体平均分以下,但与城镇市民的差距不是很大,表明地区、城乡间的差别对市民人文知识的掌握影响不大。

就具体问题的回答而言,城镇市民回答的准确率普遍高于农村市民,在经济、历史知识上尤为突出。关于四大名著的人物问题,8.65%的农村居民误以为有姜子牙,相较于城镇居民7.85%的比例,高出了0.8个百分点。在回答GDP问题时,城镇居民的准确率是52.48%,农村居民的准确率是54.07%,本地户籍市民的准确率为54.26%,外地户籍市民的准确率为46.80%,差距不是很大。这种情况与城乡、区域之间的教育差距逐步缩小有一定的关系。

(二)上海市民人文知识状况的户籍、居住地差异的历史比较

如图3-21所示,2016年上海市民人文知识得分整体水平要高于2011年。从两次数据来看,户籍、城乡差异对上海市民人文知识的影响程度有所不同,2016年的户籍、城乡差异对上海市民人文知识的影响明显减小。特别是2016年农村地区市民的平均分较2011年有了大幅提高,这与近年来上海加强农村地区人文设施建设有较大的

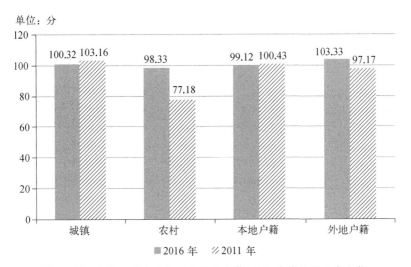

图3-21 上海市民人文知识状况的户籍、居住地差异的历史比较

第三章 上海市民人文知识状况与变化

关系。

为了贯彻落实全国改善农村人居环境工作会议精神,围绕建设美丽中国、生态文明的总体要求,上海于2014年启动美丽乡村建设工作,围绕"美在生态、富在产业、根在文化"的主线,在全面保障农民基本生产、生活条件的基础上,促进农村全面健康可持续发展,努力在城乡统筹和新农村建设方面走在全国前列。这些举措有利于农村居民更好地掌握人文知识。

(四)上海白领人文知识状况的户籍、居住地差异及历史比较

1. 2019年上海白领人文知识状况的户籍、居住地差异

如图3-22所示,2019年上海不同户籍、居住地白领的人文知识状况显示了一定差异。户籍为非本地和居住地为城镇的白领的人文知识平均分均在白领人文知识总体平均分(83.29分)以上,且以户籍为非本地白领的平均分最高,为84.28分;户籍为本地和居住地为农村的白领的人文知识平均分在白领人文知识总体平均分(83.29分)以下,且居住地为农村的白领的平均

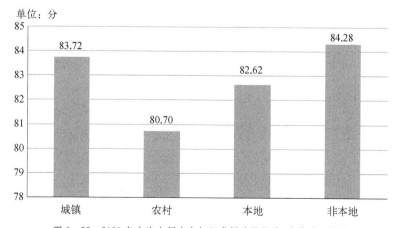

图3-22 2019年上海白领人文知识掌握的居住地、户籍差异情况

分最低,为 80.7 分。

2. 2013 年上海白领人文知识状况的户籍、居住地差异

如图 3-23 所示,2013 年上海不同户籍、居住地白领的人文知识状况显示了一定差异。户籍为本地和居住地为城镇的白领的人文知识平均分均在白领人文知识总体平均分(83.93 分)以上,且以户籍为本地白领的平均分最高,为 84.59 分;户籍为非本地和居住地为农村的白领的人文知识平均分在白领人文知识总体平均分(83.93 分)以下,且居住地为农村的白领的平均分最低,为 78.35 分。

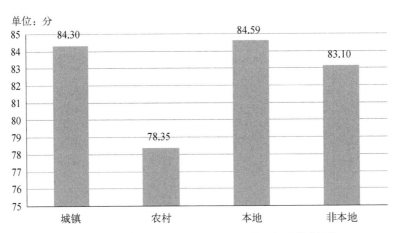

图 3-23 2013 年上海白领人文知识掌握的居住地、户籍差异情况

3. 上海白领人文知识状况的户籍、居住地差异的历史比较

如图 3-24 所示,上海不同户籍、居住地白领的人文知识状况发生了变化:户籍为非本地和居住地为农村的白领的人文知识平均分均有一定程度的提高;而户籍为本地和居住地为城镇的白领的人文知识平均分则出现了一定幅度的下降。

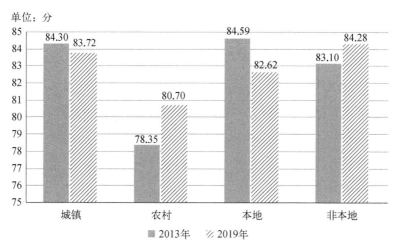

图 3-24 上海白领人文知识掌握的居住地、户籍差异的历史比较

六、上海市民人文知识状况的政治面貌差异及历史比较

(一) 2016 年上海市民人文知识状况的政治面貌差异

如图 3-25 所示,政治面貌为共产党员、共青团员、民主党派的市民的人文知识平均分均高于市民总体平均分,普通群众平均分为 95.41 分,低于市民总体平均分近 5 分。其中共产党员身份的市民的平均分最高,为 105.19 分,这表明,市民人文知识状况与政治面貌有一定的相关性。根据市民对具体问题回答的分析,可得出以下结论:

一是市民的人文地理知识总体较好,其中以民主党派市民得分最高。问卷中要求被调查者为下列两个集合的事物进行正确连线:A——阿尔卑斯山、亚马逊河、金字塔、莫高窟;B——非洲、中国、欧洲、南美洲、澳大利亚。结果显示,民主党派市民回答的正确率均在 87.5%以上,在金字塔和莫高窟两

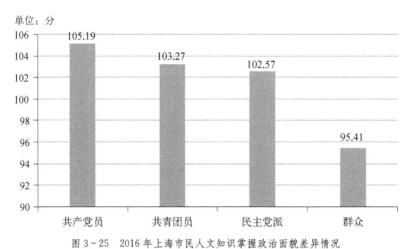

图3-25 2016年上海市民人文知识掌握政治面貌差异情况

项回答中,民主党派市民的正确率甚至达到了94.64%和96.43%。

二是各类政治面貌市民对基本宗教信仰常识了解的情况都比较好。在被要求列举世界三大宗教信仰时,79.23%市民作出了准确回答,其中,对基督教的认知最高,正确率达93.2%,但也有一小部分市民的宗教信仰认知较为模糊,约有12.1%的市民误选道教为世界三大宗教信仰之一,其中群众身份市民的误选率最高,这也说明我国的道教文化对大众依然存在着一定的影响。

(二)上海市民人文知识状况的政治面貌差异的历史比较

如图3-26所示,2016年的上海市民人文知识得分要低于2011年,从政治面貌分析,共产党员、共青团员和民主党派身份的市民的得分均出现了下降趋势,而普通群众的得分则较2011年有所提高。

具体来看,无论是在2016年还是2011年,政治面貌是共产党员的群体,其人文知识的水平相对较高,说明当前党员干部队伍的文化层次是比较高的,反映出共产党员队伍的人文素养水平整体状况良好。当然,这与

第三章　上海市民人文知识状况与变化

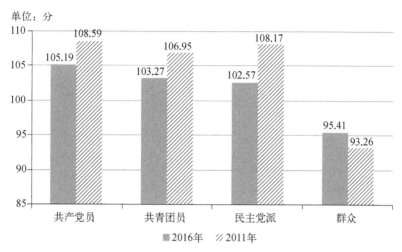

图3-26　上海市民人文知识状况的政治面貌差异的历史比较

上海对党员干部长期的培训学习是分不开的。2013年,上海组织人事部门以加强党的执政能力建设、先进性和纯洁性建设为主线,贯彻全国、全市组织工作会议精神,全面落实各项任务,为上海当好全国改革开放排头兵和科学发展先行者提供组织保证。这些年对党员干部的一系列培训学习起到了很好的效果,也起到了督促党员干部自觉加强理论学习的积极作用。

(三)上海白领人文知识状况的政治面貌差异及历史比较

1. 2019年上海白领人文知识状况的政治面貌差异

如图3-27所示,2019年上海不同政治面貌白领的人文知识状况显示了一定差异。身份为共产党员和群众的白领的人文知识平均分均在总体平均分(83.29分)以上,两类群体的平均分均为83.59分;政治面貌为共青团员和民主党派的白领的人文知识平均分在总体平均分(83.29分)以下,且民主党派白领的平均分最低,为76.23分。

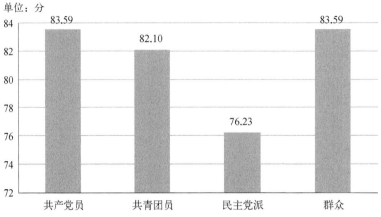

图 3-27 2019 年上海白领人文知识掌握的政治面貌差异情况

2. 2013 年上海白领人文知识状况的政治面貌差异

如图 3-28 所示,2013 年上海不同政治面貌白领的人文知识状况显示了较大的差异。政治面貌为共产党员的白领的人文知识平均分在总体平均分(83.93 分)以上,达到了 87.18 分;政治面貌为共青团员、民主党派和群众的白领的人文知识平均分在总体平均分(83.93 分)以下,且民主党派白领的平均分最低,为 77.17 分。

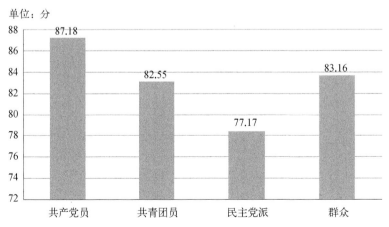

图 3-28 2013 年上海白领人文知识掌握的政治面貌差异情况

3. 上海白领人文知识状况的政治面貌差异的历史比较

如图 3-29 所示,对比两组数据可知,2019 年政治面貌为共产党员、共青团员和民主党派的白领的人文知识平均分均出现了不同程度的下降,而身份为群众的白领的人文知识总体平均分则略有上升。

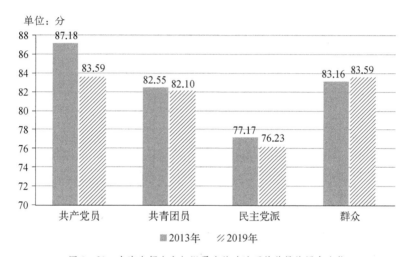

图 3-29　上海白领人文知识得分的政治面貌差异的历史比较

七、上海市民人文知识状况的宗教信仰差异及历史比较

(一) 2016 年上海市民人文知识状况的宗教信仰差异

如图 3-30 所示,以 100 分为总体平均分,明确自己无宗教信仰的市民的人文知识平均分比较明显地高于有宗教信仰的市民。明确自己无宗教信仰的市民的人文知识得分为 102.95 分,在总体平均分之上,而有宗教信仰和说不清楚自己有无宗教信仰及对此没有进行回答者(视同说不清楚者)的人文知识平均分低于总体平均分,与明确无宗教信仰者的差距最大达到 11.09

分。这表明,是否拥有明确的宗教信仰与人文知识状况存在一定的相关性。市民对具体问题的回答显示出以下特点:

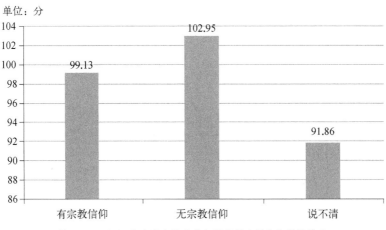

图3-30 2016年上海市民人文知识掌握宗教信仰差异情况

一是持不同宗教信仰态度的市民对基本政治常识的了解情况较好。在问及西方政治制度中的"三权分立"指哪"三权"时,有20.1%的市民坦承不清楚。其中认知度最高的为司法权,达81.8%;认知程度最低的是立法权,为74.5%。结果表明多数市民掌握一定的现代政治常识,然而依据不同的宗教信仰,他们的具体掌握程度也表现出一些差异。在三个选项中,平均分如下:无宗教信仰市民2.40分,说不清有无宗教信仰市民2.21分,有宗教信仰市民2.08分。

二是市民的宗教信仰差异对文艺知识掌握的影响甚微。调查要求在下列人物和职业之间正确连线:A——齐白石、帕瓦罗蒂、贝多芬、梅兰芳;B——歌唱家、戏曲家、画家、雕塑家、作曲家。结果显示,86%以上,即近九成的市民均能准确回答,而且对国内人物的了解程度明显超过国外人物,对齐白石、梅兰芳的认知程度都高达92%以上,对齐白石先生的认知程度最高,达96.3%,各类市民群体的得分高低交错,与有无宗教信仰无太大关系。

(二) 上海市民人文知识状况宗教信仰差异的历史比较

如图 3-31 所示,2016 年,有宗教信仰市民的人文知识得分有较大幅度的提升,无宗教信仰市民的人文知识得分基本保持稳定,而对自己的宗教信仰说不清的市民的得分则略有下降。无宗教信仰的市民的得分在 2011 年与 2016 年都是最高的,说明宗教信仰对于市民了解人文知识有一定的影响。2016 年,有宗教信仰的上海市民的人文知识得分好于 2011 年,这应该同上海近几年关注宗教人士的继续教育有关。

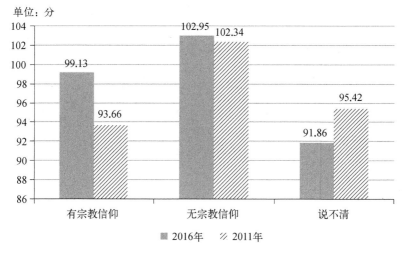

图 3-31　上海市民人文知识状况宗教信仰差异的历史比较

据上海民族和宗教网显示,上海很重视对有宗教信仰市民的教育问题,专门设立新疆班、藏民班等,截至 2013 年底,上海有内地新疆高中班办班学校 12 所,学生近 3 600 人;有内地西藏初中班办班学校 2 所,学生 849 人;内地西藏高中散插班办班学校 4 所,学生 427 人;2012 年,上海市回民中学被评为"全国特色高中"。上海是少数民族散居地区,少数民族人口少、成分全、层次高、与海内外联系广泛。面对少数民族人口状况的变化,上海民族工作在市委、市政府的领导下,自1998年以来,以社区民族工作为抓手,在营造氛围、形成网络、创新载体、提升服务上下功夫,有力地推进了城市民族工作,促进了民族团结进步事业的发展。

截至2013年底,上海有佛教、道教、伊斯兰教、天主教、基督教,五大宗教已登记开放的宗教活动场所430处,宗教教职人员1546人,信教人数123.53万人,全年到各宗教场所参加宗教活动达1949.82万人次。

(三) 上海白领人文知识状况宗教信仰差异及历史比较

1. 2019年上海白领人文知识状况的宗教信仰差异

如图3-32所示,2019年上海不同宗教信仰白领的人文知识状况显示了一定差异。明确选择无宗教信仰或有宗教信仰的白领的人文知识平均分均在总体平均分(83.29分)以上,两类白领的平均分差异不大,且明确选择有宗教信仰的白领的人文知识平均分最高,为84.08分;选择宗教信仰说不清的白领的人文知识平均分在总体平均分(83.29分)以下,与白领总体平均分有一定差距。

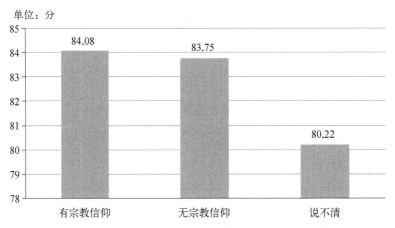

图3-32 2019年上海白领人文知识掌握的宗教信仰差异情况

2. 2013年上海白领人文知识状况的宗教信仰差异

如图3-33所示,2013年上海不同宗教信仰白领的人文知识状况显示了较大差异。明确选择无宗教信仰或宗教信仰说不清的白领的人文知识平均分均在总体平均分(83.93分)以上,两类白领的平均分差异不大,且明确选择无宗教信仰的白领的人文知识平均分最高,为85.18分;明确选择有宗教信仰的白领人文知识平均分(79.45分)在白领人文知识总体平均分(83.93分)以下,距白领人文知识总体平均分有一定差距。

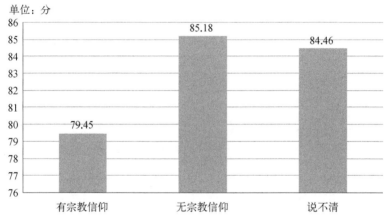

图3-33 2013年上海白领人文知识掌握的宗教信仰差异情况

3. 上海白领人文知识状况的宗教信仰差异的历史比较

如图3-34所示,2019年,明确选择无宗教信仰和宗教信仰说不清的白领的人文知识平均分出现了不同程度的下降,尤其是宗教信仰说不清的白领的人文知识平均分由2013年在总体平均分以上下降到在总体平均分以下,降幅较为明显。明确选择有宗教信仰的白领的人文知识平均分则有较大提升,由2013年在总体平均分以下提升到在总体平均分以上,提升幅度较大。

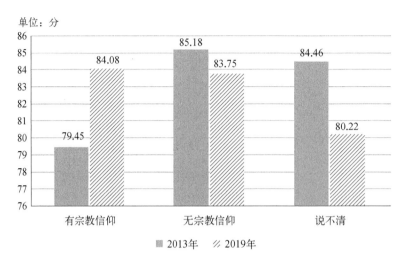

图 3-34 上海白领人文知识掌握的宗教信仰差异的历史比较

八、上海市民人文知识状况的职业或身份差异及历史比较

(一) 2016 年上海市民人文知识状况的职业或身份差异

如图 3-35 所示,以 100 分为总体平均分,市民人文知识水平与职业或身份具有一定相关性。在当前考察的八个职业或身份中,身份为机关、党群组织、企业事业单位负责人,机关、党群组织、企业事业单位办事人员,专业技术人员和学生的市民的人文知识平均分都在总体平均分之上;身份为商业、服务业人员,产业工人,农业劳动者,无业、失业人员的市民的平均分在总体平均分之下,其中,最高平均分(学生)与最低平均分(产业工人)相差 15.24 分。

在所有职业或身份中,农业劳动者,无业、失业人员,产业工人的人文知识平均分比较低。另外,选择了"其他"项的市民的人文知识平均分略微低于农业劳动者。

第三章 上海市民人文知识状况与变化

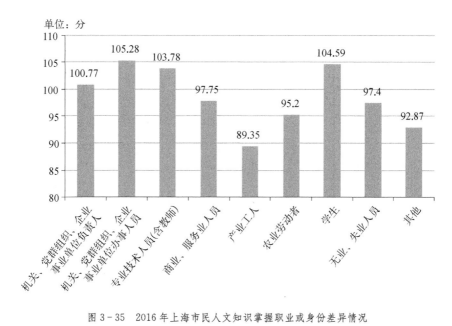

图3-35 2016年上海市民人文知识掌握职业或身份差异情况

另外,在具体问题的回答中,农业劳动者在历史常识了解方面与其他各类职业或身份的市民群体差距颇大。关于"辛亥革命发生于哪年",农业劳动者的回答正确率仅有51.35%,而有18.92%的人坦言不清楚。而无业、失业人员正确率为61.64%,商业、服务业人员为65.27%,产业工人的正确率为54.65%。这表明目前我国农业劳动者和产业工人的人文知识水平依然不高。在新时期加强对农业劳动人员、产业工人和失业人员的继续教育应当是很有必要的。

(二)上海市民人文知识状况的职业或身份差异的历史比较

如图3-36所示,对比两组数据来看,各类群体的人文知识状况基本没有太大的变化,其受到职业或身份影响的规律也没有大的变化。2016年的数据显示,机关、党群组织、企业事业单位负责人,机关、党群组织、企业事业单位办事人员,专业技术人员和学生的人文知识平均分较高,商业、服务业人员,产业工人,农业劳动者,无业、失业人员的平均分较低。而 2011 年,职业为学生,专业技术人员和机关、党群组织、企业事业单位办事人员的市民的人文知识平均分较高,产业工人,无业、失业人员和农业劳动者等市民的人文知识平均分较低。

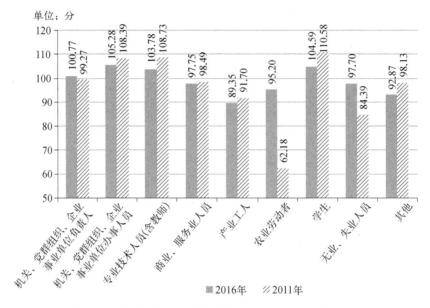

图 3-36 上海市民人文知识状况的职业或身份差异的历史比较

值得注意的是,2016 年,农业劳动者和无业、失业劳动者的人文知识得分较 2011 年有一定程度的提高,而其他职业者的人文知识得分则比 2011 年有所降低。其中,学生人文知识总体水平由 2011 年的 104.59 分下降至 2016 年的 100 分,这点应该得到教育部门的重视。

(三)上海白领人文知识状况的职业或身份差异及历史比较

1. 2019 年上海白领人文知识状况的职业或身份差异

如图 3-37 所示,2019 年上海不同职业或身份白领的人文知识状况显示了较大的差异性。职业或身份为机关、党群组织、企业事业单位办事人员,学生,无业、失业人员和其他人员的白领的人文知识平均分均在总体平均分(83.29分)以上,且以职业或身份为"其他"的白领的平均分最高,为91.94分;职业或身份为机关、党群组织、企业事业单位负责人,专业技术人员,商业服务人员,产业工人等白领的人文知识平均分均在总体平均分(83.29分)以下,且以产业工人身份的白领的平均分最低,为71.56分。

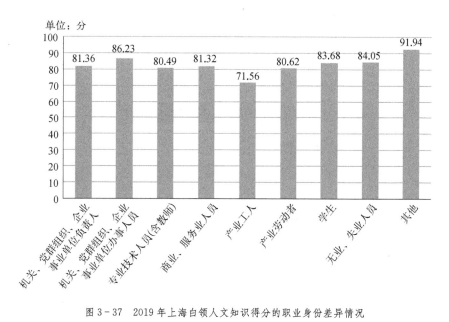

图3-37 2019年上海白领人文知识得分的职业身份差异情况

2. 2013年上海白领人文知识状况的职业或身份差异

(1) 按从事产业划分的职业或身份差异

如图3-38所示,从事第三产业的白领的人文知识平均分(85.94分)在总体平均分(83.93分)以上;职业或身份为从事第一产业、第二产业的白领的人文知识平均分均在总体平均分(83.93分)以下,且以从事第一产业的白领的平均分最低,为78.29分。

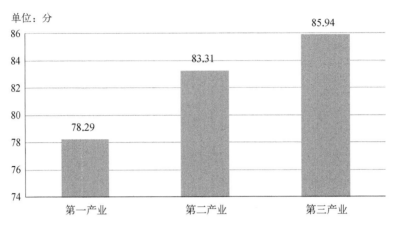

图 3-38 2013 年上海白领人文知识得分按产业类型差异的情况

(2) 按从事企业类型划分的职业或身份差异

如图 3-39 所示,在传统型企业、高新技术型企业的白领的人文知识平均分均在总体平均分(83.93 分)以上或接近,且以在传统型企业的白领的平均分最高,为 85.9 分。在其他类型企业的白领的人文知识平均分(82.51 分)在总体平均分(83.93 分)以下。

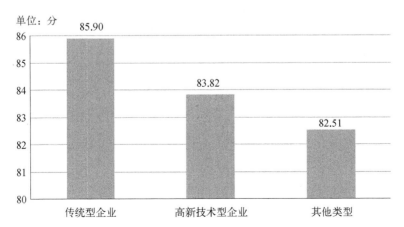

图 3-39 2013 年上海白领人文知识得分企业类型差异的情况

(3) 按从事企业性质划分的职业或身份差异

如图3-40所示,在国企、外企和中外合资企业的白领的人文知识平均分均在总体平均分(83.93分)以上,且在中外合资企业人员白领的平均分最高,为86.27分。在沪央企和私企的白领的人文知识平均分均在总体平均分(83.93分)以下,且私营企业白领的平均分最低,为81.76分。

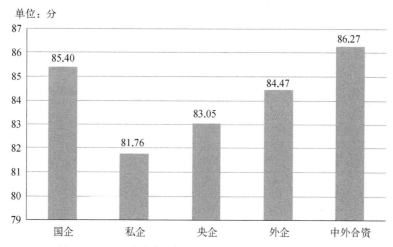

图3-40 2013年上海白领人文知识得分按企业性质差异情况

3. 上海白领人文知识状况的职业或身份差异的历史比较

2013年与2019年上海白领人文知识状况的职业或身份差异的变化情况,尽管由于职业划分的不同,导致调查统计口径不一,进行直接比较存在一定的困难,但仍然可以看出一个趋势,那就是从事第一产业、第二产业的白领的人文知识状况相对于其他产业和工作性质的白领的人文知识状况要稍稍差一些。

九、上海市民人文知识状况的收入差异及历史分析

(一) 2016年上海市民人文知识状况的收入差异

如图3-41所示,以100分为总体平均分,市民人文知识状况与收入存在明显的关联性。月收入处于2 001—5 000元之间的市民的平均分低于总体平均分,月收入在7 001—10 000元的市民的人文知识平均分最高,月收入在2 001—3 000元的市民的平均分最低。整体来看,月收入在2 001—10 000元阶段,市民的人文知识水平大体上呈现出平均分随收入增长而增加的趋势,且月收入在7 001—10 000元阶段的市民的人文知识平均分最高,为107.84分。从不同收入阶层对具体问题的回答情况来看,显示出以下特点:

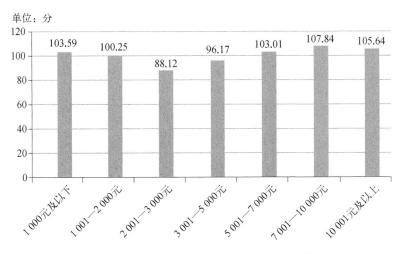

图3-41 2016年上海市民人文知识掌握收入差异情况

一是月收入在1 000元及以下的市民得分超过总体平均分。月收入为1 000元及以下市民没有因为收入最低而得分处于最低水平,平均分超过

总体平均分。为何出现这种情况?我们对此做了调查回访,了解到的情况是这些收入在1 000元左右的市民,其实他们多数是在校面临毕业的学生,为了积累经验或达到预就业的目的,他们利用毕业前的实习机会,在单位实习。

二是月收入1 001—2 000元的市民在GDP含义问题上平均分偏低。问卷显示,月收入在1 001—2 000元之间的市民的绝大多数问题的平均分较高,普遍处于总体平均分以上。但在回答GDP含义时,仅有39.39%的被调查者回答正确,排在倒数第一,其中38.38%的市民将GDP的含义错选为国民生产总值。

(二)上海市民人文知识的收入差异的历史比较

如图3-42所示,从两组数据来看,收入因素对上海市民人文知识状况影响的趋势基本相同。2011年,上海市民的人文知识状况与收入水平之间

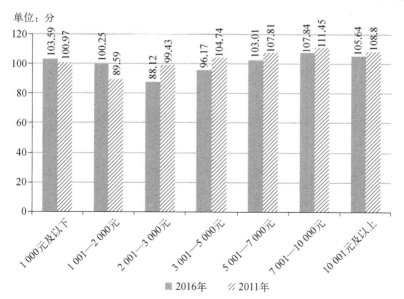

图3-42 上海市民人文知识的收入差异的历史比较

出现比较明显的正相关关系,收入高的群体,人文知识水平越高,而2016年的数据显示,收入水平为2 001—3 000元这一档的市民,其人文知识水平出现了相对偏低的情况。

据上海统计局公布的数据,2015年,全市居民人均可支配收入49 867元,比上年增长8.5%,扣除价格因素,实际增长6.0%。其中,城镇常住居民人均可支配收入52 962元,增长8.4%,扣除价格因素,实际增长5.9%;农村常住居民人均可支配收入23 205元,增长9.5%,扣除价格因素,实际增长6.9%。近年来,上海市民收入呈不断上涨趋势,这种情况有利于市民在收入水平提高的同时,注重人文社会科学知识的学习。

(三) 上海白领人文知识的收入差异及历史比较

1. 2019年上海白领人文知识状况的收入差异

如图3-43所示,2019年上海不同收入白领的人文知识状况显示了较大的差异性。收入水平为5 001—7 000元、7 001—10 000元的白领的人文知识平均分在总体平均分(83.29分)以上或接近,且以收入水平为5 001—7 000

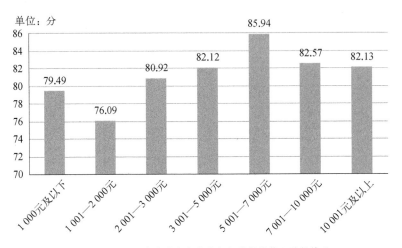

图3-43 2019年上海白领人文知识掌握的收入差异情况

元的白领的平均分最高,为85.94分;收入水平为1 000元及以下、1 001—2 000元、2 001—3 000元、3 001—5 000元、10 000元及以上的白领的人文知识平均分均在总体平均分(83.29分)以下,且以收入水平为1 001—2 000元的白领的平均分最低,为76.09分。

2. 2013年上海白领人文知识状况的收入差异

如图3-44所示,2013年上海不同收入白领的人文知识状况显示了较大的差异性。收入水平为5 001—10 000元、10 001—20 000元和20 001—50 000元的白领的人文知识平均分均在总体平均分(83.93分)以上,且以收入水平为10 001—20 000元的白领的平均分最高,为85.95分;收入水平为5 000元及以下、50 001元及以上的白领的人文知识平均分均在总体平均分(83.93分)以下,但与总体平均分差距不大。

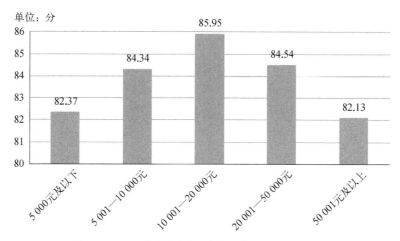

图3-44 2013年上海白领人文知识掌握的收入差异情况

3. 上海白领人文知识状况的收入差异的历史比较

2013年与2019年上海白领人文知识状况的收入差异的变化情况,尽管由于调查统计口径不一,进行直接比较存在一定的困难,但仍然可以看出,不同收入白领的人文知识状况存在一个趋势,即收入越低的白领,其人文知识状况越差。

十、上海市民对自身人文知识状况评价的分析及历史比较

(一) 2016年上海市民对自身人文知识的"良好"评价

人们的自我评价在社会评价中往往是比较重要的方面,从市民对人文知识水平的自我评价及相关问卷调查显示,各类群体对人文社会科学知识的了解情况与人们的自我评价存在一定的差距。如图3-45所示,具体呈现出以下特点:

图3-45 2016年上海市民对人文知识评价的满意度在"一般及以上"的情况

第一,市民自我评价与实际调查情况存在不一致性。问卷调查统计结果显示,平均分比较靠前的是法律知识、地理知识、历史知识、经济知识、艺术知识,而市民对自己人文知识的满意度排名靠前的则是道德知识、文学知识、历史知识、政治知识、法律知识。其中只有对历史知识、法

律知识的满意度相对比较一致。而在问卷调查中得分相对较差的道德知识,却在市民的自我评价中有相对较高的满意度,满意度为90.9%;在市民自我评价中满意度较低的是宗教信仰知识,为57.0%,哲学知识,为67.5%。

第二,从整体上看,上海市民对自身人文知识的自我评价持有乐观态度。如图3-45显示,市民对八类知识所做出的满意度评价一般都达到70%以上,其中对道德知识的满意度最高,达到90.9%,其次是文学知识(84.3%)、历史知识(79.10%)、政治知识(78.30%)、法律知识(77.50%)、地理知识(75.70%)、经济知识(75.50%)。

虽然上海市民对自身人文知识评价的满意度比较高,反映了上海市民在人文知识掌握程度上有良好的自信。但有意思的是,上海市民明确对自己人文知识感到"比较满意"的比例却很低(如图3-46所示),也许这是上海市民比较谦虚的缘故吧。

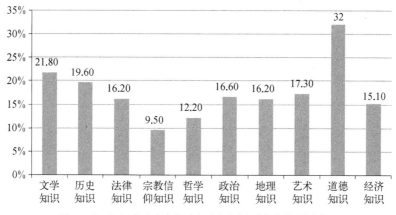

图3-46　2016年上海市民对自己人文知识"比较满意"的情况

在具体单个问题的回答上,除了对道德知识感到"比较满意"的比例相对较高外,上海市民对其他类型的知识感到"比较满意"的比例均在22%以下。尤其是对哲学知识和宗教信仰知识的自我评价,"比较满意"的比例均在13%以下。

(二) 上海市民对自身人文知识状况评价的历史比较

总体上看,2011年与2016年上海市民对自身人文知识的评价比较相似,2016年自我评价满意度普遍都有所提高(如图3-47所示)。两个年度自我满意度评价最高的都是道德知识,而哲学知识、艺术知识和宗教信仰知识的自我满意度评价都是最低的。

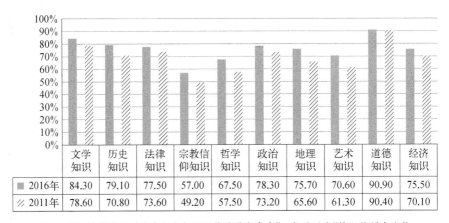

图3-47 上海市民对自身人文知识评价的满意度在"一般及以上"情况的历史比较

按照调查的设计,统计上海市民对自身人文知识评价"一般及以上"的满意度时,2016年的满意度整体上要高于2011年的,而道德知识的满意度基本相同。可见上海市民对自身人文知识状况的自信程度在不断增加。而在统计"比较满意"的满意度时(如图3-48所示),两个年度的数据基本一致,但道德知识的自我满意度则显示2016年的满意度明显低于2011年的。可见,大部分上海市民认为自身人文知识处于"一般及以上"水平,而认为自己人文知识水平"比较满意"或"非常满意"的则不多。

上海市民对自身人文知识掌握"比较满意"的自我评价比例不高,客观上显示了提升满意度的空间还很大,但主观上也反映了上海市民有加强学习,提升人文社会科学知识水平的愿望。

第三章 上海市民人文知识状况与变化

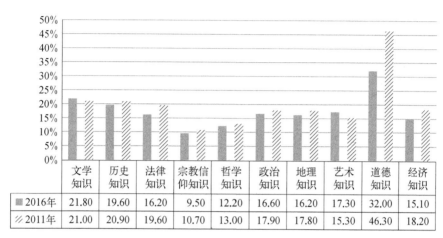

图 3-48 上海市民对自身人文知识评价的满意度"比较满意"情况的历史比较

上海改革开放程度高,加之长期发展孕育出的兼容并蓄的海派文化特点,为上海市民接触和学习各种文化知识提供了有利的文化背景。《上海市市民科学素质行动计划纲要实施方案(2016—2020年)》明确提到,到2020年,科学教育、传播与普及长足发展,创新、协调、绿色、开放、共享的发展理念深入人心,市民具备较高科学素质的比例要达到25%,继续保持全国领先水平。这体现了上海市政府对提升市民人文知识水平高度关注。

(三)上海白领对自身人文知识状况评价情况及历史比较

1. 2019年上海白领对自身人文知识评价的满意度情况

(1) 评价的满意度为"一般及以上"的情况

如图3-49所示,2019年上海白领对自身人文知识评价的满意度为"一般及以上"的情况显示,排在前五项的分别是道德知识、文学知识、历史知识、政治知识和经济知识;其次是地理知识、法律知识、哲学知识、艺术知识和宗教知识。其中道德知识在"一般及以上"的占比达到了90.53%,相较于满意度最低的宗教知识高出16.95个百分点。值得一提的是,除了宗教知识,其

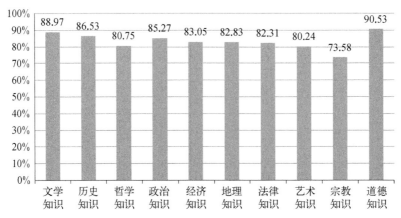

图 3-49　2019 年上海白领对自身人文知识评价的满意度为"一般及以上"的情况

他所有选项的占比都达到了 80% 以上,政治知识、历史知识、文学知识和道德知识的占比均超过了 85%。

(2) 评价的满意度为"比较满意"的情况

如图 3-50 所示,2019 年上海白领对自身人文知识评价的满意度为"比较满意"的情况显示,排在前五项的分别是道德知识、文学知识、经济知识、历史知识和政治知识;其次是艺术知识、法律知识、哲学知识、地理知识和宗教知识。其中道德知识在"比较满意"的占比达到了 36.79%,相较于满意度最

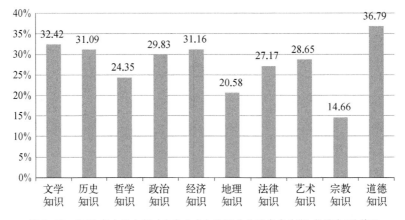

图 3-50　2019 年上海白领对自身人文知识评价的满意度为"比较满意"的情况

低的宗教知识高出 22.13 个百分点。道德知识、文学知识、经济知识和历史知识的占比都达到了 30% 以上,哲学知识、地理知识和宗教知识的占比均低于 25%。

2. 上海白领对自身人文知识评价的满意度的历史比较

(1) 评价的满意度为"一般及以上"情况的历史比较

如图 3-51 所示,相较于 2013 年,2019 年上海白领对自我满意度为"一般及以上"的占比在所有选项中都有显著提升,特别是宗教知识提升了 23.98 个百分点;道德知识和文学知识的涨幅比较小,分别上升 1.43 个百分点和 7.37 个百分点,其他如政治知识、艺术知识和哲学知识的涨幅都较大。道德知识、文学知识、历史知识和经济知识在两年的满意度排序中都排在前列。2019 年,地理知识的满意度排名上升至第五。

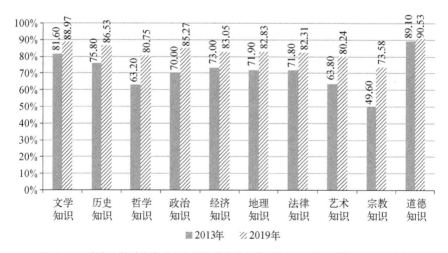

图 3-51 上海白领对自身人文知识评价的满意度为"一般及以上"情况的历史比较

综合来看,上海白领群体对自己的道德知识、文学知识、历史知识、经济知识和政治知识的满意度都比较高。

(2) 评价的满意度为"比较满意"情况的历史比较

如图 3-52 所示,相较于 2013 年,2019 年上海白领对自我满意度为

"比较满意"的占比在多数选项中都有显著提升,特别是政治知识,提升了10.83个百分点,哲学知识提升了9.35个百分点,艺术知识提升了7.95个百分点;宗教知识和历史知识的涨幅比较小,提升了1.36个百分点和3.79个百分点。只有地理知识和道德知识的满意度有所下降,特别是道德知识满意度下降了9.61个百分点,值得关注。

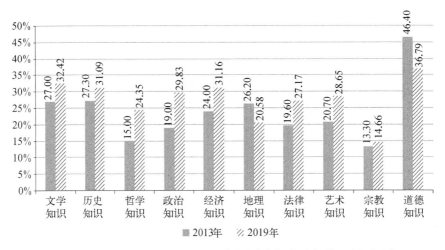

图3-52 上海白领对自身人文知识评价满意度为"比较满意"情况的历史比较

道德知识、文学知识和经济知识是2019年排在前三项的,2013年则是道德知识、历史知识和文学知识。综合来看,上海白领群体对自己的道德知识、经济知识和文学知识的满意度都比较高。

十一、影响上海市民人文知识状况因素的强度分析及历史比较

上海作为一座人文底蕴深厚、现代化气息浓郁、国际视野宽广的聚集型大都市,汇集了大量国内外的高知人群。总体上,上海市民的人文知识不论在文学、历史、哲学、政治,还是在经济、法律、艺术、宗教信仰、

道德等方面均表现出较高的水平。但是,不同文化程度、职业或身份、月收入、宗教信仰的市民的人文知识水平的差异较大,这应该引起足够重视。

(一) 影响 2016 年上海市民人文知识状况因素的强度分析

课题组对市民的性别、年龄、政治面貌、宗教信仰、文化程度、职业或身份、月收入、居住地、户籍与人文知识平均分的相关性做了分析,如图 3-53 所示,通过多元回归系数分析可以得出,文化程度与市民人文知识得分的标准化回归系数达 0.162,是诸多因素中对市民人文知识状况影响最为强烈的因素。此外,政治面貌、宗教信仰、月收入、年龄也是影响市民人文知识掌握水平的几个重要因素。

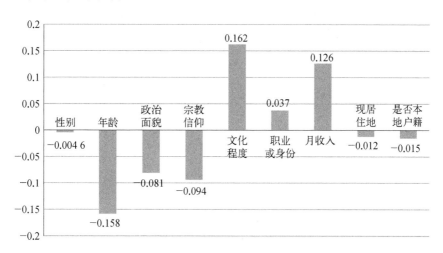

图 3-53 2016 年影响上海市民人文知识水平因素的强度分析

随着受教育程度的提高,市民的人文知识水平基本上呈现出相应的增长态势,而职业或身份、居住地因素等表现出来的人文知识水平的高低,主要是受教育程度等因素造成的。在政治面貌因素上,人文知识的平均分从群众到民主党派,再到共青团员和共产党员依次递增,最高值与最低值相差 9.78

分。在年龄因素上,15—31岁市民掌握人文知识的状况较好,同时也显现出他们有良好的道德认知。

从各因素影响的强度上看,文化程度、政治面貌、宗教信仰、年龄、月收入、职业或身份是影响上海市民人文知识的几个主要因素,其中,文化程度、年龄、月收入的影响程度最为显著。

(二) 影响上海市民人文知识状况因素的强度的历史比较

如图3-54所示,从两组数据来看,影响上海市民人文知识状况各因素的强弱程度是不同的。2011年,文化程度、年龄和现居地对市民人文知识状况的影响较强;2016年,文化程度、年龄和月收入对市民人文知识状况的影响最为显著。另外,政治面貌和宗教信仰在2016年对市民人文知识状况的影响强度要比2011年提高了很多。

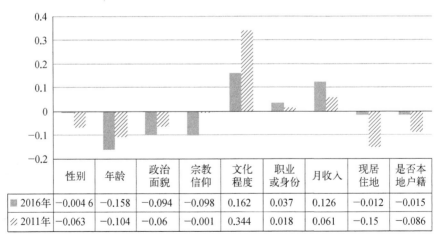

图3-54 影响上海市民人文知识水平因素的强度的历史比较

上海自改革开放以来,先后历经了三轮比较重要的文化设施建设。总体来看,目前上海的重要文化设施无论是数量还是系统性、专业性等均已处于国内的先进水平,但与上海提出的建设全球卓越城市的宏大目标相比,仍有不少需要补足的"短板"和提升的空间。未来,在贯彻落实十九大提出的建设新时代中国特色社会主义现代化强国的伟大目标中,上海更应该将继续扎实推进全市文化设施建设,作为基本的战略举措。

(三)影响上海白领人文知识状况因素的强度分析及历史比较

1. 2019年影响上海白领人文知识状况因素的强度分析

如图3-55所示,通过多元回归系数分析可以得出,文化程度与白领人文知识得分的标准化回归系数达0.2,是诸多因素中对白领人文知识状况影响最为强烈的因素。此外,性别、政治面貌、宗教信仰、户籍和居住地也是影响白领人文知识掌握水平的几个重要因素。

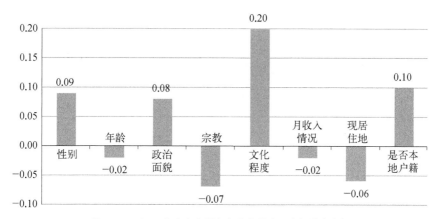

图3-55 2019年上海白领人文素养影响因素相关度分析

2. 2013年影响上海白领人文知识状况因素的强度分析

如图3-56所示,通过多元回归系数分析可以得出,从事产业类型、宗教信仰、文化程度和企业类型对白领人文知识得分影响强度均比较大,其中产业类型对白领人文知识得分影响的标准化回归系数达0.168,是诸多因素中对白领人文知识状况影响最为强烈的因素。

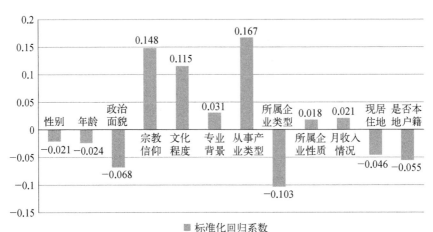

图 3-56 2013 年上海白领人文素养影响因素相关度分析

3. 影响上海白领人文知识状况因素的强度的历史比较

2013 年,产业类型、宗教信仰、文化程度和企业类型是对白领人文知识得分影响强度比较大的因素。2019 年的调查中尽管未再统计产业和企业类型,但纳入统计的因素中,文化程度和户籍地成为诸多因素中对白领人文知识状况影响最为强烈的因素。

第四章

上海市民人文思想状况与变化

人文思想具有非常丰富的内涵。通常认为,人文思想是人类文化中的核心部分。先进的人文思想不仅符合人类历史进步的要求,而且承载了人类的共同理想,其关键在于先进的价值观及社会行为规范。在我国现阶段,人文思想不仅要体现以人为本,即要重视人,尊重人,关心人,爱护人,而且也包含对人文领域中不同流派思想、观点的理解和运用。

课题组的调查研究主要是从人文思想体系或流派识别、民族文化传统比较、基于思想流派或文化传统的逻辑推理这三个方面对上海市民的人文思想状况进行考察。

一、上海市民人文思想总体平均分分布情况及历史比较

(一) 上海市民人文思想总体平均分分布情况

本次调查人文思想部分总得分为 3.74 分,实测平均得分为 2.364 2 分。通过换算后,将平均分以百分制表示。可以看出,得分分布呈现三个比较明显的聚集区间:83.01 分以下、83.01(含)—122.55(不含)分、122.55 分及以上(如图 4-1 所示)。

按照问卷调查设计 83.01 分以下表征人文思想素养一般,占样本总量的 21.9%,83.01(含)—122.55(不含)分表征人文思想素养良好,占样本总量的 51.4%,122.55 分及以上表征人文思想素养优秀,占样本总量的 26.7%。上海市民人文思想素养总体水平比较好,有超过七成市民的人文思想得分在中等及以上水平。

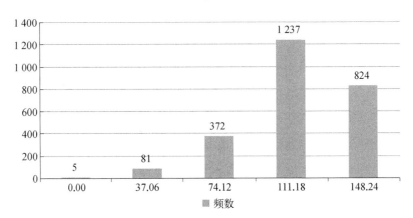

图4-1 2016年上海市民人文思想平均分分布

(二) 上海市民人文思想得分分布情况的历史比较

为了便于对2011年与2016年上海市民人文思想状况进行历史比较,将两年的人文思想平均分数据换算成百分制后,按照60分以下、60(含)—90(不含)分、90分及以上三个区间划分。

如图4-2所示,2011年上海市民人文思想平均分在60分以下,表征人

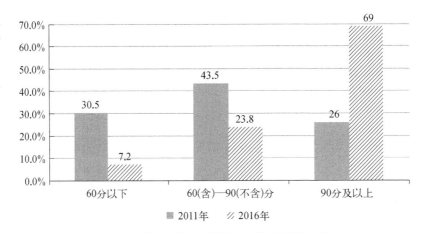

图4-2 上海市民人文思想相对平均分的历史比较

文思想素养较低,占样本总量的30.5%;60(含)—90(不含)分表征人文思想素养一般,占样本总量的43.5%;90分及以上表征人文思想素养优良,占样本总量的26%。2016年上海市民人文思想平均分在60分以下的占样本总量的7.2%;在60(含)—90(不含)分之间的占样本总量的23.8%;在90分及以上的占样本总量的69%。

由图4-2可以看出,从2011年到2016年这五年间,上海市民人文思想状况有了很大的变化,即人文思想素养状况优良率比2011年增长了43个百分点,相应地,人文思想素养偏低和一般的比例分别下降了23.3个百分点和19.7个百分点。

上海在实现"十三五"奋斗目标和建设"四个中心"(即国际经济、金融、贸易航运中心)的过程中,具有强大的经济力、科技力做支撑,更致力于打造城市文化品牌。上海的这些努力成为市民人文思想不断向好的重要因素。特别是近年来,上海国际艺术节、上海国际电影节、上海社区文化节等品牌已深入人心,起到了以点带面的良好效应。另外,上海诵读节、"阅读马拉松"等新兴的文化品牌正在逐步培养中,这些活动的开展对提升上海市民人文思想起到了非常好的作用。

(三) 上海白领人文思想得分分布情况及历史比较

1. 2019年上海白领人文思想得分的分布情况

如图4-3所示,2019年上海白领人文思想得分情况,按调查问卷要求将得分分布划分为四个区间:50分以下、50(含)—65(不含)分、65(含)—85(不含)分、85分及以上。按照问卷调查设计,50分以下表征人文思想状况较差,50(含)—65(不含)分表征人文思想状况一般,65(含)—85(不含)分表征人文思想状况良好,85分及以上表征人文思想状况优秀。可以看出,50分以下以占20.35%,50(含)—65(不含)分占20.65%,65(含)—85(不含)分占34.28%,85分及以上占

24.72%。白领人文思想得分在总体平均分64.89分以上的约占59%。

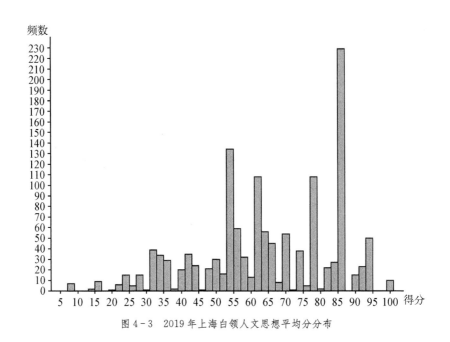

图4-3 2019年上海白领人文思想平均分分布

2. 2013年上海白领人文思想得分的分布情况

如图4-4所示,2013年上海白领人文思想得分情况,按调查问卷要求将得分分布划分为四个区间:45分以下、45(含)—65(不含)分、65(含)—85(不含)分、85分及以上。按照问卷调查设计,45分以下表征人文思想状况较差,45(含)—65(不含)分表征人文思想状况一般,65(含)—85(不含)分表征人文思想状况良好,85分及以上表征人文思想状况优秀。可以看出,45分以下以占7.88%,45(含)—65(不含)分占16.58%,65(含)—85(不含)分占48.34%,85分及以上占27.2%。白领人文思想得分在总体平均分73.72分以上的约占70%。

第四章 上海市民人文思想状况与变化

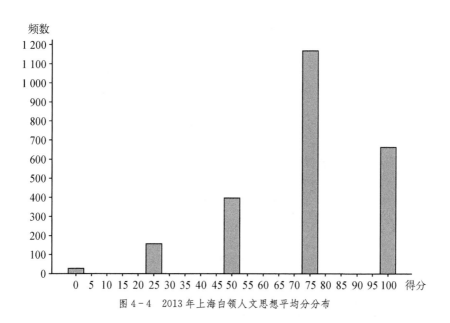

图 4-4 2013 年上海白领人文思想平均分分布

3. 上海白领人文思想得分分布情况的历史比较

如图 4-5 所示,为 2013 年与 2019 年上海白领人文思想得分分布比较的总体情况,鉴于 2019 年和 2013 年两次调查的统计口径和方式略有差别,我们将两次调查的数据划分区间做适当调整,划分为 60 分以下、60(含)—70(不含)分、70(含)—80(不含)分、80(含)—90(不含)分、90 分及以上五个区间。

数据的变化情况为:80 分及以上,2019 年为 27.98%,略高于 2013 年的 27.49%;60(含)—80(不含)分,2019 年为 32.27%,低于 2013 年的 48.42%;比较这两个年度白领人文思想得分情况,有几个现象值得关注。一是白领人文思想的总体平均分有所下降,由 2013 年的 73.72 分下降到 2019 年的 64.89 分;二是处于总体平均分以上的比例有所下降。

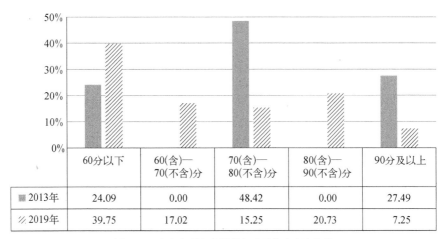

图4-5 上海白领人文思想相对平均分分布比较

二、上海市民人文思想状况的性别差异及历史比较

(一) 上海市民人文思想状况的性别差异

以2016年上海市民人文思想状况总体平均分为100分,计算出2016年上海男性、女性群体的得分情况,如图4-6所示。男性受访者平均分为101.03分,在总体平均分之上;女性受访者平均分为98.27分,在总体平均分之下。男性市民的得分略高于女性市民,反映出上海男性市民的人文思想相对女性要更丰富些。

(二) 上海市民人文思想情况的性别差异的历史比较

如图4-7所示,2011年与2016年上海男性市民的人文思想平均分分别

第四章 上海市民人文思想状况与变化

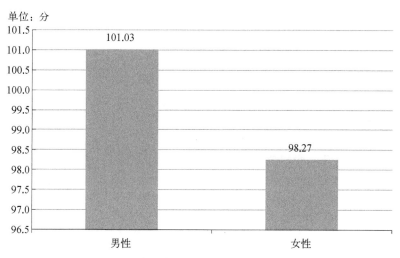

图4-6 2016年上海市民人文思想平均分性别差异情况

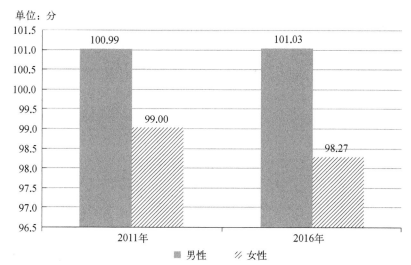

图4-7 上海市民人文思想得分性别差异的历史比较

为100.99分和101.03分,上海女性市民的人文思想得分分别为99分和98.27分。可以看出2011年与2016年上海不同性别市民的人文思想状况发生了一些变化,男性市民的人文思想得分略有上升;而女性市民的人文思想得分则略有下降,总体上,男性市民的人文思想平均分高于女性。

(三) 上海白领人文思想情况的性别差异及历史比较

1. 2019年上海白领人文思想状况的性别差异

如图4-8所示,2019年上海男性白领受访者平均分为62.03分,在总体平均分之下;女性白领受访者平均分为66.55分,在总体平均分之上。男性白领的得分略低于女性白领,反映出上海女性白领的人文思想相对男性要更丰富些。

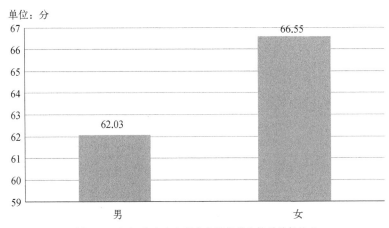

图4-8 2019年上海白领人文思想得分性别差异情况

2. 2013年上海白领人文思想状况的性别差异

如图4-9所示,2019年上海男性白领受访者平均分为73.44分,略低于总体平均分;女性白领受访者平均分为73.87分,高于总体平均分。男性白领的得分略低于女性白领,但差别不大。

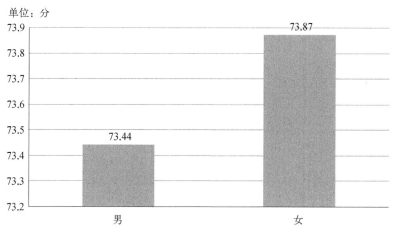

图4-9　2013年上海白领人文思想得分性别差异情况

3. 上海白领人文思想状况的性别差异的历史比较

如图4-10所示,对比两组数据可知,从2013年到2019年,从性别因素来看,上海男性白领受访者平均分均低于女性白领受访者,这说明上海女性白领的人文思想状况好于男性白领。

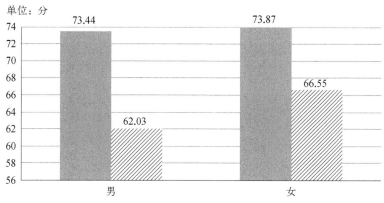

图4-10　上海白领人文思想得分性别差异的历史比较

从 2013 年到 2019 年,上海不同性别白领的人文思想状况发生了一些变化,男性白领和女性白领的人文思想得分都有了一定程度的下降,相比而言,男性白领得分下降幅度比女性白领明显一些。

三、上海市民人文思想状况的文化程度差异及历史比较

(一) 上海市民人文思想状况的文化程度差异

课题组按文化程度不同将市民分为九个类别,即小学及以下、初中、高中或中专(包括职业高中)、大专(文科)、大专(理工科)、大学本科(文科)、大学本科(理工科)、研究生及以上(文科)、研究生及以上(理工科),对 2016 年上海市民人文思想状况进行调查。从每个类别平均分(如图 4-11 所示)反映出不同文化程度与人文思想之间的关联性,即上海市民人文思想状况与受教育程度成正比,市民受教育程度越高,其人文思想状况也就越好。文化程度的高低成为衡量人文思想素养水平高低的一个至关重要的因素。

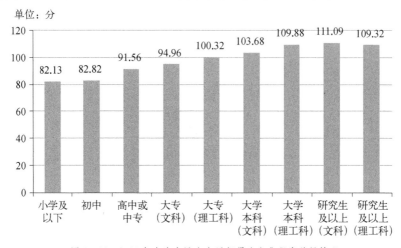

图 4-11 2016 年上海市民人文思想得分文化程度差异情况

第四章　上海市民人文思想状况与变化

2016年数据显示,以100分为总体平均分,上海市民人文思想平均分最低的类别是小学及以下市民,平均分为82.13分;最高为研究生及以上(文科)市民,平均分为111.09分,这一市民群体在大学及研究生阶段学习的专业属于人文社会科学知识,因此平均分最高。以大专(理工科)为分界线,大专(理工科)以下市民平均分在总体平均分以下,而大专(理工科)以上市民得分均在总体平均分以上。从这一点可以看出,教育因素对上海市民人文思想的影响是比较明显的。

在高等教育分科类别中,大专(文科)市民平均分为94.96分,略低于大专(理工科)市民的100.32分,两者相差5.36分。大学本科市民(文科)平均分103.68分,低于大学本科(理工科)市民的109.88分,两者相差6.2分。而到了研究生阶段,文科市民平均分为111.09分,理工科市民平均分为109.32分,两者相差1.77分,得分差距不大。这里似乎可以看出,在专科和本科阶段,理工科类教育比文科类教育对促进受访者人文思想的发展影响更大;而到了研究生阶段,文理科市民在人文思想上的差距就比较小了,反映出人文思想的掌握并不完全依赖人文专业知识,而是同受教育程度有更大关系。

通过上述分析可以看到,随着文化程度提高,市民的人文思想得分也相应提高,大专(理工科)教育程度成为相对的分界线,在其之下低于总体平均分,之上则高于总体平均分;大专和大学本科文科教育背景市民与理工科教育背景市民得分存在一定差距,研究生文科教育背景市民与理工科教育背景市民得分差距不大;最低平均分者为小学及以下文化程度市民,最高平均分者为研究生(文科)文化程度市民,两者差距很大。

(二)上海市民人文思想状况的文化程度因素的历史比较

如图4-12所示,无论2011年还是2016年,上海市民人文思想水平的高低都显示出与受教育程度呈正相关的关系。不同文化程度上海市民的人文思想状况,从小学及以下到研究生及以上,总体上表现出随学历的增加而增高的趋势。

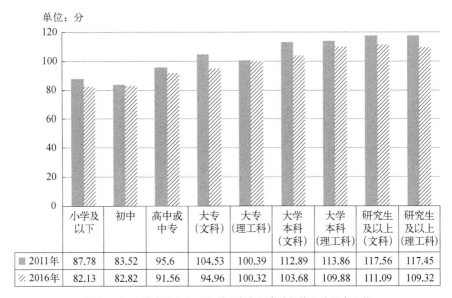

图4-12 上海市民人文思想得分文化程度差异情况的历史比较

两组数据对比来看:2016年上海不同文化程度市民的人文思想平均分总体比2011年有所下降,特别是2016年小学及以下、高中或中专市民的分数同2011年的得分相比减少5分左右。而2016年大专(文科)、大学本科(文科)和研究生及以上学历的市民的平均分要比2011年的得分减少很多。

(三)上海白领人文思想状况的文化程度差异及历史比较

1. 2019年上海白领人文思想状况的文化程度差异

如图4-13所示,2019年的数据显示,上海不同文化程度白领人文思想平均分最低的类别是研究生及以上(理工科)市民,为53.16分;最高的是为研究生及以上(文科)市民,为69.64分,这一白领群体在大学及研究生阶段学习的专业属于人文社会科学知识,因此平均分最高。同时可以看出,文化程度在大专(理工科)和研究生及以上(理工科)的白领群体的人文思想平均分明显低于其他群体,这可能与偏科有关。总体而言,教育因素对上海白领人文思想的影响是比较明显的。

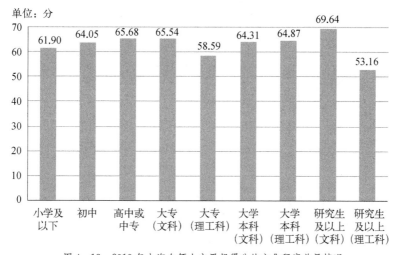

图4-13 2019年上海白领人文思想得分的文化程度差异情况

2. 2013年上海白领人文思想状况的文化程度差异

如图4-14所示,2013年的数据显示,上海不同文化程度白领人文思想平均分由高到低排列分别是硕士研究生(78.42分)、博士研究生(77.70分)、大学本科(74.61分)、大学专科(67.70分)。总体而言,学历较高的白领群体相对而言人文思想平均分较高,说明教育因素对上海白领人文思想的影响是客观存在的。

3. 上海白领人文思想状况文化程度差异的历史比较

如图4-15所示,无论2013年还是2019年,上海白领人文思想水平的高

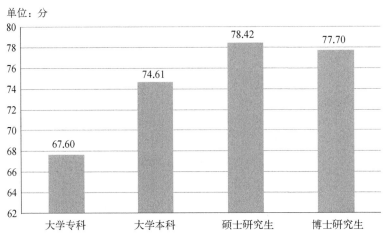

图4-14 2013年上海白领人文思想得分的文化程度差异情况

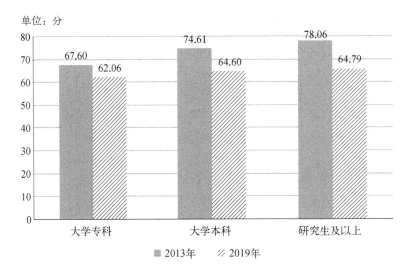

图4-15 上海白领人文思想得分的文化程度差异的历史比较

低都与受教育程度呈正相关的关系。不同文化程度上海白领的人文思想状况,从大学专科到研究生及以上,总体上表现出随学历增加而增高的趋势。两者数据对比来看:受访白领2013年的人文思想水平得分都高于2019年的水平。此外,2019年上海白领人文思想水平随学历的增加而增高的幅度不如2013年那么明显。上述情况说明教育因素与上海白领人文思想的正相关性在逐渐减弱。

四、上海市民人文思想状况的年龄结构差异及历史比较

(一) 上海市民人文思想状况的年龄差异

调查表明,随着年龄的增长,市民人文思想状况呈下降的趋势(如图4-16所示)。表现最好的为15—21岁年龄段市民群体,平均分为109.68分(以100分为总体平均分),而32—41岁年龄段市民群体,平均分为100.56分,以此群体为分界,小于此年龄段的市民群体其平均分高于总体平均分,大于此年龄段的市民群体,其平均分低于总体平均分,且呈递减趋势。具体情况是,42—51岁与52岁及以上市民群体平均分分别为93.15分和86.82分。

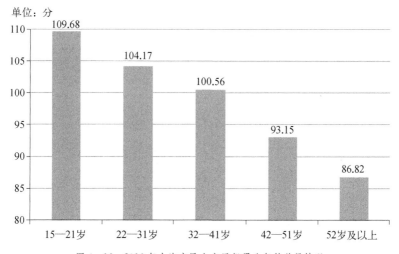

图4-16 2016年上海市民人文思想得分年龄差异情况

32—41岁年龄段以上的市民群体,随着年龄的增长其得分逐渐下降。由于50后、60后受教育的最好时期正处于"文革"和社会转型期,他们中的很多人都没有受到很好的教育。1977年恢复高考后,由于教育资源的匮乏,他们中绝大部分人高中毕业后没能够继续深造,由此我们再次看到教育因素在人文思想形成过程中的重要作用。

　　32—41岁、22—31岁、15—21岁群体平均分逐步提高,这与国家高度重视并开始推行"大众化"的高等教育,积极扩大高等教育招生规模及发展各种形式的高等教育密切相关,使得这三个群体受过高等教育者的比例大大提高。一直以来,社会各界对高等教育扩招这一问题看法不一、争论不断,但从我们获得的数据来看,1999年开始的高校持续扩招使更多的年轻人得以在大学深造,对于提高他们的人文素养发挥了较好的作用。因此,从这方面讲,国家加大教育投入,特别是高等教育的投入,其成效是明显的。

　　年龄维度的分析结果和受教育程度一样,有明显的相关性。后者在总体上与人文思想水平是成正比的,而年龄则与得分成反比,即年龄越低,得分相对越高。

(二) 上海市民人文思想状况的年龄结构差异的历史比较

　　如图4-17所示,总体来看,2011年与2016年两年的数据均显示上海市民人文思想得分都随着年龄的增长而递减。这表明,随着社会经济的快速发展,知识和观念的更新速度也随之迅猛增长,年轻人更能够并且乐于在学习中接受新思想、新观念、新价值,其在人文知识和人文思想方面就表现出很大的优势,也凸显了市民进入中年以后加强继续教育的重要性。

　　对比2016年和2011年的数据,我们不难发现,在每个年龄段中,2016年的人文思想得分都要低于2011年的得分,尤其在52岁及以上的群体,分数差距在6分左右。

第四章　上海市民人文思想状况与变化

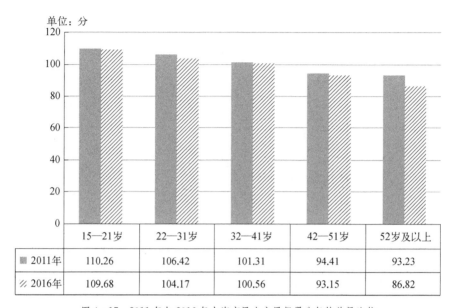

图 4-17　2011 年与 2016 年上海市民人文思想得分年龄差异比较

（三）上海白领人文思想状况的年龄结构差异及历史比较

1. 2019 年上海白领人文思想状况的年龄结构差异

2019 年的调查表明，随着年龄的增长，白领人文思想状况呈现先上升后下降的趋势（如图 4-18 所示），其中 32—41 岁的年龄段的白领的得分最高，为 66.53 分。得分最低的为 15—21 岁年龄段的白领群体，平均分仅为 54.4 分，略高于 22—31 岁年龄段的白领群体，后者平均分为 62.27 分。而 52 岁及以上和 42—51 岁的白领群体，得分为 63.51 分和 65.76 分。总体而言，随着年龄的增长，上海白领人文思想状况呈上升态势。

2. 2013 年上海白领人文思想状况的年龄结构差异

2013 年的调查表明，随着年龄的增长，白领人文思想状况水平的变化较

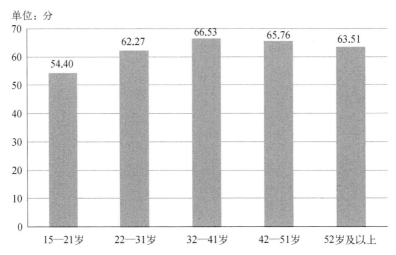

图 4-18 2019 年上海白领人文思想得分的年龄结构差异情况

为复杂,但中青年白领群体的人文思想得分的总体情况明显要高于老年群体。如图 4-19 所示,前三位依次为 36—45 岁(76 分)、20—25 岁(75.16 分)和 26—35 岁(73.05 分)的白领群体。其中,36—45 岁的年龄段白领的得分最高。得分最低的为 56 岁及以上年龄段的白领群体,平均分仅为 63.37 分,

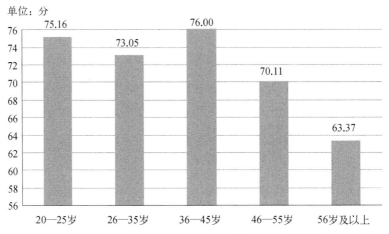

图 4-19 2013 年上海白领人文思想得分的总体情况(按年龄结构因素分析)

倒数第二的是与其相邻的 46—55 岁的群体,平均分为 70.11 分。

3. 上海白领人文思想状况的年龄结构差异的历史比较

参考图 4-18 和图 4-19,年龄因素对人文思想产生的影响,从 2013 年与 2019 年两年的数据来看,表现出的情况发生了一些变化。2013 年,中青年白领群体的人文思想得分的总体情况明显要高于老年群体,到 2019 年,中老年白领群体的人文思想平均分总体要高于青年。这虽然同调查对象的年龄段提前到 20 岁以下有关,但是也表明,随着社会经济的快速发展,知识和观念的更新愈加重要,中老年人开始更多地主动学习并接受新思想、新观念、新价值,加之其原本的经验积累,因而在人文知识和人文思想方面就表现出很大的优势,也凸显了市民进入中老年以后加强继续教育的重要性。

五、上海市民人文思想状况的户籍、居住地差异及历史比较

(一)上海市民人文思想状况的户籍、居住地差异

如图 4-20 所示,以 100 分为总体平均分,根据受访市民户籍、居住地差异情况的分析,城镇居民平均分为 99.29 分,农村居民平均分为 99.96 分,这表明城镇与农村的差异对上海市民人文思想状况的影响不大。

根据受访者户籍因素差异情况的分析,本地户籍市民得分低于总体平均分,为 96.58 分;外地户籍市民平均分高于总体平均分,为 109.59 分。本地户籍与外地户籍市民的平均分差异体现出户籍所在地的不同与市民人文思想状况具有一定联系。

从一些具体问题的回答情况来看,对"在中国古代有一位思想家,他的妻子死了,朋友前去悼念,却发现他在敲着盘子唱歌。你认为这位思想家最有可能属于哪个流派?"的回答中,农村受访者回答正确率为 41.30%,而城镇

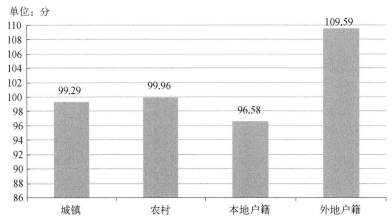

图4-20 2016年上海市民人文思想得分户籍、居住地差异情况

受访者回答正确率为36.90%,低于前者4.4个百分点。而本地户籍市民正确率比外地户籍市民正确率仅低0.7个百分点,总体差异不大(见图4-21)。

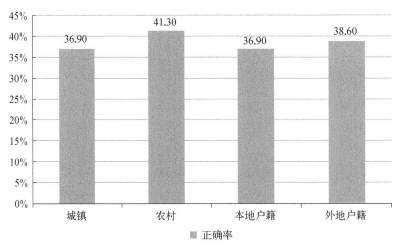

图4-21 2016年上海市民人文思想问题回答正确率的户籍、居住地差异

(二)上海市民人文思想状况的户籍、居住地差异的历史比较

从图4-22可以看出,2011年与2016年城镇居民人文思想平均分分别

第四章　上海市民人文思想状况与变化

为 100.77 分和 99.29 分,两者差距不大;2011 年与 2016 年农村居民人文思想得分分别为 91.85 分和 99.96 分,两者相差 8.11 分,表明农村居民人文思想平均分有明显提升。

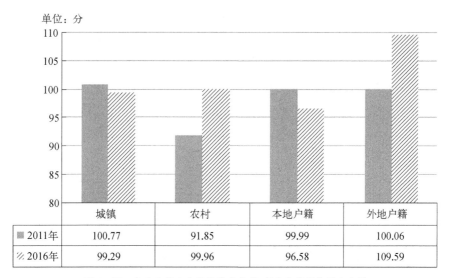

图 4-22　上海市民人文思想得分户籍、居住地差异的历史比较

上海于 2014 年启动美丽乡村建设工作。在贯彻落实习近平总书记"牢牢把握培育和践行社会主义核心价值观这个根本任务"要求的同时,以"美在生态、富在产业、根在文化"为建设主线,运用精神文明创建这一载体,更加注重内涵提升和村民参与,全面提升农村居民生活质量和文明素质,形成了物质文明建设和精神文明建设叠加效应,这些举措对提升农村居民人文思想状况起到了较好的积极影响。

2011 年与 2016 年本地户籍市民人文思想平均分分别为 99.99 分和 96.58 分,两者相差 3.41 分;2011 年与 2016 年外地户籍市民人文思想得分分别为 100.06 分和 109.59 分,两者相差 9.53 分,表明外地户籍市民群体人文思想平均分有显著提升。这一情况说明,上海作为一座人口众多、竞争激烈的现代化大城市,近五年来流入上海的外地户籍市民有较高的人文素养。

(三) 上海白领人文思想状况的户籍、居住地差异及历史比较

1. 2019 年上海白领人文思想状况的户籍、居住地差异

如图 4-23 所示,2019 年,根据受访白领居住地差异的分析,居住地为城镇的白领平均分为 65.59 分;居住地为农村的白领平均分为 59.01 分,这表明居住地的差异对上海白领人文思想状况的影响还是比较显著的,总体上,居住地为城镇的白领的人文思想状况水平明显高于居住地为农村的白领。

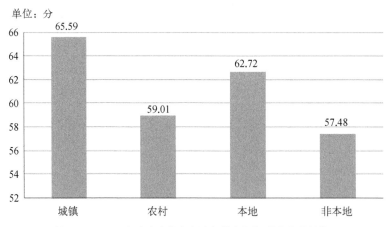

图 4-23 2019 年上海白领人文思想得分户籍、居住地差异情况

2019 年,根据受访者户籍因素分析,本地户籍白领平均分为 62.72 分;外地户籍白领平均分为 67.48 分。本地户籍与外地户籍白领的平均分差异体现出户籍所在地的不同对白领人文思想状况产生影响。

2. 2013 年上海白领人文思想状况的户籍、居住地差异

如图 4-24 所示,2013 年,根据受访白领居住地差异的分析,居住地为城镇的白领平均分为 73.94 分;居住地为农村的白领平均分为 69.46

第四章　上海市民人文思想状况与变化

分,这表明居住地的差异对上海白领人文思想状况的影响是显著的,总体上,居住地为城镇的白领的人文思想状况水平明显高于居住地为农村的白领。

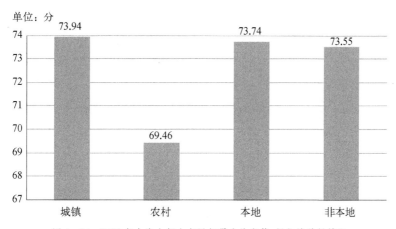

图 4-24　2013 年上海白领人文思想得分的户籍、居住地差异情况

2013 年,根据受访者户籍因素分析,本地户籍白领平均分为 62.72 分;外地户籍白领平均分为 67.48 分。这表明本地户籍与外地户籍的差异对上海白领人文思想状况的影响不大。

3. 上海白领人文思想状况的户籍、居住地因素的历史比较

从图 4-25 可以看出,2013 年与 2019 年居住地为农村的白领的人文思想平均分分别为 69.46 分和 69.01 分,两者差距不大;2013 年与 2019 年居住地为城镇的白领的人文思想得分分别为 73.94 分和 65.59 分,两者相差 8.35 分,可以看出,从 2013 年到 2019 年,因为城乡差异而引起的人文思想差距明显缩小了。

2013 年与 2019 年数据显示,本地户籍白领、外地户籍白领的人文思想平均分出现了不同程度的下滑。虽然这里存在统计口径不同的因素,但这种下滑的趋势的确是客观的。

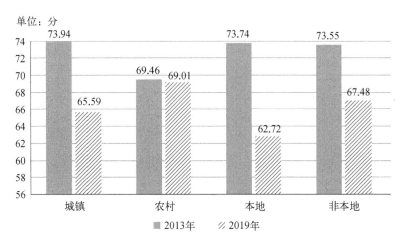

图4-25 上海白领人文思想得分户籍、居住地差异的历史比较

六、上海市民人文思想状况的政治面貌差异及历史比较

(一) 上海市民人文思想状况的政治面貌差异

如图4-26所示,以100分为总体平均分,一般而言,普通市民的人文思想状况要明显低于其他各类群体。数据显示,政治面貌为共产党员的市民人文思想的平均分为102.57分,共青团员的平均分为106.73分,民主党派的平均分为105.85分,均高于总体平均分;普通群众的平均分低于总体平均分,为92.29分。

总体看来,政治面貌成为影响上海市民人文思想状况的一个重要因素。在上海市民中,共产党员、共青团员、民主党派的人文思想平均分在总体平均分以上,且显著高于群众,以共青团员人文思想平均分最高。普通群众的平均分低于总体平均分。

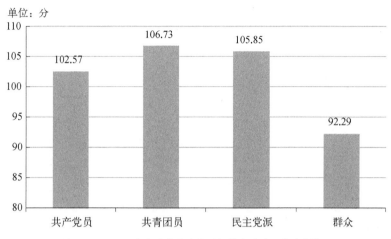

图4-26 2016年上海市民人文思想得分政治面貌差异情况

2015年11月9日,中央全面深化改革领导小组第十八次会议审议通过《上海市群团改革试点方案》,上海共青团组织通过一系列改革举措,使得共青团这一先进青年的组织更具有活力,能够更好地帮助和服务青少年的成长成才,这对提升上海共青团员的人文思想状况起到了积极作用。

(二) 上海市民人文思想状况政治面貌差异的历史比较

从图4-27可以看出,2011年和2016年两年的数据都显示出,上海市民的人文思想水平与政治面貌相关,即政治面貌为共产党员、共青团员和民主党派的上海市民的人文思想平均分比普通群众的得分要高。2011年与2016年,上海市民群体平均分最高的均为政治面貌为共青团员的市民;上海市民群体平均分最低的均为普通群众。

值得注意的是,2016年政治面貌为民主党派的上海市民的人文思想平均分比2011年的得分有了明显的提高。

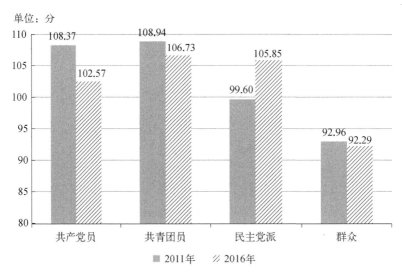

图4-27 上海市民人文思想得分政治面貌差异的历史比较

(三) 上海白领人文思想状况政治面貌差异及历史比较

1. 2019年上海白领人文思想状况的政治面貌差异

如图4-28所示,不同政治面貌的白领,其人文思想状况也不同,从2019年的调查数据来看,民主党派白领的人文思想状况显示要明显低于其他政治面貌的白领,为76.23分。政治面貌为共产党员和普通群众的白领的人文思想的平均分最高,为83.59分,政治面貌为共青团员的白领平均分为82.1分。总体看来,政治面貌成为影响上海白领人文思想状况的一个重要因素。

2. 2013年上海白领人文思想状况的政治面貌差异

如图4-29所示,2013年普通白领的人文思想状况要明显低于其他政治面貌的白领。数据显示,政治面貌为共产党员的白领的人文思想的平均分为78.06分,共青团员的平均分为73.35分,民主党派的平均分为75分,普通群

第四章　上海市民人文思想状况与变化

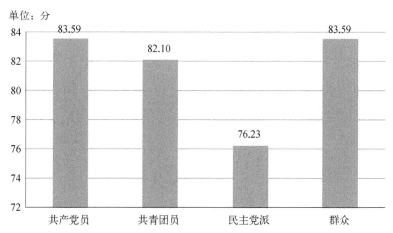

图4-28　2019年上海白领人文思想得分政治面貌差异的情况

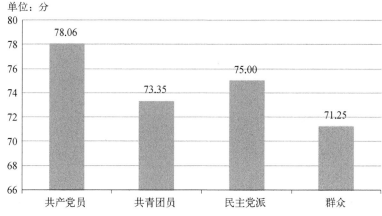

图4-29　2013年上海白领人文思想得分政治面貌差异的情况

众的平均分为71.25分。

总体看来,2013年上海白领群体中,共产党员、共青团员、民主党派的人文思想平均分均高于群众,且共产党员人文思想平均分最高。

3. 上海白领人文思想状况政治面貌差异的历史比较

如图4-30所示,2013年和2019年两年的数据都显示出,政治面貌为共产党员的白领的人文思想平均分比其他政治面貌白领的得分都要高。

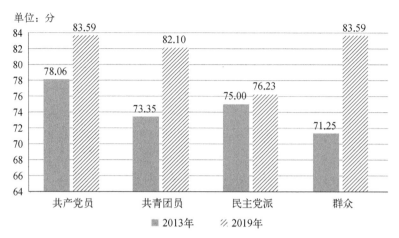

图4-30 上海白领人文思想得分政治面貌差异的历史比较

值得注意的是,2019年政治面貌为共青团员和群众的白领的人文思想平均分比2013年有了明显的提高,而民主党派白领的得分虽然也有一定程度的提高,但却是四类群体中最低的。

七、上海市民人文思想状况的宗教信仰差异及历史比较

(一) 上海市民人文思想状况的宗教信仰差异

如图4-31所示,以100分为总体平均分,这次调查的数据显示,有宗教信仰者人文思想平均分为97.05分,无宗教信仰者平均分为102.08分,说不清是否有宗教信仰者平均分为92.15分。在三类市民群体中,只有无宗教信仰者平均分高于总体平均分,其他两类群体的得分都低于总体平均分。

由此看来,明确有无宗教信仰者的平均分高于宗教信仰不清楚者,无宗教信仰者的平均分高于有宗教信仰者,且有宗教信仰者的平均分高于宗教信仰不清楚者。

第四章 上海市民人文思想状况与变化

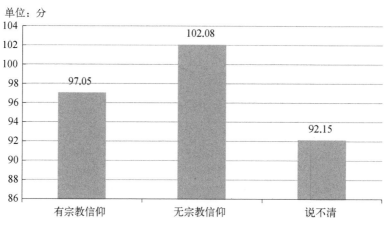

图4-31 2016年上海市民人文思想得分宗教信仰差异情况

（二）上海市民人文思想状况的宗教信仰差异的历史比较

如图4-32所示，2011年与2016年的数据显示，市民宗教信仰与其人文思想得分，表现出的特点基本一致，没有大的变化。

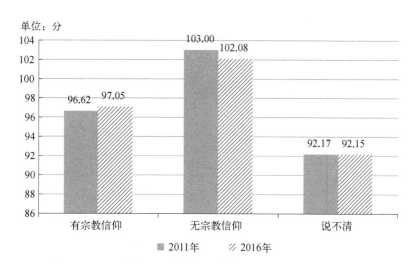

图4-32 2011年与2016年上海不同宗教信仰市民人文思想得分比较

(三) 上海白领人文思想状况的宗教信仰差异及历史比较

1. 2019 年上海白领人文思想状况的宗教信仰差异

如图 4-33 所示,2019 年的调查数据显示,有宗教信仰者人文思想平均分为 67.36 分,无宗教信仰者平均分为 65.46 分,说不清是否有宗教信仰者平均分为 58.4 分。有宗教信仰者平均分高于无宗教信仰者,而说不清是否有宗教信仰者平均分最低。

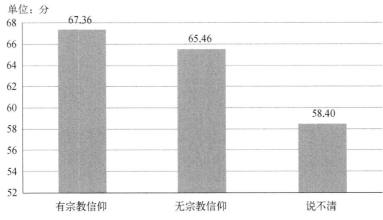

图 4-33 2019 年上海白领人文思想得分的总体情况(按宗教信仰因素分析)

由此看来,明确有无宗教信仰白领的平均分高于宗教信仰不清楚的白领,且宗教信仰不清楚的白领的平均分低于总体平均分,而有宗教信仰白领的平均分高于无宗教信仰的白领。

2. 2013 年上海白领人文思想状况的宗教信仰差异

如图 4-34 所示,2013 年的调查数据显示,有宗教信仰白领的人文思想平均分为 67.37 分,无宗教信仰白领的平均分为 74.88 分,说不清是否有宗教信仰的白领平均分为 74.44 分。在三类市民群体中,只有有宗教信仰白领

第四章　上海市民人文思想状况与变化

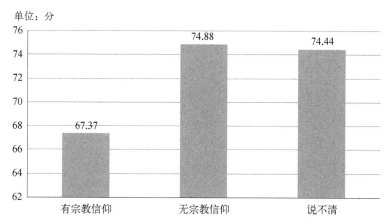

图 4-34　2013 年上海白领人文思想得分的宗教信仰差异情况

的平均分低于总体平均分,其他两类群体的得分都高于总体平均分。

由此看来,明确无宗教信仰的白领的平均分高于宗教信仰不清楚的白领,而说不清宗教信仰的白领的平均分高于有宗教信仰的白领。

3. 上海白领人文思想状况的宗教信仰差异的历史比较

如图 4-35 所示,2013 年与 2019 年的数据显示,有宗教信仰白领的人文

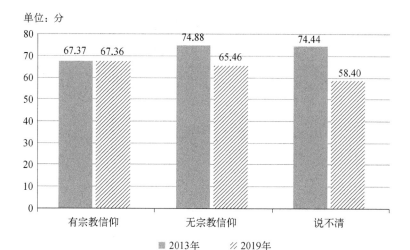

图 4-35　上海白领人文思想得分的宗教信仰差异的历史比较

思想状况基本没有变化,但无宗教信仰白领和宗教信仰不清楚的白领平均分有不同程度的下降,尤其宗教信仰不清楚的白领的得分降幅比较明显。

八、上海市民人文思想状况职业或身份差异及历史比较

(一) 上海市民人文思想状况的职业或身份差异

如图 4-36 所示,以 100 分为总体平均分,根据职业或身份因素分类,2016 年上海市民职业身份是机关、党群组织、企业事业单位负责人的,其人文思想的平均分高于总体平均分,为 101.14 分;职业身份是机关、党群组织、企业事业单位办事人员的,平均分为 104.59 分;职业身份是专业技术人员(含教师)的,平均分为 100.43 分;职业身份是学生的,平均分为 111.44 分。其余市民群体平均分皆低于总体平均分,最低为产业工人群体,平均分为 85.68 分;得分倒数第二的是职业或身份为"其他"的市民群体,平均分为

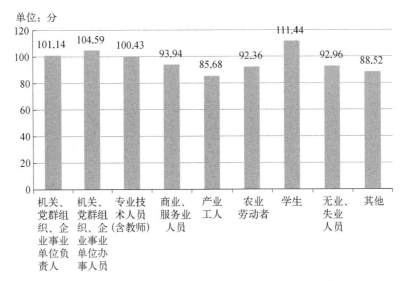

图 4-36 2016 年上海市民人文思想得分职业或身份差异情况

88.52分。

值得注意的是,2016年上海市民中人文思想得分最低的是产业工人。上海作为国际化大都市,随着城市化进程的不断加快和农村劳动力向城市、向第二和第三产业转移速度的加快,农民工等新生代产业工人数量持续增长。农民工等外来务工人员比重超过本市户籍从业人员,但与本市户籍职工相比,农民工大多从事的是建筑、环卫、劳动密集型的加工制造、餐饮、物业等工作,他们很少有时间、机会去学习和获取更多的人文科学知识,素质有待进一步提升。

同时,职业或身份为"其他"的群体值得注意。职业或身份为"其他"的人群属于职业或身份流动性比较大的群体,有相当一部分是响应国家"大众创业,万众创新"号召尝试自主创业的人员,这个群体的人文思想得分高于产业工人群体,但距离总体平均分尚有差距。

(二)上海市民人文思想状况的职业或身份差异的历史比较

从图4-37可以看出,由于职业或身份的差异对人文思想产生的影响,2011年与2016年的数据表现出的情况基本是一致的。学生群体的人文思想平均分是最高的,2011年平均分最低的是无业、失业人员,为84.03分;2016平均分最低的是产业工人,为85.68分,这一动向值得关注。机关、党群组织、企业事业单位负责人相对于办事人员而言,其人文思想平均分差距在缩小。无业、失业人员人文思想平均分提高明显。

(三)上海白领人文思想状况的职业或身份差异及历史比较

1. 2019年上海白领人文思想状况的职业或身份差异

如图4-38所示,2019年上海白领职业身份是产业劳动者和"其他"的群体,其人文思想的平均分高于总体平均分,为75.32分和75.88分;职业身份

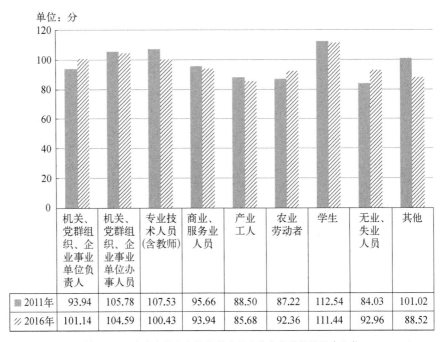

图4-37 上海市民人文思想得分职业或身份差异的历史比较

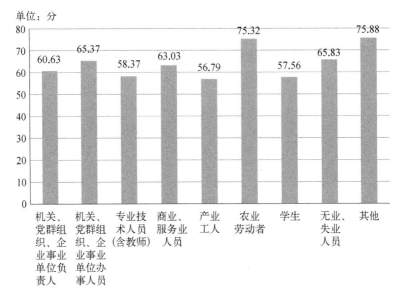

图4-38 2019年上海白领人文思想得分职业身份差异的情况

第四章 上海市民人文思想状况与变化

为机关、党群组织、企业事业单位负责人的平均分为60.63分,职业身份是机关、党群组织、企业事业单位办事人员的平均分为65.37分;职业身份是专业技术人员(含教师)的平均分为58.37分;职业身份是学生的平均分为57.56分,职业身份是商业、服务业人员的平均分为63.03分,职业身份是产业工人的平均分为56.79分,无业、失业人员的平均分为65.83分。其中得分最低的为产业工人,最高为职业或身份为"其他"的白领。

2. 2013年上海白领人文思想状况的职业或身份差异

如图4-39所示,根据企业性质因素分类,2013年上海白领人文思想得分的总体情况由高到低依次为国企白领(75.72分)、央企白领(68.31分)、外企白领(68.11分)、私企白领(62.15分)、中外合资企业白领(60.43分)。可以看出,相比较而言,国企白领的人文思想得分最高,而中外合资企业白领的人文思想得分最低。

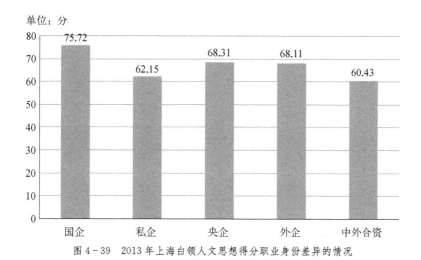

图4-39　2013年上海白领人文思想得分职业身份差异的情况

3. 上海白领人文思想状况的职业或身份因素的历史比较

2019年的上海白领人文思想状况职业身份分析时,我们将机关、党群组织、企业事业单位以及专业技术人员的得分计入国企、央企得分,将商业服务业人员、产业工人和产业劳动者得分计入私企和外企的得分,从而进行比较。相比较而言,由于职业或身份因素的差异对人文思想产生的影响,从2013年与2019年两年的数据来看,表现出的情况发生了一些变化。特点是国企白领的人文思想平均分水平有所下降,但私企与中外合资企业白领的人文思想平均分水平有了一定程度的上升。但总体来看,较2013年,2019年大部分职业白领的人文素养水平还是有部分提高的。

九、上海市民人文思想状况的收入差异及历史比较

(一) 上海市民人文思想状况的收入差异

如图4-40所示,以100分为总体平均分,上海不同收入群体的人文思

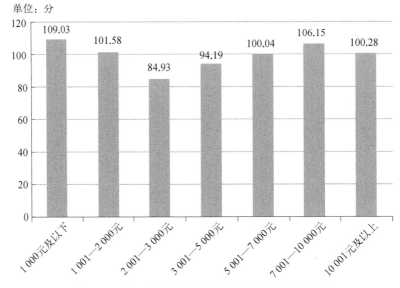

图4-40 2016年上海市民人文思想得分月收入差异情况

想状况,基本表现出月收入水平的提高使人文思想平均分升高。需要指出的是,月收入1 000元及以下群体的平均分为109.03分,1 001—2 000元群体的平均分为101.58分,高于总体平均分。根据上海市2016年4月1日规定,最低工资标准为每月2 190元。因而1 000元及以下、1 001—2 000元这两个群体主要为实习或兼职的在校大学生,这两个群体平均分高于总体平均分就比较好理解了。而10 001元及以上群体的平均分仅为100.28分,虽高于总体平均分,却远低于与其临近的7 001—10 000元收入者,相差近6分。出现这一情况,可能与收入在10 001元及以上群体面临更大的工作、生活压力有关。

总体来看,月收入以5 001—7 000元为界,低于此收入段的人群,其平均分低于总体平均分,而高于此收入段的人群,平均分高于总体平均分。月收入在2 001—3 000元者与月收入在3 001—5 000元者,平均分都低于总体平均分。月收入在2 001—3 000元、3 001—5 000元、5 001—7 000元、7 001—10 000元这四个档次的市民群体,他们的收入水平与人文思想状况呈现了较强的关联性,随着收入水平的提高,其人文思想的平均分也就越高。

(二) 上海市民人文思想状况的收入差异的历史比较

从图4-41可以看出,无论是2011年还是2016年,总体上市民人文思想水平都与其收入水平呈正相关的关系,即收入水平越高,其人文思想的平均分也就越高。从中可以做这样的分析,对于较高收入的市民来讲,他们大都有着比较充足的资金实力来保证其学习各方面的知识,他们的工作性质也决定了他们必须善于学习和更新知识储备,因而他们对于人文思想的理解、掌握和运用也会更好一些。但是对于低收入市民而言,他们需要有更多时间用在为生计奔波上,较少有闲暇时间来学习人文社会科学知识。

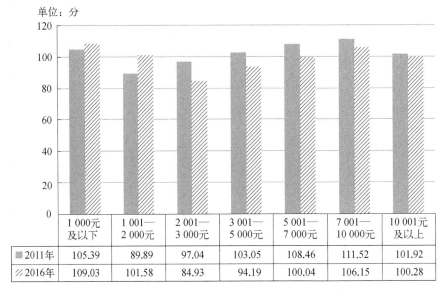

图4-41 上海市民人文思想得分收入差异的历史比较

(三) 上海白领人文思想状况的收入差异及历史比较

1. 2019年上海白领人文思想状况的收入差异

如图4-42所示,2019年上海不同收入白领群体的人文思想状况,表现出月收入水平较高的群体的人文思想平均分与其他收入群体相比,明显要高。需要指出的是,人文思想平均分最低分并未出现在月收入1 000元及以下的群体中,其平均分为62.98分,处于中间水平。最低值出现在2 001—3 000元群体中,其平均分为56.6分。而最高值出现在5 001—7 000元群体中,其平均分为66.1分。

总体来看,月收入以3 001—7 000元为分界线,低于3 000元和高于7 000元的白领,其人文思想的平均分都不如月收入在3 001—7 000元之间的白领。

第四章　上海市民人文思想状况与变化

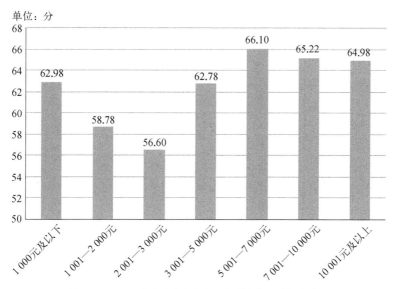

图 4-42　2019 年上海白领人文思想得分收入差异的情况

2. 2013 年上海白领人文思想状况的收入差异

如图 4-43 所示,2013 年上海不同收入白领群体的人文思想状况,表现出月收入水平与人文思想平均分呈正相关关系。需要指出的是,这一升高趋势随月收入水平的提高,幅度不断增加,如月收入 5 000 元及以下的群体与月收入 5 001—10 000 元群体,两者的平均分相差 2.11 分,而月收入 20 001—50 000 元的群体与月收入 50 001 元及以上的群体,两者的平均分差则达到了 6.61 分。

3. 上海白领人文思想状况的收入因素的比较

无论是 2013 年还是 2019 年,总体上白领的人文思想水平都与其收入水平呈正相关的关系,即收入水平越高,其人文思想的平均分也就越高。大致可以做这样的分析,对于较高收入的白领来讲,他们大都有着比较充足的资金实力来保证其进行各方面知识的学习,他们的工作性质也决定了他们必须

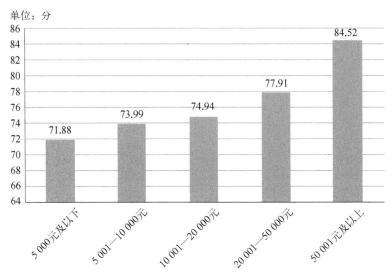

图 4-43 2013 年上海白领人文思想得分收入差异的情况

要善于学习和更新知识储备,因而他们对于人文思想的理解、掌握和运用也会更好一些。

十、影响上海市民人文思想状况因素的强度分析及比较

(一) 影响上海市民人文思想状况因素的强度分析

就人文思想而言,影响强度最大的因素是文化程度,如图 4-44 所示。受教育程度对人文思想的提升起着至关重要的作用。此外,政治面貌、年龄与人文思想状况也有较大的关联性。性别、现居地等因素对市民人文思想的影响较小。

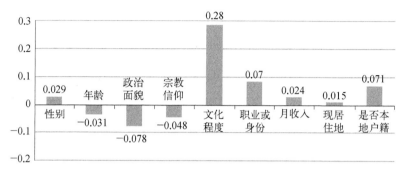

图 4-44　2016 年影响上海市民人文思想水平因素的强度分析

(二) 影响上海市民人文思想状况因素的强度的历史比较

从图 4-45 可以看到,2011 年与 2016 年影响上海市民人文思想状况的主要因素就其影响强度而言,大致相同。按影响的强度来讲,受教育程度是最主要的因素,教育对人的人文思想的掌握、丰富均有着无可置疑的重要作用。

党的十八届三中全会决议对于深化教育综合改革作出明确部署,习近平总书记对教育工作作出了一系列的重要论述,这对于促进教育事业的发展,具有重要指导意义。上海着眼到 2020 年率先实现教育现代化,并勇当全国教育综合改革探路者。2014 年,上海主动承担"一市两校"教育综合改革和"一市一省"高考综合改革两项国家试点任务。2016 年,上海市政府发布了《上海市教育改革和发展"十三五"规划》,《规划》在扩大教育公平、提升教育质量与服务能力、探索创新发展等多个方面对下一步发展提出了更高要求。五年来,上海教育改革的举措对市民的人文思想状况起到了较好的促进作用。此外,人们的政治面貌对人文思想状况是一个非常重要的影响因素。另外,值得注意的是,无论 2011 年还是 2016 年的数据都显示,宗教信仰对上海市民的人文思想状况均有较强的影响。

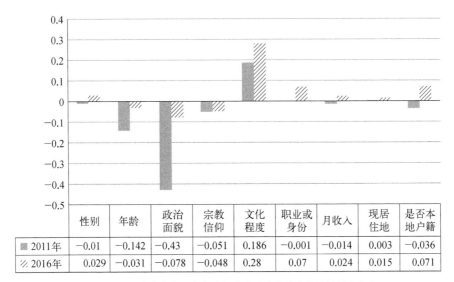

图4-45 影响上海市民人文思想水平因素的强度差异的历史比较

(三) 影响上海白领人文思想状况因素的强度及历史比较

1. 2019年影响上海白领人文思想状况因素的强度分析

就人文思想而言,影响强度最大的因素是户籍与居住地。如图4-46所示,2019年的调查显示,是否本地户籍和现居住地对人文思想状况产生影响。此外,宗教信仰、性别和年龄与人文思想状况也有较大的关联性。政治面貌、文化程度和月收入状况等因素对市民人文思想的影响较小。

2. 2013年影响上海白领人文思想状况因素的强度分析

就人文思想而言,影响强度最大的因素是文化程度。如图4-47所示,2013年的调查显示,教育对人文思想的提升起着至关重要的作用。此外,宗教信仰、政治面貌、从事产业类型和所属企业类型与人文思想状况也有较大的关联性。性别、现居地、年龄、所属企业性质和月收入状况等因素对白领人

第四章 上海市民人文思想状况与变化

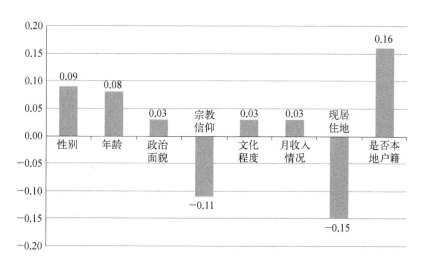

图 4-46 2019 年上海白领人文思想影响因素相关度分析

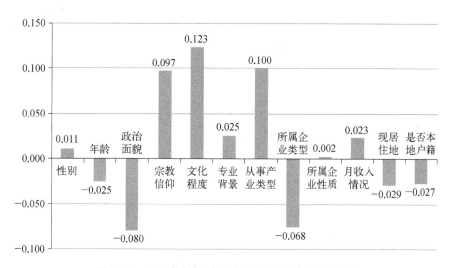

图 4-47 2013 年上海白领人文思想影响因素相关度分析

文思想的影响较小。

3. 影响上海白领人文思想状况因素的强度的历史比较

可以看到,2013 年与 2019 年,影响上海白领人文思想状况的主要因素就其影响强度而言,有了比较大的变化。2013年影响强度较大的几个因素,如政治面貌、文化程度等,在2019年的影响强度甚微;反之,2013年影响强度较小的几个因素,如性别、年龄等,其影响强度在2019年显著提高。另外,值得注意的是,无论2013年还是2019年的数据都显示,宗教信仰因素对上海白领的人文思想状况均有较强的影响。

第五章

上海市民人文方法状况与变化

人文方法是人文学科领域的一般认识方法和实践方法。人们用什么方法认识、思考以及解决自己所设计的人文领域的问题,是体现其人文素养状况的一个重要方面。掌握人文知识是人文素养的基础,理解人文思想是人文素养的核心,对人文方法的掌握和运用则是人文素养在实践中的具体体现。运用人文方法的出发点在于价值引导,反映主体真实的价值取向。我们对人文方法的考察着重强调其价值导向、直感性选择,从而了解不同市民群体的价值倾向性和判断事物的能力。为此,我们从非理性认识倾向与能力、注重价值判断的倾向与能力、诠释的倾向与能力、定性把握的倾向与能力、人文技巧这五个方面进行考察分析,并将数次调查的数据相比较,分析上海市民掌握运用人文方法状况历史变化的情况。

一、上海市民人文方法得分分布情况的分析和历史比较

(一) 2016年上海市民人文方法得分分布情况

上海市民人文方法相对平均分为13.28分。通过换算,以100分为总体平均分,可以看出,如图5-1所示,上海市民人文方法总体平均分主要集中在四个区间：80分以下、80(含)—95(不含)分、95(含)—118.73(不含)分、118.73分及以上。以80分以下表征人文方法掌握较差,以118.73分及以上表征人文方法掌握很好。80分以下区间占样本总量的17%;80(含)—95(不含)分占样本总量的20.8%;95(含)—118.73(不含)分占样本总量的41.5%;118.73分及以上的占样本总量的20.7%。

总体上看,上海市民人文方法状况较差的比例为17%,表示80%以上上海市民对人文方法均具有良好的理解、掌握和运用的能力。

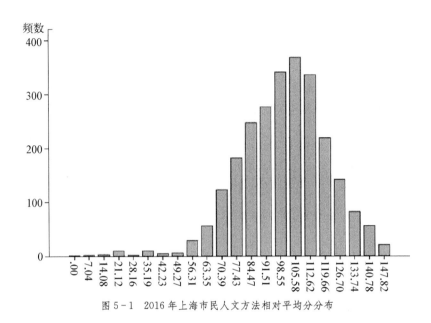

图 5-1 2016 年上海市民人文方法相对平均分分布

(二) 2011 年上海市民人文方法得分的分布情况

上海市民人文方法相对平均分为 12.831 3 分。通过换算,以 100 分为总体平均分,如图 5-2 所示,可以看出,上海市民人文方法得分分为四个区间:82.37 分以下、82.37(含)—100(不含)分、100(含)—123.56(不含)分、123.56 分及以上。以 82.37 分以下表征人文方法掌握很差,以 123.56 分及以上表征人文方法掌握非常好。82.37 分以下区间占样本总量的 21.9%;82.37(含)—100(不含)分占样本总量的 23.8%;100(含)—123.56(不含)分占样本总量的 35.4%;123.56 分及以上占样本总量的 18.8%。可以看出人文方法掌握很差的公民与人文方法掌握非常好的公民占总样本数的 40.7%,有六成左右公民处于样本中段。

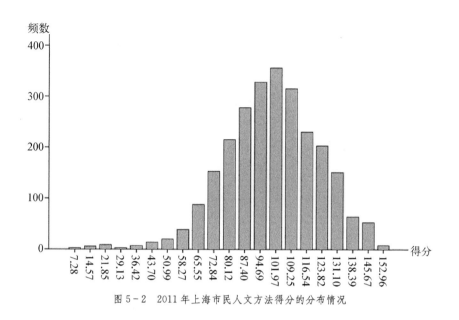

图 5-2 2011 年上海市民人文方法得分的分布情况

（三）上海市民人文方法得分分布情况的历史比较

通过数据对比可知，五年来上海市民人文方法整体素养有所提高，平均分从 12.831 3 分上升到 13.28 分。其中 2016 年人文方法得分 105.58 分出现的频率最高，而 2011 年人文方法得分频率最高的是 101.97 分，说明绝大多数市民的人文方法掌握能力得到进一步的改善。为了便于比较，我们将 2011 年和 2016 年上海市民人文方法平均分转换为可比较的百分制（如图 5-3 所示）：

2011 年上海市民人文方法在 95 分以下所占比例为 45.74%，将近五成。而 2016 年人文方法在 95 分以下所占比例为 37.8%，低于四成；同时，2011 年人文方法 95（含）—118.73（不含）分和 118.73 分及以上所占比皆低于 2016 年，说明五年来上海市民人文方法素养得到较大的提升。

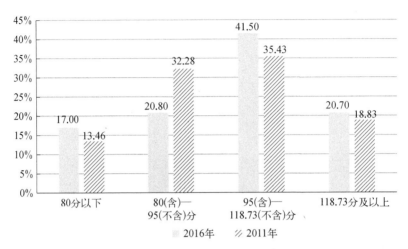

图 5-3 上海市民人文方法相对平均分分布的历史比较

（四）上海白领人文方法得分分布情况及历史比较

1. 2019 年上海白领人文方法得分的分布情况

2019 年的调查数据显示，上海白领人文方法部分折算总分为 19.63 分，实测平均分为 14.15 分，通过百分制换算后，总体平均分为 67.38 分。如图 5-4 所示，按照调查问卷设计要求，将上海白领人文方法平均分分布划分为四个评价区间，即 60 分以下、60(含)—70(不含)分、70(含)—90(不含)分、90 分及以上。

按照问卷调查设计评价方式，60 分以下表征人文方法素养较差，60 (含)—70(不含)分表征人文方法素养一般，70(含)—90(不含)分表征人文方法素养良好，90 分及以上表征人文方法素养优秀。可以看出，各区间占比情况为：60 分以下占比 26.74％，60(含)—70(不含)分占比 26.67％，70(含)—90(不含)分占比 42.10％，90 分及以上占比 4.49％。总体平均分以上占比 61.88％。这说明，有六成以上上海白领人文方法素养呈现良好状况。

第五章 上海市民人文方法状况与变化

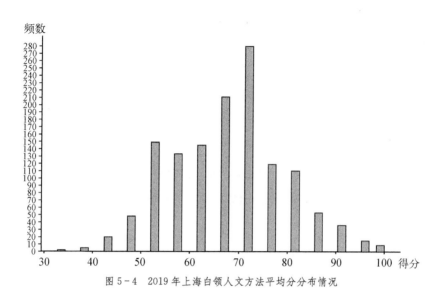

图 5-4 2019 年上海白领人文方法平均分分布情况

2. 2013 年上海白领人文方法得分的分布情况

2013 年的调查显示,上海白领人文方法部分总得分为 18.42 分,实测平均分为 13.75 分。通过百分制换算后,总体平均分为 65.48 分。如图 5-5 所示,按照调查问卷设计要求,将上海白领人文方法平均分分布划分为四个评

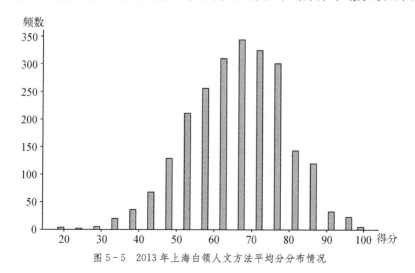

图 5-5 2013 年上海白领人文方法平均分分布情况

价区间,即60分以下、60(含)—70(不含)分、70(含)—90(不含)分、90分及以上。

按照问卷调查设计评价方式,60分以下表征人文方法素养较差,60(含)—70(不含)分表征人文方法素养一般,70(含)—90(不含)分表征人文方法素养良好,90分及以上表征人文方法素养优秀。可以看出,各区间占比情况为:60分以下占比31.31%,60(含)—70(不含)分占比28.01%,70(含)—90(不含)分占比38.07%,90分及以上占比2.61%。总体平均分以上占比55.34%。这说明,有五成半以上上海白领人文方法素养呈现良好状况。

3. 上海白领人文方法得分分布情况的历史比较

如图5-6所示,六年来上海白领人文方法整体素养有所提高,以70分为界限,从2013年到2019年,70分以下的人数比例下降了5.91个百分点,特别是60分以下的占比,下降了4.57个百分点;70分及以上的人数比例上升了5.91个百分点。

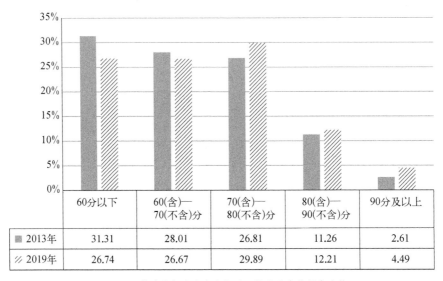

	60分以下	60(含)—70(不含)分	70(含)—80(不含)分	80(含)—90(不含)分	90分及以上
2013年	31.31	28.01	26.81	11.26	2.61
2019年	26.74	26.67	29.89	12.21	4.49

图5-6 上海白领人文方法相对平均分分布的历史比较

(五) 2016 年上海市民对有关人文方法几个具体问题回答的特点

问题一：如图 5-7 所示，调查中当被问及"通过文艺作品或者逻辑严密的哲学书籍来理解人生道理，你觉得何者更合适"时，市民选择倾向于文学艺术作品的为 13.5%，选项倾向于逻辑严密的哲学书籍的为 13.1%，选择持中的占 36.1%，三种主要态度中持中态度所占比例最大。

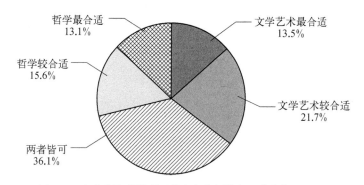

图 5-7　上海市民对"书籍理解人生道理"问题回答的情况

问题二：如图 5-8 所示，调查中当被问及"见到一幅古画，你首先注意的是它的什么"时，有 35.6% 的市民称首先关注内涵意境，有 24% 的市民说首先关注画的成画年代和作者，15.4% 的市民首先关注画的笔法和技巧，14.9% 的市民首先关注画的真假，还有 10.1% 的市民首先关注画的价格。对于一幅古画的审美而言，价格并不是审美活动的要素。

调查表明，超过三分之一的被调查者称他们首先会关注画的内涵意境，只有百分之十多点的被调查者会首先关注画的价格。可见大部分上海市民对于审美活动更少受价格的影响，不会过分关注艺术品作为商品的经济价值。

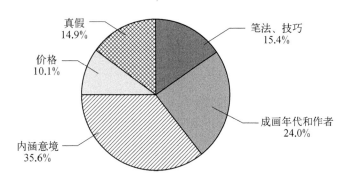

图5-8　上海市民对"古画"问题回答的情况

问题三：如图5-9所示，在"有人说，欣赏文艺作品，不同的人会有不同的理解，'一千个观众就有一千个哈姆雷特'。你认同这个看法吗？"的问题调查中，32.9%的被访者非常认同，27.0%的被访者比较认同，总计占比为59.9%，超过半数。如果加上30.5%的持中态度，总计有九成多的被调查者认同以理解、诠释而非逻辑演绎的方法对待人文事物。

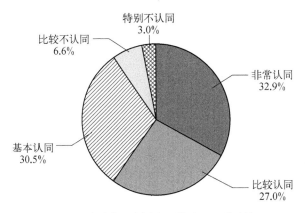

图5-9　上海市民对"哈姆雷特"问题回答的情况

问题四：如图5-10所示，调查中当被问及"幸福是否可以数量化"的问题时，30%的被调查者强烈认同"幸福是人们对生活的感受，无法进行数量化"，19.5%的被调查者则比较认同上述观点，两者合计为49.5%，如果加上持中态度的31.1%，总计达80.6%。可见有近五成市民认为不能将"幸福"

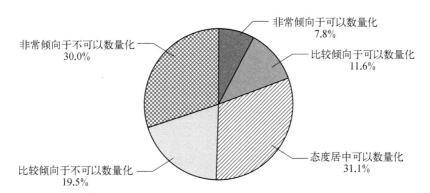

图 5-10 上海市民对"幸福可否数量化"问题回答的情况

简单数量化,有八成多市民认同像"幸福"这类的人文事物需要用定性的方式把握。只有 7.8% 的被调查者认为"幸福完全可以数量化"。

问题五:如图 5-11 所示,在要求被调查者试唱简谱:$\underline{5}$ | 1.$\underline{1}$ | 1.$\underline{1}$ $\underline{5\ 6\ 7}$ | 1 1 | 0 3 | $\underline{1\ 2\ 3}$ | $\underline{5.\ \ 5\ 5}$ | $\underline{3.3}$ $\underline{1.3}$ | $\underline{5.\ 3}$ 2 | 2 - |,然后回答曲名的调查者中,有 24% 的被访者选择了"不清楚",错答为其他歌曲或放弃回答总计 16.6%,两者相加达 40.6%,做出正确判断的比例为 59.3%。应该说,国歌是市民最为熟悉的旋律之一,而识别这段简谱所需要的乐理知识要求是比较低的,但依然有占总数 40.6% 的人不能识别国歌简谱,这表明上海市民音乐知识与技能的平均水平不容乐观。

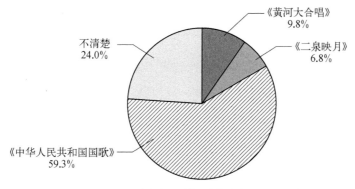

图 5-11 上海市民对"国歌简谱"问题的回答情况

二、上海市民人文方法状况的性别差异及历史比较

(一) 2016年上海市人文方法状况的性别差异分析

1. 上海不同性别市民人文方法状况的差异

如图5-12所示,人文方法平均分情况没有表现出男女性别上的太大差异,总体上是女性市民人文方法平均分略高于男性市民。

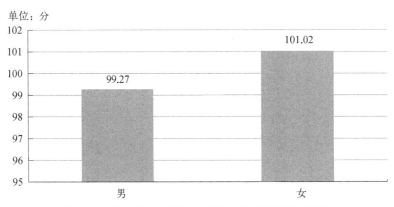

图5-12 2016年上海市民人文方法平均分的性别差异情况

2. 上海不同性别市民人文方法状况具体问题回答的差异

问题一:调查中被问及"通过文艺作品或者逻辑严密的哲学书籍来理解人生道理,你觉得何者更合适"时,如图5-13所示,认为文艺作品合适的男性占比34.4%,而女性则占36%;选择持中意见的男性占比为34.7%,女性为37.6%;认为哲学书籍适合的男性占比30.8%,女性为26.3%。相比较之下,男性略偏向理性方法,而女性略偏向非理性方法,但占主流的还是持中意见。

第五章 上海市民人文方法状况与变化

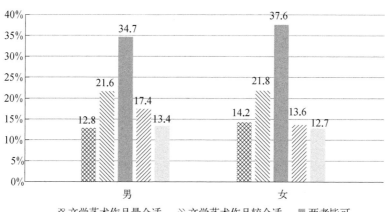

图 5-13 2016 年上海不同性别市民对"书籍理解人生道理"问题的回答

问题二：在"有人说，欣赏文艺作品，不同的人会有不同的理解，'一千个观众就有一千个哈姆雷特'。你认同这个看法吗？"的问题中，性别差异情况如图 5-14 所示。

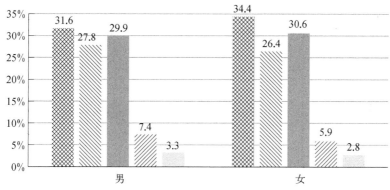

图 5-14 2016 年上海不同性别市民对"哈姆雷特"问题的回答

对此问题的回答，男性市民的情况为：非常认同占比 31.6%，比较认同占比 27.8%，基本认同占比 29.9%，比较不认同占比 7.4%，特别不认同占比 3.3%。

对此问题的回答,女性市民的情况为:非常认同占比 34.4%,比较认同占比 26.4%,基本认同占比 30.6%,比较不认同占比 5.9%,特别不认同占比 2.8%。

(二) 2011 年上海市民人文方法状况的性别差异分析

1. 上海不同性别市民人文方法状况的差异

如图 5-15 所示,人文方法平均分情况没有表现出男女性别上的明显差异,总体上女性市民人文方法平均分略高于男性市民。

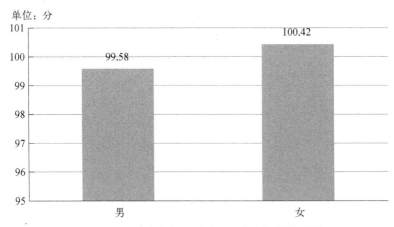

图 5-15　2011 年上海市民人文方法平均分性别差异的情况

2. 上海不同性别市民人文方法具体问题回答的差异

问题一:如图 5-13 所示,调查中当问及"通过文学艺术作品或者逻辑严密的哲学书籍来理解人生道理,你觉得何者更合适"时,如图 5-16 所示,认为文艺作品适合的男性占比 34.4%,而女性则占比 38.6%;选择持中意见的男性占比 33.3%,女性为 34.5%;认为哲学书籍适合的男性占比 32.3%,女性为 26.9%。相比较之下,男性略偏向理性方法,而女性略偏向非理性方

第五章 上海市民人文方法状况与变化

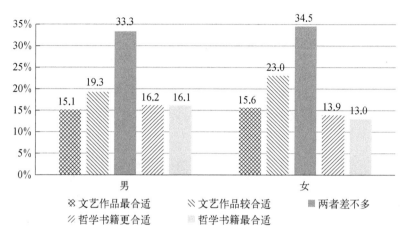

图 5-16 2011 年上海不同性别市民对"书籍理解人生道理"问题的回答

法。但占主流的还是持中意见。

问题二：在"有人说，欣赏文艺作品，不同的人会有不同的理解，'一千个观众就有一千个哈姆雷特'。你认同这个看法吗？"的问题中，性别差异情况如图 5-17 所示。

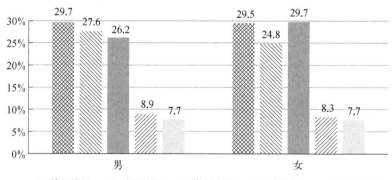

图 5-17 2011 年上海不同性别市民对"哈姆雷特"问题的回答情况

对此问题的回答，男性市民的情况为：非常认同占比 29.7%，比较认同占比 27.6%，基本认同占比 26.2%，比较不认同占比 8.9%，特别不认同占比 7.7%。

对此问题的回答,女性市民的情况为:非常认同占比 29.5%,比较认同占比 24.8%,基本认同占比 29.7%,比较不认同占比 8.3%,特别不认同占比 7.7%。

(三) 上海市民人文方法状况的性别差异的历史比较

1. 上海不同性别市民人文方法状况差异的历史

从 2016 年和 2011 年两年的数据来看,上海市民人文方法平均分上,男性略低于女性,这一情况没有发生大的变化。相较于 2011 年,2016 年男性人文方法平均分略有下降,从 99.58 分下降到 99.27 分;而女性人文方法平均分略有上升,从 100.42 分上升到 101.02 分。

2. 上海不同性别市民对人文方法具体问题回答差异的变化

对问题一回答的变化情况:

选择文艺作品的男性,2011 年为 34.4%,2016 年为 34.4%,没有变化;女性 2011 年为 38.6%,2016 年为 36%,略有下降。

选择持中意见的男性,2011 年为 33.3%,2016 年为 34.7%,略有上升;女性 2011 年为 34.5%,2016 年为 37.6%,有明显上升。

选择哲学书籍适合的男性,2011 年为 32.3%,2016 年为 30.8%,略有下降;女性 2011 年为 26.9%,2016 年为 34.5%,有较大上升。

对问题二回答的变化情况:

男性回答非常认同,2011 年为 29.7%,2016 年为 31.6%,略有上升;回答比较认同,2011 年为 27.6%,2016 年为 27.8%,基本不变;回答基本认同,2011 年为 26.2%,2016 年为 29.9%,有明显上升;回答比较不认同,2011 年 8.9%,2016 年为 7.4%,略有下降;回答特别不认同,2011 年为 7.7%,2016 年为 3.3%,有较大下降。

第五章 上海市民人文方法状况与变化

女性回答非常认同,2011 年为 29.5%,2016 年为 34.4%,有较大上升;回答比较认同,2011 年为 24.8%,2016 年为 26.4%,略有上升;回答基本认同,2011 年为 29.7%,2016 年为 30.6%,变化不大;回答比较不认同,2011 年 8.3%,2016 年为 5.9%,有明显下降;回答特别不认同,2011 年为 7.7%,2016 年为 2.8%,有很大下降。

(四)上海白领人文方法状况的性别差异及历史比较

1. 2019 年上海白领人文方法状况的性别差异

如图 5-18 所示,2019 年上海白领人文方法状况男性受访者平均分为 66.05 分,在总体平均分之下;女性受访者平均分为 68.33 分,在总体平均分之上。男性白领的得分略低于女性白领,反映出上海女性白领的人文方法相对男性要更丰富些。

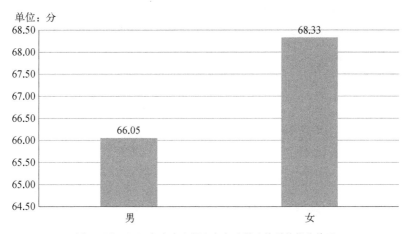

图 5-18 2019 年上海白领人文方法得分性别差异的情况

2. 2013 年上海白领人文方法状况的性别差异

如图 5-19 所示,2013 年上海白领人文方法状况男性受访者平均分为

65.26分,在总体平均分之下;女性受访者平均分为65.68分,在总体平均分之上。男性白领的得分略低于女性白领,反映出上海女性白领的人文方法相对男性要更丰富些。

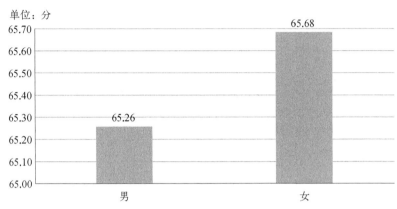

图5-19 2013年上海白领人文方法得分性别差异的情况

3. 上海白领人文方法情况的性别因素的历史比较

如图5-20所示,通过对比数据可知,从2013年到2019年,从性别因素来看,上海白领人文方法状况男性受访者平均分始终低于女性受访者,这说

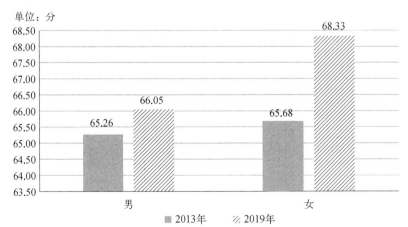

图5-20 上海白领人文方法得分性别差异的历史比较

明上海女性白领的人文方法相对男性要更丰富。虽然男性白领与女性白领在人文方法状况的得分分差有所扩大,但总体而言,较2013年,2019年上海男性白领与女性白领的人文方法素养水平都有所提高。

三、上海市民人文方法状况的文化程度差异及历史比较

(一) 2016年上海市民人文方法状况文化程度差异分析

1. 上海市民人文方法状况的文化程度差异

在文化程度因素分析中,表现出的总体趋势是文化程度越高,人文方法平均分越高(如图5-21所示)。大学本科以下群体,得分均低于100分。在大学本科和研究生及以上学历中,人文方法平均分理工科均高于文科。其中,大学本科理工科人文方法得分还高于研究生及以上学历的文科生。

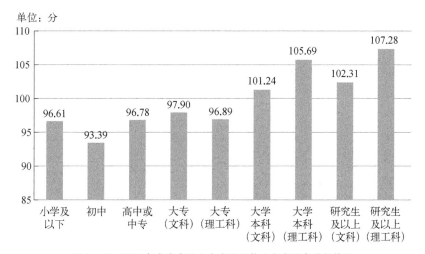

图5-21 2016年上海市民人文方法平均分文化程度差异情况

2. 上海不同文化程度市民人文方法状况具体问题回答的差异

问题一：调查中当被问及"通过文艺作品或者逻辑严密的哲学书籍来理解人生道理，你觉得何者更合适"时，随着教育水平的提升，持中意见越来越少，如图 5－22 所示，在小学及以下和初中文化程度市民中，认为"两者皆可"占 40.7% 和 43.7%，意见明确的比例很小，而到了研究生及以上文化程度，认为"两者皆可"的仅占 27.7%（文科）和 21.3%（理工科）。这表明随着教育程度的提高，对于人文方法，不同的人所持有的方法逐渐个性化。

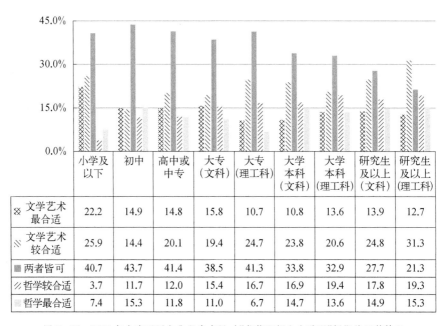

	小学及以下	初中	高中或中专	大专（文科）	大专（理工科）	大学本科（文科）	大学本科（理工科）	研究生及以上（文科）	研究生及以上（理工科）
文学艺术最合适	22.2	14.9	14.8	15.8	10.7	10.8	13.6	13.9	12.7
文学艺术较合适	25.9	14.4	20.1	19.4	24.7	23.8	20.6	24.8	31.3
两者皆可	40.7	43.7	41.4	38.5	41.3	33.8	32.9	27.7	21.3
哲学较合适	3.7	11.7	12.0	15.4	16.7	16.9	19.4	17.8	19.3
哲学最合适	7.4	15.3	11.8	11.0	6.7	14.7	13.6	14.9	15.3

图 5－22　2016 年上海不同文化程度市民对"书籍理解人生道理"问题的回答情况

问题二：在"有人说，欣赏文艺作品，不同的人会有不同的理解，'一千个观众就有一千个哈姆雷特'。你认同这个看法吗？"的问题中，选择"基本认同"观点的比例，随受教育水平的提高而逐渐下降，选择"特别不认同"观点的比例，以大专（文科）为分界线，基本随着受教育水平的提高而逐渐下降（如图

5-23所示)。可见教育因素在对待人文事物方面起到影响作用,更高文化程度的受访者具有更丰富和全面的人文理解方法。

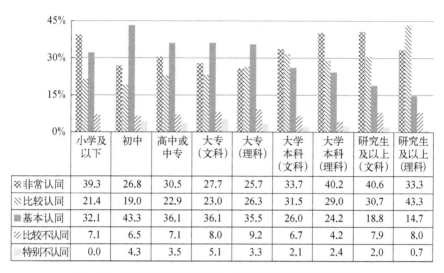

图5-23　2016年上海市不同文化程度关于"哈姆雷特"问题的看法

问题三:在要求被调查者试唱简谱:5 ｜1. 1｜1. 1 5 6 7｜1 1｜0 3　1 2 3 ｜5. 5 5｜3. 3　1. 3｜5. 3　2｜2 - ｜,然后回答曲名调查中,不同文化程度的市民回答的准确率均不是很高(如图5-24所示)。

(二) 2011年上海市民人文方法状况的文化程度差异

1. 上海不同文化程度市民人文方法状况的差异

在文化程度因素分析中,表现出的总体趋势是文化程度越高,人文方法平均分越高。如图5-25所示,初中文化程度市民得分最低,接受理工科教育的研究生及以上学历得分最高;同时,大专、本科和研究生及以上学历的理工科市民的得分均高于接受文科教育的市民。

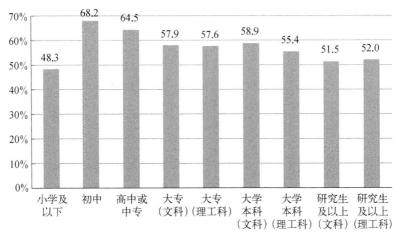

图5-24　2016年上海不同文化程度市民对"国歌简谱"问题的回答情况

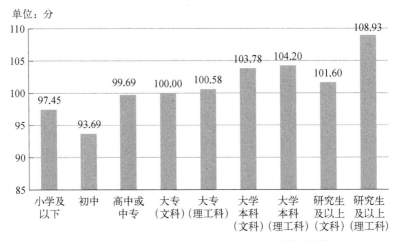

图5-25　2011年上海市民人文方法平均分文化程度差异情况

2. 上海不同文化程度市民人文方法具体问题回答的差异

问题一：调查中当问及"通过文学艺术作品或者逻辑严密的哲学书籍来理解人生道理，你觉得何者更合适"时，随着教育水平的提升，持中意见占比越来越少（如图5-26所示）。在小学及以下文化程度市民中，认为"两者差不多"的占了41.8%,极端意见权重比例很小。而到了研究生及以上文化程度,认为"两者差不多"的仅占到26.2%(文科)与24.2%(理工科)。这表明随着教育程度的提高,对于人文方法,不同的人所持有的方法、信念会逐渐形成。

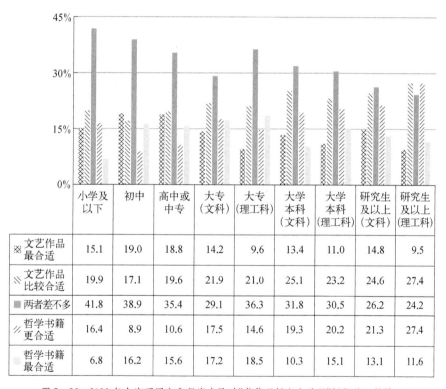

图5-26 2011年上海不同文化程度市民对"书籍理解人生道理"问题的回答情况

问题二:如图5-27所示,"有人说,欣赏文化艺术作品,不同的人会有不同的理解,'一千个观众就有一千个哈姆雷特'。你认同这种看法吗?"设问调查中,除了初中比小学及以下市民选择"十分不认同的"比例较高外,基本上随着教育程度的提高,这一选择比例相应下降。可见教育因素在对待人文事物方面所起到的影响是培养个人的理解能力。更高文化程度的受访者表现出更强的个人人文理解方法。

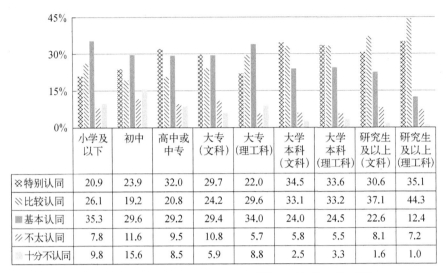

图 5-27 2011 年上海不同文化程度市民对"哈姆雷特"问题的回答情况

问题三：如图 5-28 所示，在要求被调查者试唱简谱：$\underline{5}$ | 1. $\underline{1}$ | 1. $\underline{1}$ $\underline{5\ 6\ 7}$ | 1 1 | 0$\underline{3}$ 1 $\underline{2\ 3}$ | 5. $\underline{5\ 5}$ | 3.$\underline{3}$ 1.$\underline{3}$ | 5. $\underline{3}$ 2 | 2 - |，然后

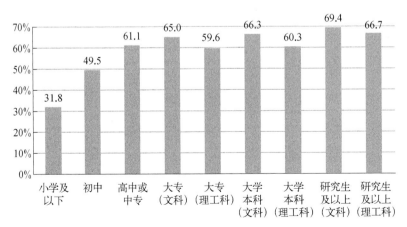

图 5-28 2011 年上海不同文化程度市民对"国歌简谱"问题的回答情况

回答曲名的调查中,人文技巧的掌握程度最高的是研究生及以上(文科)的市民,正确率为69.4%。总体上看,正确率与文化程度基本上呈正相关。

(三) 上海市民人文方法状况的文化程度差异的历史比较

综合比较2016年和2011年上海市民人文方法状况的文化程度差异,整体上仍然保持了文化程度越高人文方法掌握能力越强的趋势。但是在人文方法平均分方面,相较于2011年,大学本科以下文化程度市民的人文方法平均分都有所下降,而大学本科(理工科)从104.24分上升到105.69分,研究生及以上(文科)从101.64分上升到102.31分。这说明上海近五年来着力打造的人文素养课程取得成效,对理工科院校开展的各项人文素养课程和实践活动取得良好效果。

(四) 上海白领人文方法状况的文化程度差异及历史比较

1. 2019年上海白领人文方法状况的文化程度差异

如图5-29所示,2019年上海白领人文方法得分的总体情况是,得分最低的类别是小学及以下群体,平均分为61.11分;最高为研究生及以上(文科)群体,得分为75.17分,该白领群体在大学及研究生阶段学习的专业属于人文社会科学知识,因此平均分最高。大专、大学本科和研究生及以上学历的白领,人文方法平均分理工科白领均低于文科白领,其中,大专理工科白领人文方法得分最低。总体而言,教育因素对上海白领人文方法的影响是比较明显的,其总体趋势是文化程度越高,人文方法平均分越高。

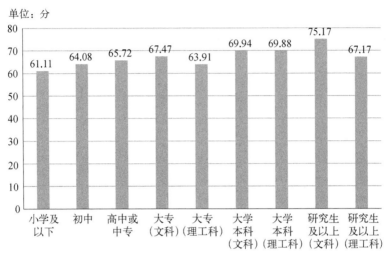

图 5-29　2019 年上海白领人文方法得分文化程度差异情况

2. 2013 年上海白领人文方法状况的文化程度差异

如图 5-30 所示,2013 年的数据显示,上海不同文化程度白领人文方法平均分由高到低排列分别是硕士研究生(66.9 分)、大学本科(66.32 分)、博士研究生(64.32 分)、大学专科(62.56 分)。总体而言,学历较高的白领群体

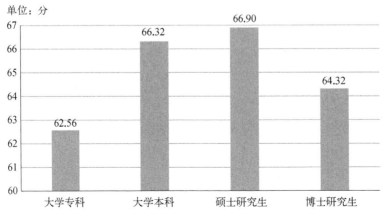

图 5-30　2013 年上海白领人文方法得分文化程度差异情况

相对而言人文方法平均分较高,说明教育因素对上海白领人文方法的影响是客观存在的。

3. 上海白领人文方法状况的文化程度因素的历史比较

如图5-31所示,无论2013年还是2019年,上海白领人文方法水平的高低都显示出与受教育程度呈正相关的关系,而且2019年的这一趋势,较2013年变得更为明显。不同文化程度上海白领的人文方法状况,从大学专科到研究生及以上,总体上表现出得分随学历的提高而升高的趋势。两年的数据对比来看:2019年,无论哪个文化程度的受访白领群体,其人文方法得分情况都要好于2013年。

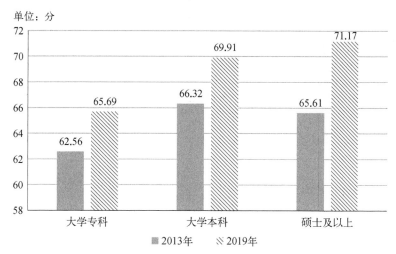

图5-31 上海白领人文方法得分文化程度差异的历史比较

总之,上述情况反映出教育因素与上海白领人文方法的相关性明显增强的特点。

四、上海市民人文方法状况的年龄结构差异及历史比较

(一) 2016 年上海市民人文方法状况的年龄结构差异

1. 上海市民人文方法状况的年龄差异分析

如图 5-32 所示,从年龄差别上看,不同年龄群体人文方法平均分随着年龄的增长呈下降趋势,15—21 岁市民得分最高,52 岁及以上市民得分最低。

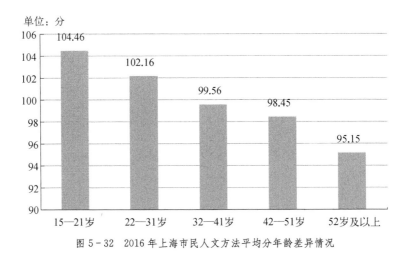

图 5-32　2016 年上海市民人文方法平均分年龄差异情况

2. 不同年龄上海市民对有关人文方法状况具体问题回答的差异分析

问题一:调查中当被问及"通过文艺作品或者逻辑严密的哲学书籍来理解人生道理,你觉得何者更合适"时,年龄因素影响并不明显,如图 5-33 所示。

第五章　上海市民人文方法状况与变化

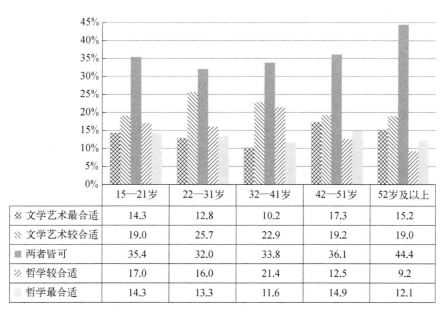

图 5-33　上海不同年龄市民对"书籍理解人生道理"的回答情况

问题二：如图5-34所示，调查中当被问到"见到一幅画时，你首先注意到的是它的什么"时，随着年龄的增加，市民对真假的重视越来越多。此外，15—21岁受访人群对价格关注仅占到其所在人群比例的7%，而52岁及以上人群则占了12.2%。说明随着社会经验与生活阅历的增加，市民对审美对象的考察偏向经济方面，而减少了对人文内涵的体验。

问题三：如图5-35所示，"有人说，欣赏文艺作品，不同的人会有不同的理解，'一千个观众就有一千个哈姆雷特'。你认同这个看法吗？"的问题调查中，随着年龄的增长，市民对待人文事物会越来越以诠释、个人体验为主，而较少使用演绎、分析的方法。值得注意的是，结合上一题结论，随着个人社会经历与体验的增加，市民也就更注重自身对人文事物的体验。

问题四：如图5-36所示，调查中当被问及"幸福是否可以数量化"的问

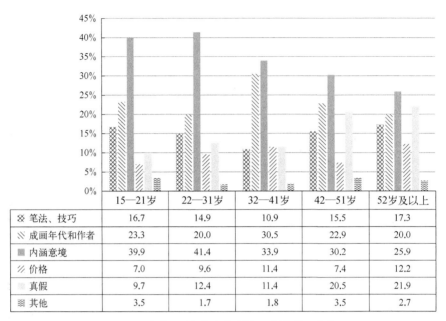

图 5-34 上海不同年龄市民对"古画"问题的回答情况

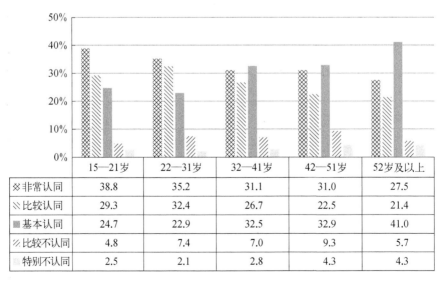

图 5-35 上海不同年龄市民对"哈姆雷特"问题的回答情况

第五章　上海市民人文方法状况与变化

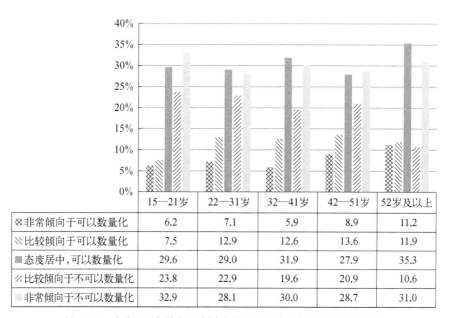

	15—21岁	22—31岁	32—41岁	42—51岁	52岁及以上
非常倾向于可以数量化	6.2	7.1	5.9	8.9	11.2
比较倾向于可以数量化	7.5	12.9	12.6	13.6	11.9
态度居中,可以数量化	29.6	29.0	31.9	27.9	35.3
比较倾向于不可以数量化	23.8	22.9	19.6	20.9	10.6
非常倾向于不可以数量化	32.9	28.1	30.0	28.7	31.0

图 5-36　上海不同年龄市民对"幸福是否可以数量化"问题的回答情况

题时,随着受访者年龄的增加,认为幸福不能数量化的比例没有明显的差别,在 28.1%—32.9%之间;但是认为幸福可以完全数量化的人群却在增加。可见,随着社会阅历与经验的增加,市民认为人文事物需要物质支撑的信念得到了强化。认为幸福完全可以数量化的比例在 5.9%—11.2%之间,明显低于认为不能数量化的比例。

(二) 2011 年上海市民人文方法状况的年龄结构差异情况

1. 上海不同年龄市民人文方法状况的差异

如图 5-37 所示,从年龄差别上看,15—31 岁市民平均分明显高于其他年龄段市民,其中 15—21 岁市民得分最高,32 岁及以上年龄段市民得分都在平均分以下,其中 52 岁及以上群体得分最低。

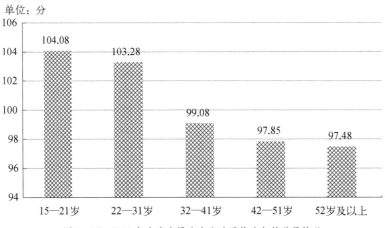

图 5-37　2011 年上海市民人文方法平均分年龄差异情况

2. 不同年龄上海市民对有关人文方法状况具体问题回答的差异

问题一：如图 5-38 所示，调查中当被问及"通过文艺作品或者逻辑严密

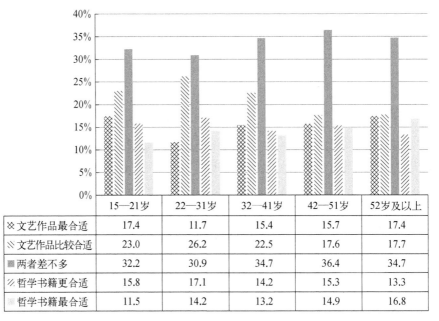

	15—21岁	22—31岁	32—41岁	42—51岁	52岁及以上
文艺作品最合适	17.4	11.7	15.4	15.7	17.4
文艺作品比较合适	23.0	26.2	22.5	17.6	17.7
两者差不多	32.2	30.9	34.7	36.4	34.7
哲学书籍更合适	15.8	17.1	14.2	15.3	13.3
哲学书籍最合适	11.5	14.2	13.2	14.9	16.8

图 5-38　上海市不同年龄市民对"书籍理解人生道理"问题的回答情况

第五章 上海市民人文方法状况与变化

的哲学书籍来理解人生道理,你觉得何者更合适"时,年龄因素影响并不明显。

问题二:如图5-39所示,调查中当被问到"见到一幅画时,你首先注意到的是它的什么"时,随着年龄的增加,市民对价格因素的重视越来越多,呈现一种正比例关系。15—21岁受访人群对价格关注仅占到其所在人群比例的5.6%,而52岁及以上人群则占到了13.7%。说明随着社会经验与生活阅历的增加,市民对审美对象的考察更偏向经济,而减少了人文内涵的体验。

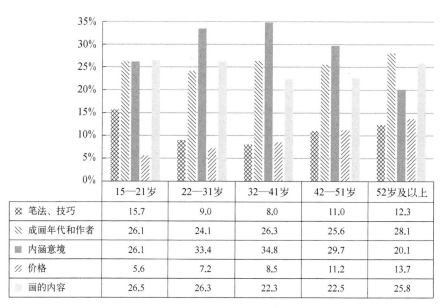

	15—21岁	22—31岁	32—41岁	42—51岁	52岁及以上
笔法、技巧	15.7	9.0	8.0	11.0	12.3
成画年代和作者	26.1	24.1	26.3	25.6	28.1
内涵意境	26.1	33.4	34.8	29.7	20.1
价格	5.6	7.2	8.5	11.2	13.7
画的内容	26.5	26.3	22.3	22.5	25.8

图5-39 上海不同年龄市民对"古画"问题的回答情况

问题三:如图5-40所示,"有人说,欣赏文艺作品,不同的人会有不同的理解,'一千个观众就有一千个哈姆雷特'。你认同这个看法吗?"的问题调查中,随着年龄的增长,对待人文事物会越来越以诠释、个人体验为主,而较少使用演绎、分析的方法对待人文事物。值得注意的是,结合上一题结论,随着个人社会经历与体验的增加,市民也就更注重自身对人文事物的体验,但统计来看,又会偏向物质因素。

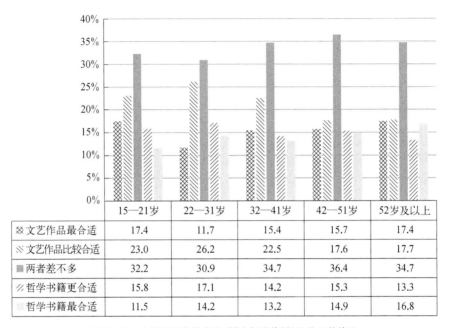

图5-40 上海不同年龄市民对"哈姆雷特"问题的回答情况

	15—21岁	22—31岁	32—41岁	42—51岁	52岁及以上
文艺作品最合适	17.4	11.7	15.4	15.7	17.4
文艺作品比较合适	23.0	26.2	22.5	17.6	17.7
两者差不多	32.2	30.9	34.7	36.4	34.7
哲学书籍更合适	15.8	17.1	14.2	15.3	13.3
哲学书籍最合适	11.5	14.2	13.2	14.9	16.8

问题四:如同5-41所示,调查被问及"幸福是否可以数量化"的问题时,随着受访者年龄的增加,认为幸福不能数量化的比例没有明显的差别,稳定在36.8%—39.2%之间;但是认为幸福可以完全数量化的比例却稳定增加,与年龄呈正比。即随着社会阅历与经验的增加,市民认为人文事物需要物质支撑的信念得到了强化。

(三)上海市民人文方法状况年龄因素的历史比较

不论2011年还是2016年,不同年龄市民的人文方法平均分情况都呈现年龄越大,人文方法平均分越低的规律。与2011年相比,2016年,只有52岁及以上市民的得分有所下降——从97.49分下降到

第五章　上海市民人文方法状况与变化

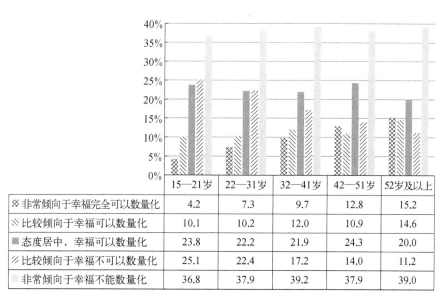

	15—21岁	22—31岁	32—41岁	42—51岁	52岁及以上
非常倾向于幸福完全可以数量化	4.2	7.3	9.7	12.8	15.2
比较倾向于幸福可以数量化	10.1	10.2	12.0	10.9	14.6
态度居中，幸福可以数量化	23.8	22.2	21.9	24.3	20.0
比较倾向于幸福不可以数量化	25.1	22.4	17.2	14.0	11.2
非常倾向于幸福不能数量化	36.8	37.9	39.2	37.9	39.0

图 5-41　上海不同年龄市民对"幸福是否可以数量化"问题的回答情况

95.15分。从具体问题回答上看，2016年和2011年上海市民在价值判断的倾向与能力、理解善与美的能力及人文技巧等方面没有发生大的变化。

（四）上海白领人文方法状况年龄差异及历史比较

1. 2019年上海白领人文方法状况的年龄结构差异

如图 5-42 所示，2019年上海不同年龄白领人文方法平均分随着年龄的增长总体呈下降趋势，22—31岁白领得分最高，为69.07分，52岁及以上市民得分最低，为63.57分，明显低于总体平均分。

可以看出，由于中青年白领学习能力以及接受新事物的能力较强，因而表现出较好的人文方法素质，而52岁及以上白领在该方面的表现则较差些，这也反映出白领群体进入中老年以后应加强继续教育。

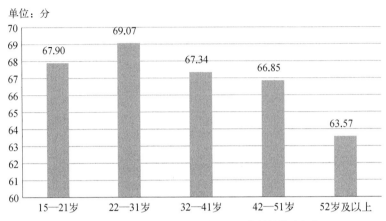

图 5-42　2019 年上海白领人文方法得分年龄结构差异情况

2. 2013 年上海白领人文方法状况的年龄结构差异

如图 5-43 所示,2013 年的调查表明,随着年龄的增长,白领人文方法状况水平大致呈下降趋势,而且青年白领的人文方法得分的总体情况要明显要高于中老年群体。平均分在前两位的依次为 20—25 岁(66.06 分)和 26—35 岁(65.95 分)的白领,得分均高于总体平均分,其中,20—25 岁白领的得分最

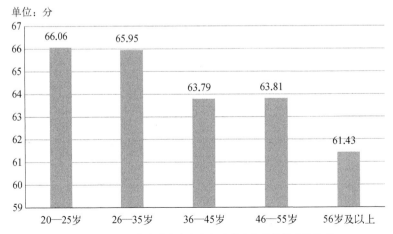

图 5-43　2013 年上海白领人文方法得分年龄结构差异情况

高。得分最低的为 56 岁及以上的白领,平均分仅为 61.43 分,明显低于总体平均分。

3. 上海白领人文方法状况的年龄结构因素的历史比较

不管是 2013 年还是 2019 年,不同年龄白领的人文方法平均分情况都基本呈现年龄越大,人文方法平均分越低的规律。但与 2013 年相比,2019 年各个年龄段白领的人文方法得分均有提高,这说明随着社会经济的快速发展,知识和观念的更新愈加重要,我国白领普遍开始更多地主动学习并接受新方法、新观念、新价值,提升其人文方法素质水平。

五、上海市民人文方法状况的户籍、居住地因素的分析及历史比较

(一) 2016 年上海市民人文方法状况的户籍、居住地差异

1. 上海不同户籍、居住地市民人文方法状况的差异

由图 5-44 所示,以 100 分为总体平均分,上海市民人文方法按户籍、居住地不同,其人文方法平均分有所不同。其中,城镇和外地市民的人文方法平均分高于农村和本地市民;外地户籍市民的人文方法平均分最高,达到 103.95 分。

2. 上海市民对有关人文方法状况具体问题回答的户籍、居住地差异

问题一:如图 5-45 所示,调查中当被问及"通过文艺作品或者逻辑严密的哲学书籍来理解人生道理,你觉得何者更合适"时,户籍与居住地差异不大。

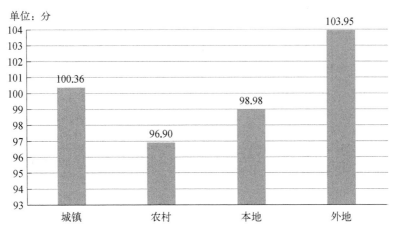

图5-44 上海市民人文方法平均分户籍、居住地差异情况

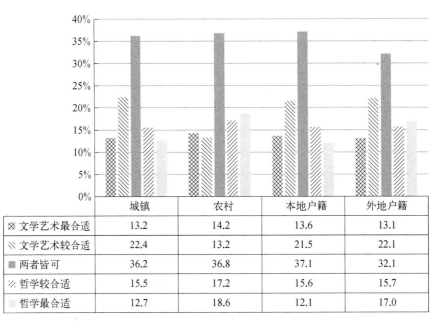

	城镇	农村	本地户籍	外地户籍
文学艺术最合适	13.2	14.2	13.6	13.1
文学艺术较合适	22.4	13.2	21.5	22.1
两者皆可	36.2	36.8	37.1	32.1
哲学较合适	15.5	17.2	15.6	15.7
哲学最合适	12.7	18.6	12.1	17.0

图5-45 上海不同户籍、居住地市民对"书籍理解人生道理"问题的回答

问题二：如图 5-46 所示，"有人说,欣赏文艺作品,不同的人会有不同的理解,'一千个观众就有一千个哈姆雷特'。你认同这个看法吗?",总体而言,不管是不同户籍还是不同居住地的居民,对文艺作品都是以主体理解、诠释为主。特别是外地户籍受访者,持逻辑演绎方式理解人文事物的仅占其人群比例的 2.5%,低于本地户籍的 3.1%,这也可以说明外地户籍受访者相比较本地户籍受访者,对人文事物更加注重主体感受。

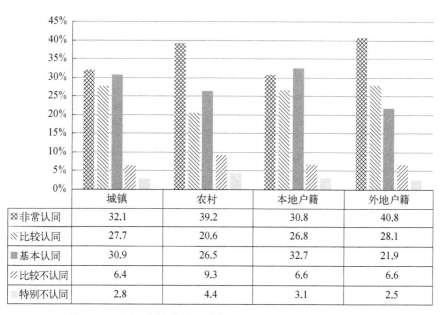

	城镇	农村	本地户籍	外地户籍
非常认同	32.1	39.2	30.8	40.8
比较认同	27.7	20.6	26.8	28.1
基本认同	30.9	26.5	32.7	21.9
比较不认同	6.4	9.3	6.6	6.6
特别不认同	2.8	4.4	3.1	2.5

图 5-46　上海不同户籍、居住地市民对"哈姆雷特"问题的回答情况

问题三：如图 5-47 所示,调查中当被问及"幸福是否可以量化"的问题时,城乡差异较明显。29.9% 的城镇受访者认为不能量化,而同样认为不能量化的农村受访者占 32.2%。虽然两者认为幸福能够量化的比例比较接近,但依然显示出农村受访者对人文事物的判断偏向于定性。同时,城镇受访者与农村受访者对"幸福"看法的差距,也体现出城市化进程中市民受市场经济压力,而将类似"幸福"这样的人文体验量化、客观化。农村受访者对"幸福"的人文体验更趋向于个人体验。

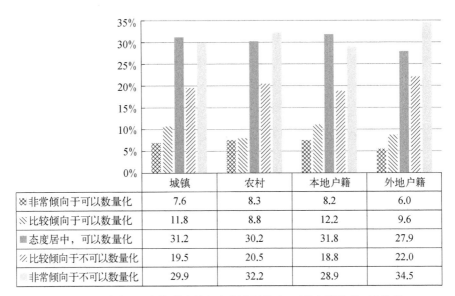

图 5-47 上海不同户籍、居住地市民对"幸福是否可以量化"问题的回答情况

	城镇	农村	本地户籍	外地户籍
※非常倾向于可以数量化	7.6	8.3	8.2	6.0
※比较倾向于可以数量化	11.8	8.8	12.2	9.6
态度居中，可以数量化	31.2	30.2	31.8	27.9
∥比较倾向于不可以数量化	19.5	20.5	18.8	22.0
非常倾向于不可以数量化	29.9	32.2	28.9	34.5

问题四：如图 5-48 所示，在要求被调查者试唱简谱：$\underline{5}$ │ 1. $\underline{1}$ │ 1. $\underline{1}$ $\underline{5}$ $\underline{6}$ $\underline{7}$ │ 1 1 │ $\underline{0}$ $\underline{3}$ $\underline{1}$ $\underline{2}$ $\underline{3}$ │ $\underline{5.}$ $\underline{5}$ $\underline{5}$ │ $\underline{3.}$ $\underline{3}$ $\underline{1.}$ $\underline{3}$ │ $\underline{5.}$ $\underline{3}$ 2 │ 2 - │，然后回答曲名的调查中，城镇居民得分明显高于农村居民。选择正确答案《中华人民共和国国歌》的城镇受访者达 60.5%，而选择正确的农村受访者仅

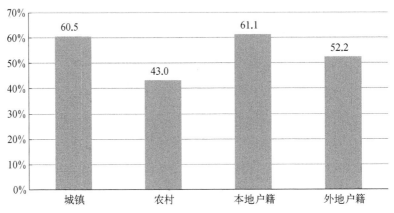

图 5-48 上海不同户籍、居住地市民对"国家简谱"问题的回答情况

占 43%。

(二) 2011 年上海市民人文方法状况的户籍、居住地差异

1. 上海不同户籍、居住地市民人文方法状况的差异

由图 5-49 所示,上海市民人文方法按户籍、居住地不同,其人文方法平均分表现出居住地在农村和外地户籍的市民的人文方法平均分均高于总体平均分;居住地在城镇和本地户籍的市民的人文方法平均分均低于总体平均分。

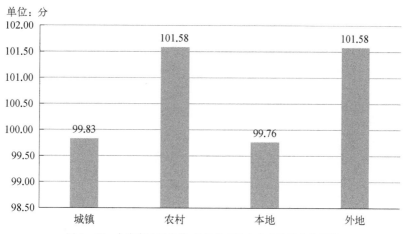

图 5-49 上海市不同户籍、居住地市民人文方法平均分情况

2. 不同户籍、居住地上海市民对有关人文方法具体问题回答的差异

问题一:如图 5-50 所示,调查中当被问及"通过文艺作品或者逻辑严密的哲学书籍来理解人生道理,你觉得何者更合适"时,不同居住地与户籍市民的得分差异并不大。

问题二:如图 5-51 所示,"有人说,欣赏文艺作品,不同的人会有不同的

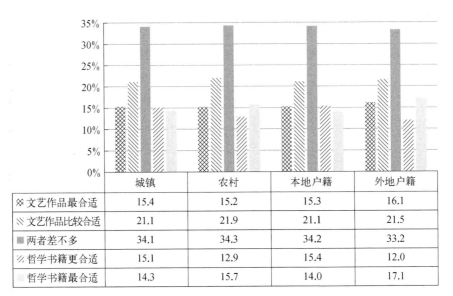

图 5-50　上海不同户籍、居住地市民对"书籍理解人生道理"问题的回答情况

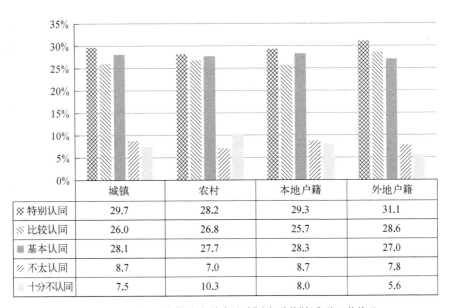

图 5-51　上海不同户籍、居住地市民对"哈姆雷特"问题的回答情况

理解,'一千个观众就有一千个哈姆雷特'。你认同这个看法吗?"对文化艺术作品都是以主体理解、诠释为主。特别是外地户籍受访者,持逻辑演绎方式理解人文事物的仅占其人群比例的5.6%,低于本地户籍的8%。说明外地户籍受访者相比本地户籍者,对人文事物更加注重主体感受。

问题三:如图5-52所示,调查中当被问及"幸福是否可以量化"的问题时,城乡差异较明显。37.5%的城镇受访者认为不能量化,而认为不能量化的农村受访者占到了45.3%。虽然两者认为幸福能够量化的比例比较接近,但依然显示出农村受访者对人文事物的判断偏向于定性。而城镇受访者与农村受访者对"幸福"看法的差距,也体现出城市化进程中市民受到市场经济压力,而将类似"幸福"这样的人文体验量化、客观化。农村受访者对"幸福"等人文体验更趋向个人体验。

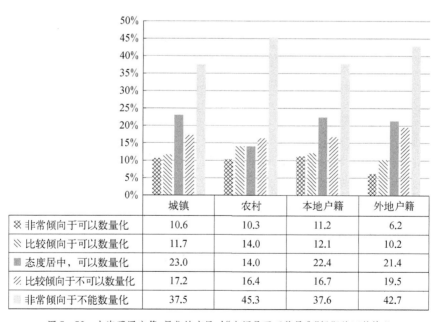

	城镇	农村	本地户籍	外地户籍
非常倾向于可以数量化	10.6	10.3	11.2	6.2
比较倾向于可以数量化	11.7	14.0	12.1	10.2
态度居中,可以数量化	23.0	14.0	22.4	21.4
比较倾向于不可以数量化	17.2	16.4	16.7	19.5
非常倾向于不能数量化	37.5	45.3	37.6	42.7

图5-52 上海不同户籍、居住地市民对"幸福是否可数量化"问题的回答情况

问题四:如图5-53所示,在要求被调查者试唱简谱:5 | 1.1 | 1.1 5 6 7 | 1 1 0 3 | 1 2 3 | 5. 5 5 | 3.3 1.3 | 5.3 2 | 2 - |,然后

回答曲名的调查中,城镇居民得分明显高于农村居民。选择正确答案《中华人民共和国国歌》的城镇受访者占 60.4%,而选择正确的农村受访者仅占 38.4%。

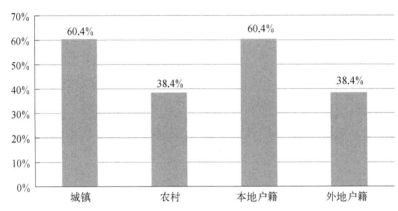

图 5-53　上海不同户籍、居住地市民对"国歌简谱"问题的回答情况

(三) 上海市民人文方法状况的户籍、居住地因素的历史比较

2016 年和 2011 年上海不同户籍、居住地市民的人文方法得分比较显示,外地户籍市民的人文方法平均分最高并有所上升,从 2011 年的 101.58 分增加到 2016 年的 103.95 分。与 2011 年相比,2016 年农村和本地户籍市民人文方法平均分有所下降,农村地区人文方法平均分从 101.23 分下降到 96.9 分;本地户籍市民人文方法平均分从 99.76 分下降到 98.98 分,但是 2016 年城镇市民人文方法平均分高于 2011 年的得分。

(四) 上海白领人文方法状况的户籍、居住地因素的分析及比较

1. 2019 年上海白领人文方法状况的户籍、居住地差异

如图 5-54 所示,2019 年根据受访白领居住地差异的分析,城镇白领平

均分为 67.84 分,高于总体平均分;农村白领平均分为 64.55 分,低于总体平均分。这表明城镇与农村的差异对上海白领人文方法状况的影响还是有比较明显的影响。

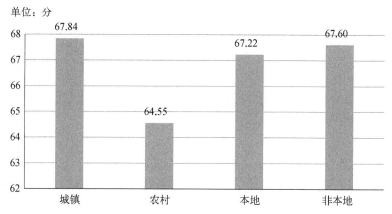

图 5-54 2019 年上海白领人文方法得分户籍、居住地差异情况

2019 年,根据受访者户籍因素分析,本地户籍白领平均分为 67.22 分,外地户籍白领平均分为 67.6 分。本地户籍与外地户籍的白领平均分差异比较小,体现出户籍所在地与白领人文方法状况的相关性并不强。

2. 2013 年上海白领人文方法状况的户籍、居住地差异

如图 5-55 所示,2013 年根据受访白领居住地差异的分析,城镇白领平均分为 65.63 分,略高于总体平均分;农村白领平均分为 62.51 分,低于总体平均分。总体上,城镇白领的人文方法状况水平好于农村白领。

2013 年,根据受访者户籍因素分析,本地户籍白领平均分为 65.48 分,外地户籍白领平均分为 65.42 分。这表明本地户籍与外地户籍的差异对白领人文方法状况的影响不大。

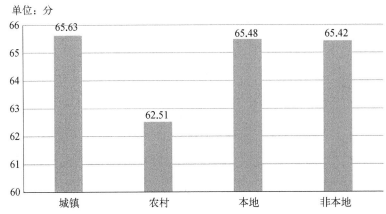

图 5-55　2013 年上海白领人文方法得分户籍、居住地差异情况

3. 上海白领人文方法状况的户籍、居住地因素的历史比较

从图 5-56 可以看出,2019 年上海白领人文方法状况比 2013 年均有不同程度的提升。居住地为农村的白领人文方法平均分为 64.55 分,提高了 2.04 分;居住地为城镇的白领人文方法平均分为 67.84 分,提高了 2.31 分。本地户籍白领人文方法平均分为 67.22 分,提高 1.74 分;外地户籍白领人文

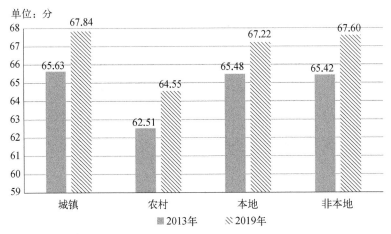

图 5-56　上海白领人文方法得分户籍、居住地差异的历史比较

方法平均分为 67.6 分,提高 2.18 分。

六、上海市民人文方法状况的政治面貌因素的分析和历史比较

(一) 2016 年上海市民人文方法状况的政治面貌差异

1. 上海不同政治面貌市民人文方法状况的差异

如图 5-57 所示,以 100 分为总体平均分,在不同政治面貌市民中,政治面貌为共产党员、共青团员的人文方法平均分为 100.85 分和 103.69 分,均高于总体平均分,而政治面貌为群众和民主党派的平均分为 97.43 分和 95.54 分,均低于总体平均分。

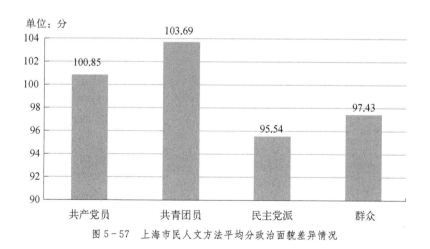

图 5-57 上海市民人文方法平均分政治面貌差异情况

2. 上海不同政治面貌市民对有关人文方法状况具体问题回答的差异

问题一:如图 5-58 所示,调查中当被问及"通过文艺作品或者逻辑严密

的哲学书籍来理解人生道理,你觉得何者更合适"时,不同政治面貌的市民差异较明显。群众中认为两者差不多的比例最高,达到了41.4%。

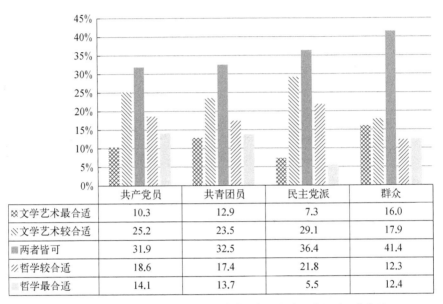

图5-58 上海不同政治面貌市民对"书籍理解人生道理"问题的回答情况

问题二:如图5-59所示,在"有人说,欣赏艺术作品,不同的人会有不同的理解,'一千个观众就有一千个哈姆雷特'。你认同这种看法吗?"的问题调查中,政治因素影响不明显。值得注意的是共青团员在"非常认同"选项上的比例为40.4%,而选择"特别不认同"的人数仅占1.8%,可见共青团员对人文事物的理解方式比其他任何人群更注重体验和诠释,而更少倾向于分析、演绎的方式来理解人文事物。

问题三:如图5-60所示,调查中被问及"幸福是否可数量化"的问题时,共青团员最不倾向于幸福可以量化,其余依次是群众、共产党员和民主党派。这显示出有政治立场与诉求的青年人对人文体验持一种内省的、定性的理解方式。共产党员和群众则次之,而民主党派的选择率较低。这也在一定程度上反映出共产党员在幸福观上的先进性。

第五章　上海市民人文方法状况与变化

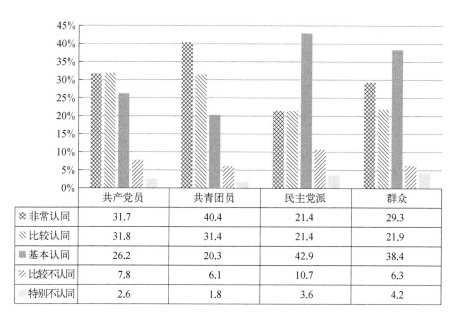

	共产党员	共青团员	民主党派	群众
※ 非常认同	31.7	40.4	21.4	29.3
◈ 比较认同	31.8	31.4	21.4	21.9
■ 基本认同	26.2	20.3	42.9	38.4
╱ 比较不认同	7.8	6.1	10.7	6.3
□ 特别不认同	2.6	1.8	3.6	4.2

图 5-59　上海不同政治面貌市民对"哈姆雷特"问题的回答情况

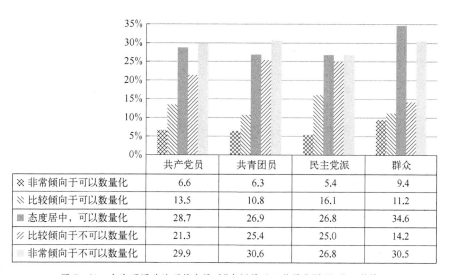

	共产党员	共青团员	民主党派	群众
※ 非常倾向于可以数量化	6.6	6.3	5.4	9.4
◈ 比较倾向于可以数量化	13.5	10.8	16.1	11.2
■ 态度居中，可以数量化	28.7	26.9	26.8	34.6
╱ 比较倾向于不可以数量化	21.3	25.4	25.0	14.2
□ 非常倾向于不可以数量化	29.9	30.6	26.8	30.5

图 5-60　上海不同政治面貌市民对"幸福是否可数量化"问题的回答情况

问题四：如图 5-61 所示，调查中要求被调查者试唱简谱：5̣　|1.1|

$\underline{1.\ 1}\ \underline{5\ 6\ 7} \mid 1\ \ 1 \mid \underline{0\ 3}\ \ \underline{1\ 2\ 3}\ \mid \underline{5.\ \ 5\ 5} \mid \underline{3.3}\ \ \underline{1.3} \mid \underline{5.\ \ 3}\ \ 2 \mid 2\ -\ \mid$,然后回答曲名的调查中,民主党派正确率最高,为 73.2%,体现了民主党派在人文方法技巧上的优势。而共产党员和共青团员的正确率不及群众的正确率。

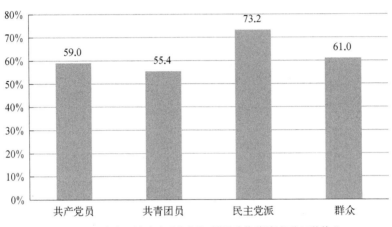

图 5-61 上海不同政治面貌市民对"国歌简谱"问题的回答情况

(二) 2011 年上海市民人文方法状况的政治面貌差异

1. 上海市民人文方法状况的政治面貌差异分析

如图 5-62 所示,以 100 分为总体平均分,在不同政治面貌市民中,政治面貌为共产党员、共青团员的人文方法平均分为 102.40 分和 104.16 分,均高于总体平均分,而政治面貌为群众和民主党派的平均分为 97.84 分和 95.71 分,均低于总体平均分。

2. 不同政治面貌上海市民人文方法状况具体问题回答的差异

问题一:如图 5-63 所示,调查中当被问及"通过文艺作品或者逻辑严密的哲学书籍来理解人生道理,你觉得何者更合适"时,不同政治面貌

第五章 上海市民人文方法状况与变化

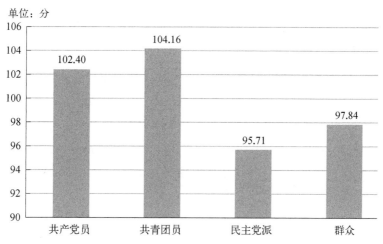

图 5-62 上海市民人文方法平均分政治面貌差异情况

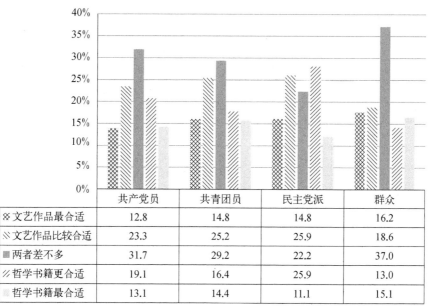

	共产党员	共青团员	民主党派	群众
※文艺作品最合适	12.8	14.8	14.8	16.2
※文艺作品比较合适	23.3	25.2	25.9	18.6
两者差不多	31.7	29.2	22.2	37.0
∥哲学书籍更合适	19.1	16.4	25.9	13.0
哲学书籍最合适	13.1	14.4	11.1	15.1

图 5-63 上海不同政治面貌市民对"书籍理解人生道理"问题的回答

的市民差别比较明显,群众群体中认为两者差不多的比例最高,达到37%。

问题二:如图5-64所示,在"有人说,欣赏艺术作品,不同的人会有不同的理解,'一千个观众就有一千个哈姆雷特'。你认同这种看法吗?"的问题调查中,政治因素的影响并不明显。值得注意的是共青团员在"特别认同"选项上占比38.7%,远超其他人群选择的比例;而选择"特别不认同"选项占比2.5%,远低于其他人群选择的比例。可见,共青团员对人文事物的理解方式比其他人群更注重个人体验和诠释,而更少倾向于分析、演绎的方式理解人文事物。

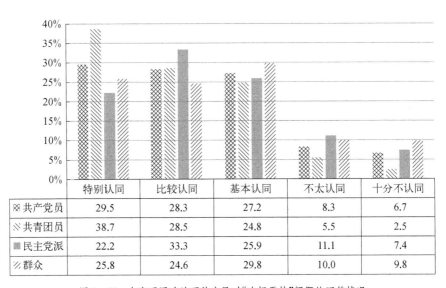

	特别认同	比较认同	基本认同	不太认同	十分不认同
共产党员	29.5	28.3	27.2	8.3	6.7
共青团员	38.7	28.5	24.8	5.5	2.5
民主党派	22.2	33.3	25.9	11.1	7.4
群众	25.8	24.6	29.8	10.0	9.8

图5-64 上海不同政治面貌市民对"哈姆雷特"问题的回答情况

问题三:如图5-65所示,调查中被问及"幸福是否可数量化"的问题时,共青团员最不倾向于幸福可以量化,并在不能量化的选择中占比最高;其次分别是共产党员、群众与民主党派。这显示出有政治立场与诉求的青年人对人文体验持一种内省的、定性的理解方式。共产党员则略微次之,这也在一定程度上体现了共产党员在幸福观上的先进性。

第五章 上海市民人文方法状况与变化

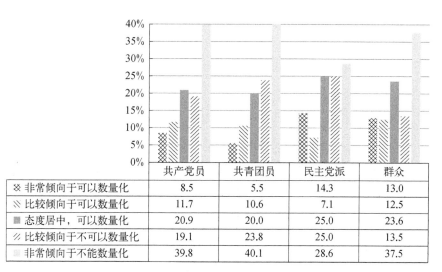

	共产党员	共青团员	民主党派	群众
非常倾向于可以数量化	8.5	5.5	14.3	13.0
比较倾向于可以数量化	11.7	10.6	7.1	12.5
态度居中，可以数量化	20.9	20.0	25.0	23.6
比较倾向于不可以数量化	19.1	23.8	25.0	13.5
非常倾向于不能数量化	39.8	40.1	28.6	37.5

图 5-65　上海不同政治面貌市民对"幸福是否可数量化"问题的回答情况

问题四：如图 5-66 所示，调查中要求被调查者试唱简谱：5 ｜1. 1｜1. 1 5 6 7｜1 1 0 3 1 2 3 ｜5. 5 5｜3.3 1.3｜5. 3 2｜2 - ｜，然后回答曲名的调查中，民主党派正确率是最高的，达到了70.4％，体现了民党派在人文技巧方面的优势。共产党员的正确率高达68.1％，而共青团员与群众正确率较低。这表明共青团员与群众的人文技巧水平仍须

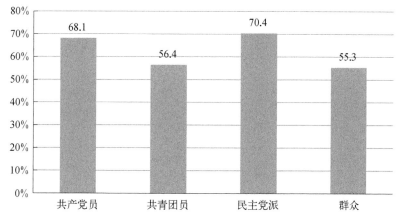

图 5-66　上海不同政治面貌市民对"国歌简谱"问题的回答情况

提高。

(三) 上海市民人文方法状况的政治面貌差异的历史比较

相较于2011年而言,2016年,共青团员和群众的人文方法平均分有所增加,不过人文方法平均分高于总体平均分的仍然是共产党员和共青团员,而政治面貌为民主党派和群众的市民的人文方法平均分仍然低于总体平均分。

(四) 上海白领人文方法状况的政治面貌差异及历史比较

1. 2019年上海白领人文方法状况的政治面貌差异

如图5-67所示,数据显示,2019年,政治面貌为共产党员和共青团员的白领的人文方法平均分分别为71.28分和69.47分,均高于总体平均分,且共产党员白领得分最高;政治面貌为民主党派和普通群众白领的平均分分别为66.92分和66.25分,均低于总体平均分,普通群众白领平均分最低。

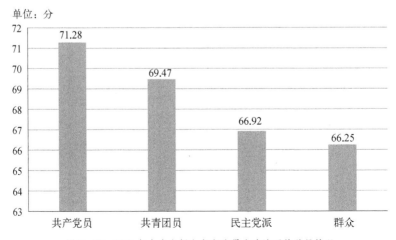

图5-67 2019年上海白领人文方法得分政治面貌差异情况

总体看来,政治面貌成为影响上海白领人文方法状况的一个重要因素。在上海白领群体中,共产党员、共青团员、民主党派的人文方法平均分均高于普通群众白领。

2. 2013年上海白领人文方法状况的政治面貌差异

如图5-68所示,数据显示,2013年,政治面貌为共产党员和共青团员的白领的人文方法平均分分别为66.22分和65.79分,均高于总体平均分,且共产党员白领得分最高;政治面貌为民主党派和普通群众的白领的平均分分别为63.61分和64.76分,均低于总体平均分,民主党派白领平均分最低。

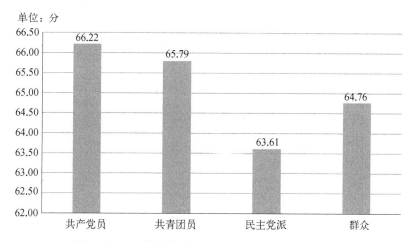

图5-68 2013年上海白领人文方法得分政治面貌差异情况

总体看来,政治面貌成为影响上海白领人文方法状况的一个重要因素。在上海白领群体中,共产党员、共青团员、群众白领的人文方法平均分均高于民主党派白领。

3. 上海白领人文方法状况政治面貌差异的历史比较

从图5-69可以看出,2019年上海不同政治面貌白领的人文方法水平比2013年均有不同程度的提升,且政治面貌为共产党员和共青团员的白领的

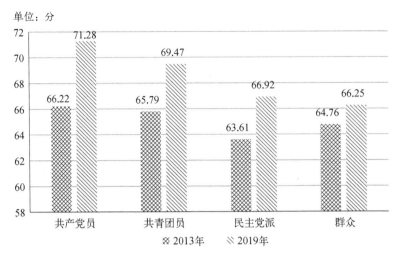

图 5-69 上海白领人文方法得分的政治面貌差异的历史比较

平均分提升幅度更大。

七、上海市民人文方法状况的宗教信仰因素的分析和历史比较

(一) 2016 年上海市民人文方法状况的宗教信仰差异

1. 不同宗教信仰上海市民人文方法状况的差异分析

如图 5-70 所示,以 100 分为总体平均分,在宗教信仰因素差异中,明确无宗教信仰的市民的得分最高,明确有宗教信仰的市民的得分最低。

2. 不同宗教信仰上海市民对有关人文方法状况具体问题回答的差异

问题一:如图 5-71 所示,调查中被问及"幸福是否可以数量化"的问题

第五章　上海市民人文方法状况与变化

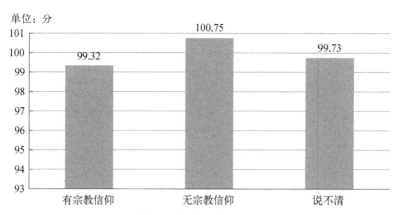

图 5-70　上海市民人文方法平均分宗教信仰差异情况

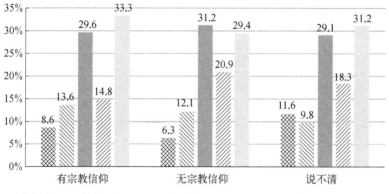

图 5-71　上海不同宗教信仰市民对"幸福是否可量化"问题的回答情况

时,明确有宗教信仰受访者选择"非常倾向于幸福不能数量化"占比最多,为 33.3%,都表现出强烈的体验与定性倾向;而认为幸福可以数量化的这种理性与经验幸福观的无宗教信仰者最少,为 6.3%,而有宗教信仰者选此项的比例为 8.6%。一般认为,无宗教信仰者应该更关心世俗生活,更应该有量化的幸福观,而有宗教信仰者应该与之相反,调查显示这样的观念是值得商榷的。

问题二：如图 5-72 所示，调查中要求被调查者试唱简谱：5̲ │1. 1̲│ 1̲. 1̲ 5̲6̲7̲│1 1│0̲3̲ 1̲2̲3̲│5̲. 5̲ 5̲│3̲. 3̲ 1̲. 3̲│5̲. 3̲ 2│2 - │，然后回答曲名的调查中，有宗教信仰者正确率最高，占到 61.2%，无宗教信仰者正确率也达到 59%，差别不太大。

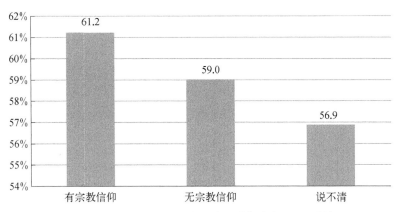

图 5-72　上海不同宗教信仰市民对"国歌简谱"问题的回答情况

（二）2011 年上海市民人文方法状况的宗教信仰差异

1. 不同宗教信仰上海市民人文方法状况的差异分析

如图 5-73 所示，明确无宗教信仰市民得分最高，有宗教信仰市民得分其次，不清楚有无宗教信仰者得分最低，且后两者低于平均分。

2. 不同宗教信仰上海市民对有关人文方法状况具体问题回答的差异

问题一：如图 5-74 所示，调查中被问及"幸福是否可以数量化"的问题时，明确有宗教信仰与无宗教信仰受访者选择"非常倾向于幸福不能数量化"的占比最多，都表现出强烈的体验与定性倾向；而说不清是否有宗教信仰者选择此选项的只占到 32.1%。而认为幸福可以数量化的这种理性与经验幸

第五章　上海市民人文方法状况与变化

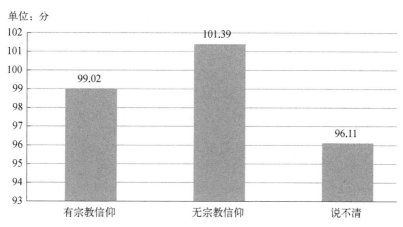

图 5-73　上海市民人文方法平均分宗教信仰差异情况

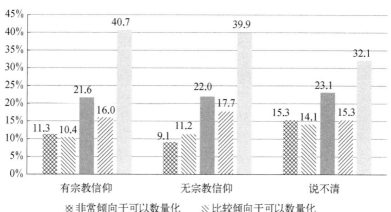

图 5-74　上海不同宗教信仰市民对"幸福是否可数量化"问题的回答情况

福观的，无宗教信仰者占 9.1%，有宗教信仰者为 11.3%。一般认为无宗教信仰者应该更关心世俗生活，更应该有量化的幸福观，这一观念看来是值得商榷的。

问题二：如图 5-75 所示，调查中要求被调查者试唱简谱：$\underline{5}$ $|\underline{1.1}|$

1. 1 5 6 7 | 1 1 | 0 3 1 2 3 | 5. 5 5 | 3.3 1.3 | 5. 3 2 | 2 - |,然后回答曲名的调查中,无宗教信仰者正确率最高,占到58.8%,而有宗教信仰者为56%,无明确宗教信仰者为58.7%,差别不大。

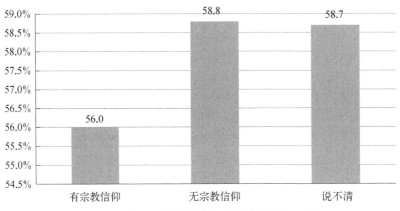

图5-75 上海不同宗教信仰市民对"国歌简谱"的回答情况

(三) 上海市民人文方法状况的宗教信仰因素的历史比较

截至2013年12月31日,上海有佛教、道教、伊斯兰教、天主教、基督教五大宗教已登记开放的宗教活动场所430处,宗教教职人员1546人,信教人数123.53万人。数据显示,2016年与2011年一样,无宗教信仰市民的人文方法平均分高于总体平均分。但与2011年相比,2016年无宗教信仰市民的人文方法平均分有所下降;而有宗教信仰和说不清有无宗教信仰的市民,人文方法平均分都有所上升。

(四) 上海白领人文方法状况的宗教信仰差异及历史比较

1. 2019年上海白领人文方法状况的宗教信仰差异

如图5-76所示,2019年的调查数据显示,有宗教信仰白领人文方法平均分为 68.79 分,无宗教信仰白领平均分为 67.4 分,高于总体平均分;说不清是否有宗教信仰白领平均分为 66.3 分,低于总体平均分。

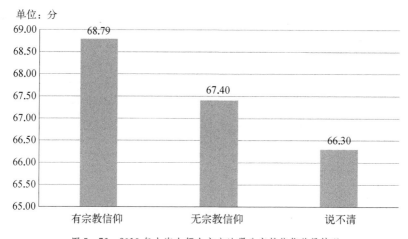

图 5-76　2019 年上海白领人文方法得分宗教信仰差异情况

由此看来,白领明确自己有无宗教信仰对于其人文方法得分是有一定影响的。明确有或无宗教信仰者的平均分高于宗教信仰不清楚者,而有宗教信仰者平均分高于无宗教信仰者。

2. 2013 年上海白领人文方法状况的宗教信仰差异

如图 5-77 所示,2013 年的调查数据显示,有宗教信仰者人文方法平均分为 64.28 分,低于总体平均分;无宗教信仰者平均分为 65.64 分,高于总体平均分;说不清是否有宗教信仰者平均分为 66.5 分,高于总体平均分。在这三类白领群体中,只有有宗教信仰者平均分低于总体平均分,其他两类群体都高于总体平均分。

由此看来,明确无宗教信仰者平均分高于有宗教信仰者,而说不清宗教信仰者平均分又高于无宗教信仰者。

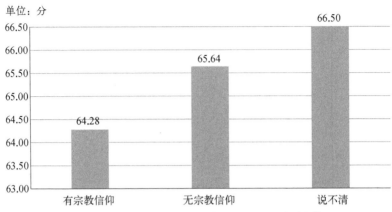

图 5-77　2013年上海白领人文方法得分宗教信仰差异情况

3. 上海白领人文方法状况的宗教信仰因素的历史比较

如图 5-78 所示,2019 年上海白领群体中明确有或无宗教信仰白领的人文方法状况,相比较 2013 年都有一定幅度的上升,尤其是明确有宗教信仰白领的得分提升得最多,由总体平均分以下提升到总体平均分以上。

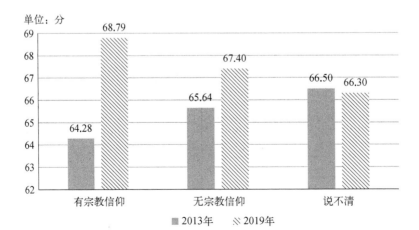

图 5-78　上海白领人文方法得分的宗教信仰差异的历史比较

八、上海市民人文方法状况职业或身份差异的分析及比较

(一) 2016 年上海市民人文方法状况的职业或身份差异

1. 上海市民人文方法状况的职业或身份差异分析

如图 5-79 所示,在职业和身份因素考察中,学生的人文方法平均分最高,达到 106.38 分;其次是机关、党群组织、企业事业单位办事人员,为 100.85 分;其他的职业或身份市民人文方法平均分均低于总体平均分。

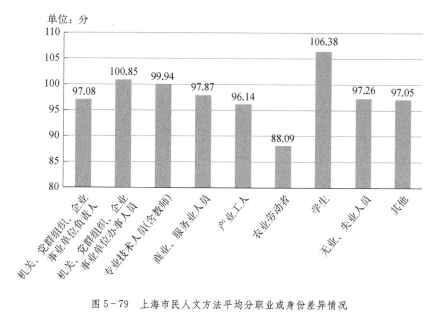

图 5-79 上海市民人文方法平均分职业或身份差异情况

2. 不同职业或身份上海市民人文方法状况具体回答的差异

问题一:如图 5-80 所示,调查中被问及"幸福是否可数量化"的问题时,

认为幸福可数量化最高的人群是产业工人,占到了所在人群比例的17.3%;而学生最低,仅占5.3%。认为幸福完全不可数量化的失业和无业人群,占比36.7%;其次是学生,占比34.3%。可见,工作或者阅历的增加,市民对人文体验的看法会有量化趋势,但人文体验难以量化的认识也是通过社会体验强化的。

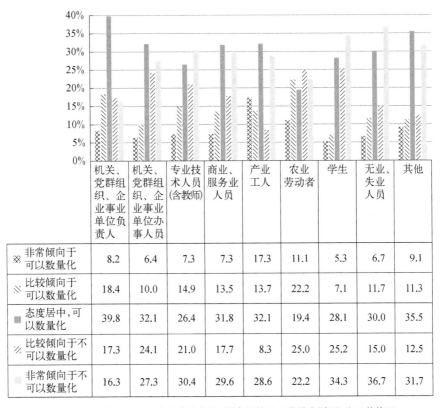

图5-80 上海不同职业或者身份市民对"幸福是否可数量化"问题的回答情况

问题二:如图5-81所示,在要求被调查者试唱简谱:<u>5</u> | 1. <u>1</u> | 1. <u>1</u> <u>5 6 7</u> | 1 1 | <u>0 3</u> <u>1 2 3</u> | <u>5. 5</u> <u>5</u> | <u>3. 7</u> <u>1. 7</u> | <u>5. 3</u> 2 | 2 - |,然后回答曲名的调查中,"其他"人群正确率最高,达到69.8%;其次是机关、党群组织和企业事业单位负责人,达到66.7%;正确率最低者为农业劳动者,占

比 41.7%。"其他"人群为非固定职业或者非固定居住者。机关、党群组织和企业事业单位负责人体现了较好的人文技巧素养,这与公务员招募强调综合素质能力有很大关系。而农业劳动者由于较少使用人文方法技巧解决问题,导致人文方法技巧掌握程度较低。

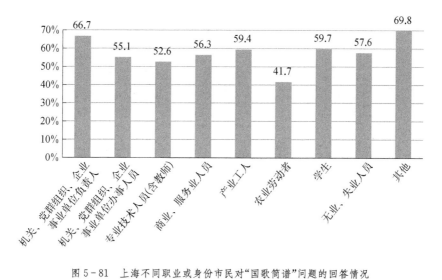

图 5-81　上海不同职业或身份市民对"国歌简谱"问题的回答情况

(二) 2011 年上海市民人文方法状况的职业或身份的差异

1. 上海市民人文方法状况的职业或身份差异分析

如图 5-82 所示,在职业和身份因素考察中,学生的人文方法平均分最高,机关、党群组织、企业事业单位负责人,商业、服务业人员,产业工人,农业劳动者等平均分均低于总体平均分。

2. 上海不同职业或身份市民对有关人文方法状况具体问题回答情况

问题一:如图 5-83 所示,调查中被问及"幸福是否可数量化"的问题时,认为幸福是可以完全量化的比例最高的群体是产业工人,占到 17.3%;而

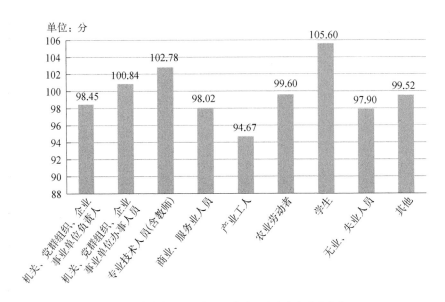

图 5-82　上海市民人文方法平均分职业或者身份差异情况

学生的认同度最低,仅占到 4.1%。认为幸福完全不可量化的比例最高人群是"其他",占到 41.8%,次高为商业、服务业人员,占 40.7%。可见,工作后通过社会阅历,人们对人文事物的看法会有一定的量化趋势。但相对的是,人们对于人文事物完全不能量化的认识也是通过社会经验来强化的。

问题二:如图 5-84 所示,在要求被调查者试唱简谱:5 |1.1|1.1 5 6 7|1 1|0 3 1 2 3 |5. 5 5|3.3 1.3|5. 3 2|2 - |,然后回答曲名的调查中,"其他"人群的正确率最高,达 67%;次高为机关、党群组织、企业事业单位办事人员,为 66.6%。最低的为农业劳动者,占 29.5%。"其他"人群为一部分非固定职业,或非固定居住者,对此问题的回答正确率最高,而机关、党群组织、企业事业单位办事人员也体现出了较好的人文方法素养,应该说,近年来公务员招聘制度改革对此有促进作用。现行的公务员选拔制度在综合方面使得进入公务员梯队的市民拥有较强的人文方法能力。而农业劳动者在人文方法体验上的缺失与其从事的职业有一定关系。同样

第五章 上海市民人文方法状况与变化

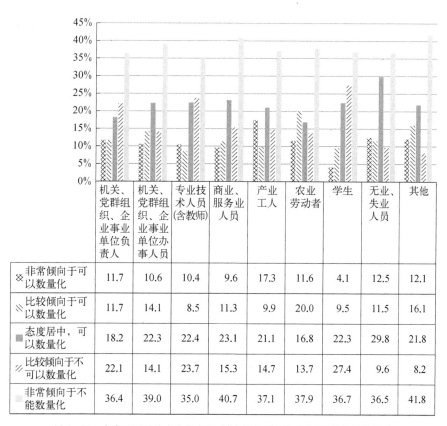

图5-83 上海不同职业或身份市民对"幸福是否可数量化"问题的回答情况

的情况也出现在产业工人身上。

（三）上海市民人文方法的不同职业或身份差异的历史比较

与2011年相比，2016年不同职业或身份上海市民人文方法平均分没有发生明显变化，学生群体依然是人文方法平均分最高的群体，整体趋势是各类市民群体人文方法平均分都略有下降。值得关注，产业工人、学生的得分较2011年增长明显一些，而两个年度学生与机关、党群组织、企业事业单位

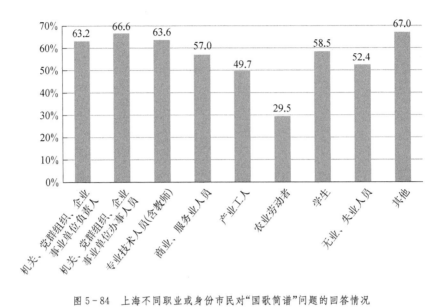

图 5-84 上海不同职业或身份市民对"国歌简谱"问题的回答情况

办事人员的得分均在总体平均分之上。

(四)上海白领人文方法的不同职业或身份差异及历史比较

1. 2019 年上海白领人文方法状况的职业或身份差异

如图 5-85 所示,2019 年不同职业或身份白领人文方法平均分情况如下:机关、党群组织、企业事业单位负责人,平均分为 69.16 分;机关、党群组织、企业事业单位办事人员,平均分为 70.89 分;农业劳动者平均分为 72.34 分;学生平均分为 71.75 分;"其他"群体平均分为 69.43 分;专业技术人员(含教师)平均分为 67.22 分。这几类群体的平均分均在总体平均分之上或与之接近。

商业、服务业人员的平均分为 65.22 分,产业工人的平均分为 62.99 分;无业、失业人员的平均分为 60.44 分。这几类群体的平均分均在总体平均分之下。

第五章　上海市民人文方法状况与变化

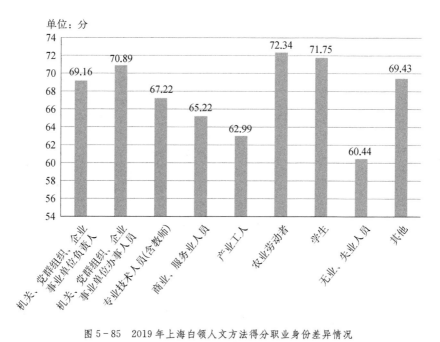

图 5-85　2019 年上海白领人文方法得分职业身份差异情况

2. 2013 年上海白领人文方法状况的职业或身份差异

如图 5-86 所示，根据企业性质因素分类，2013 年上海白领人文方法得分由高到低依次为央企白领（66.99 分）、外企白领（66.34 分）、中外合资企业白领（66.19 分）、国企白领（65.02 分）、私企白领（64.94 分）。央企白领、外企白领、中外合资企业白领人文方法平均分在总体平均分之上；国企白领、私企白领人文方法平均分在总体平均分之下。相比较而言，央企白领的人文方法状况最好，而私企白领的人文方法状况最差。

3. 上海白领人文方法状况的职业或身份差异的历史比较

相比较而言，由于职业或身份因素统计口径的差异，我们对不同职业或身份白领的人文方法状况不能做直接的对比，但仍能看出一些变化特点，主

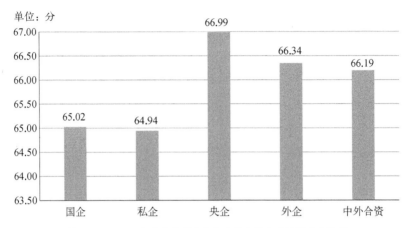

图 5-86　2013 年上海白领人文方法得分的企业性质差异情况

要是央企、外企和中外合资企业白领的人文方法平均分水平相对其他类型企业的白领更好些。

九、上海市民人文方法状况的收入差异分析及历史比较

(一) 2016 年上海市民人文方法状况的收入差异

1. 不同收入上海市民人文方法状况的差异分析

如图 5-87 所示,以 100 分为总体平均分,就月收入因素而言,各市民群体的平均分与收入水平有一定的关联性。月收入在 1 000 元及以下和 1 001—2 000 元的市民,主要是由在校大学生构成的,故其平均分高于总体平均分。此后,则显示出随收入水平的提高,市民人文方法平均分也提高的趋势。10 001 元及以上收入的市民的平均分低于总体平均分,可能与职业压力有关。

第五章　上海市民人文方法状况与变化

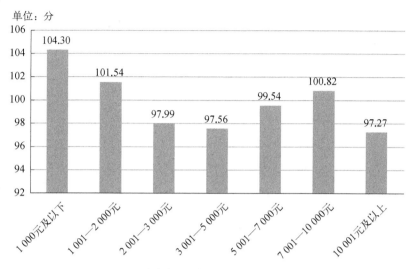

图 5-87　上海市民人文方法平均分收入差异情况

2. 不同收入上海市民对有关人文方法状况具体问题回答差异

问题一：如图 5-88 所示,在"有人说,欣赏艺术作品,不同的人会有不同的理解,'一千个观众就有一千个哈姆雷特'。你认同这种看法吗?"的问题调查中,月收入 1 000 元及以下市民的认同度最高,占 36.5%;次高是月收入 2 001—3 000 元的市民,占 35.2%,而特别不认同这一观点的 10 001 元及以上月收入群体占比最少,仅占 2.1%;次少是月收入在 1 000 元及以下的群体。

问题二：如图 5-89 所示,调查中被问及"幸福是否可数量化"的问题时,选择"非常倾向于可以数量化"比例最高的是月收入在 2 001—3 000 元的群体,占比 9.4%;选择"非常倾向于不可以数量化"比例最高的是月收入在 1 001—2 000 元的群体,占比 39.2%;选择居中态度比例最高的是月收入在 2 001—3 000 元的群体,占比 37%。

问题三：如图 5-90 所示,在要求被调查者试唱简谱：5 | 1.1 | 1.1 5 6 7 | 1 1 | 0 3 1 2 3 | 5. 5 5 | 3.3 1.3 | 5.3 2 | 2 - |,然后

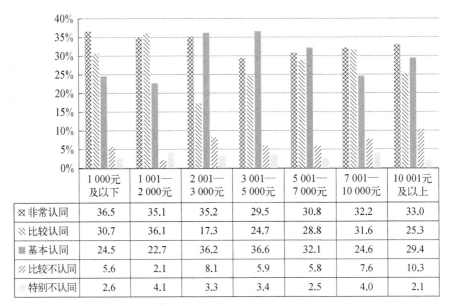

图 5-88 上海不同收入市民对"哈姆雷特"问题的看法

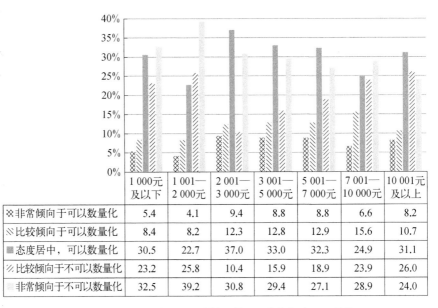

图 5-89 上海不同收入市民对"幸福是否可数量化"问题回答情况

第五章 上海市民人文方法状况与变化

回答曲名的调查中,10 001元及以上月收入群体的正确率最低,只有41.3%,其他群体正确率都超过一半以上,正确率最高的是月收入在3 001—5 000元的群体。

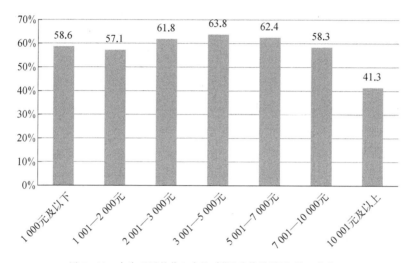

图5-90 上海不同月收入市民对"国歌简谱"问题的回答情况

(二) 2011年上海市民人文方法状况的收入差距

1. 上海市民人文方法状况的收入差异分析

如图5-91所示,就月收入因素而言,各市民群体的平均分没有表现出明显的规律性。月收入在1 001—2 000元的市民的平均分最低,有三个收入段市民的人文方法平均分在总体平均分之上,分别是月收入1 000元及以下、3 001—5 000元和7 001—10 000元的群体。

2. 不同收入上海市民对有关人文方法状况具体回答的差异

问题一:如图5-92所示,在"有人说,欣赏艺术作品,不同的人会有不同

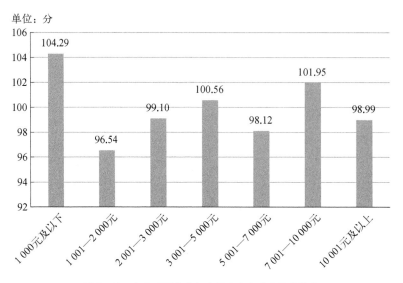

图 5-91　上海不同月收入市民人文方法平均分情况

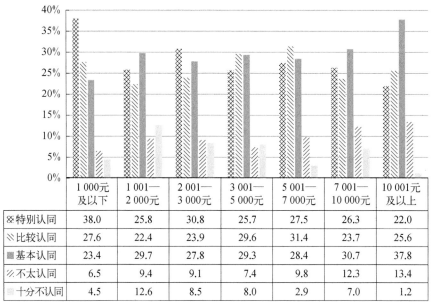

图 5-92　上海不同收入市民对"哈姆雷特"问题的回答情况

第五章 上海市民人文方法状况与变化

的理解,'一千个观众就有一千个哈姆雷特'。你认同这种看法吗?"的问题调查中,1 000元及以下收入人群选择特别认同的比例最高,占比38%;次高是2 001—3 000元收入人群,占比30.8%;而"十分不认同"选项选择最少的是10 001元及以上人群,占比1.2%;次少的是5 001—7 000元收入人群,占比2.9%。

问题二:如图5-93所示,调查中被问及"幸福是否可数量化"的问题时,选择"非常倾向于不能数量化"比例最高的为收入在2 001—3 000元的群体,占42.8%;次高的是收入在7 001—10 000元的群体,占比41.2%。选择"非常倾向于可以数量化"比例最高的是收入在1 001—2 000元的群体,占比13.4%;次高的为收入在5 001—7 000元的群体,占比13.2%。

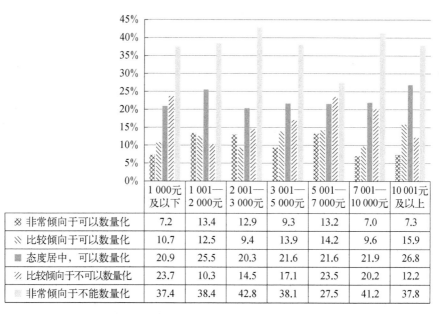

	1 000元及以下	1 001—2 000元	2 001—3 000元	3 001—5 000元	5 001—7 000元	7 001—10 000元	10 001元及以上
非常倾向于可以数量化	7.2	13.4	12.9	9.3	13.2	7.0	7.3
比较倾向于可以数量化	10.7	12.5	9.4	13.9	14.2	9.6	15.9
态度居中,可以数量化	20.9	25.5	20.3	21.6	21.6	21.9	26.8
比较倾向于不可以数量化	23.7	10.5	14.5	17.1	23.5	20.2	12.2
非常倾向于不能数量化	37.4	38.4	42.8	38.1	27.5	41.2	37.8

图5-93 上海不同收入市民对"幸福是否可数量化"问题的回答情况

问题三:如图5-94所示,在要求被调查者试唱简谱:<u>5</u> | 1.<u>1</u> | 1.<u>1</u> <u>5 6 7</u> | 1 1 | 0 <u>1 2 3</u> | <u>5. 5</u> <u>5</u> <u>3.3</u> | <u>1.3</u> | <u>5.3</u> 2 | 2 - |,然后

回答曲名的调查中,除了3 001—5 000元收入人群的正确率略低于其相邻的2 001—3 000元收入人群外,市民平均分随收入增加而升高。

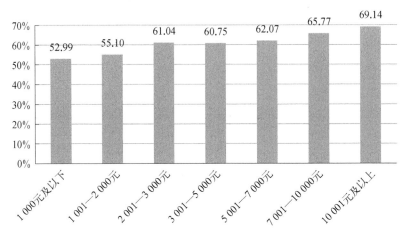

图5-94 上海不同收入市民对"国歌简谱"问题的回答情况

(三) 上海市民人文方法平均分不同收入差异的历史比较

2016年,不同月收入上海市民人文方法平均分与2011年比较而言,1 000元及以下、5 001—7 000元收入群体的人文方法平均分略有上升外,其他收入群体的人文方法平均分都有所下降,其中3 001—5 000元收入市民的人文方法平均分低于总体平均分。

(四) 上海白领人文方法平均分不同收入差异及历史比较

1. 2019年上海白领人文方法状况的收入差异

如图5-95所示,月收入在1 000元及以下、1 001—2 000元和2 001—3 000元的白领群体,主要是由在校大学生构成的,故其平均分高于总体平均分。10 001 元及以上收入的白领群体的平均分是最低的,为 66.04 分,这一情况值得深思。

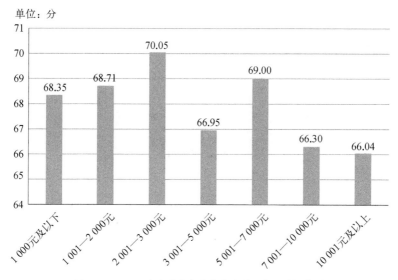

图 5-95　2019 年上海白领人文方法得分收入差异情况

2. 2013 年上海白领人文方法状况的收入差异

如图 5-96 所示,2013 年,上海不同收入白领群体的人文方法状况,大体表现出月收入水平与人文方法平均分呈正比。需要指出的是,这一升高趋势在月收入为 20 001—50 000 元的白领群体中发生了变化,其得分低于月收入为 10 001—20 000 元的白领,但月收入在 50 001 元及以上的白领的人文方法平均分是最高的。

3. 上海白领人文方法状况的收入差异的历史比较

2019 年与 2013 年的统计口径不同,所以数据不能一一对比。但值得一说的是,随着社会的发展,人们对白领能运用人文方法解决问题方面也提出了更高的要求。

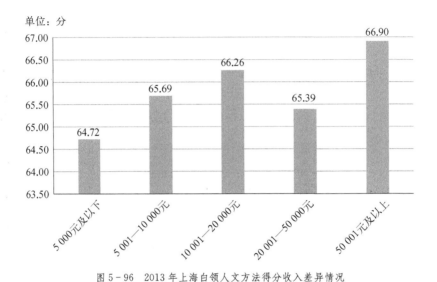

图 5-96 2013年上海白领人文方法得分收入差异情况

十、影响上海市民人文方法状况因素的强度分析

(一) 2016年影响上海市民人文方法状况因素的强度分析

人文方法的掌握与性别、年龄、政治面貌和文化程度等多种因素都有一定的关联,有些是正相关,有些是负相关。如图5-97所示,性别、文化程度、宗教、职业或身份以及是否本地户籍与人文方法得分呈现正相关,而年龄、政治面貌、月收入和现居住地对人文方法的影响微乎其微。其中,文化程度与人文方法的关联性最强。

第五章　上海市民人文方法状况与变化

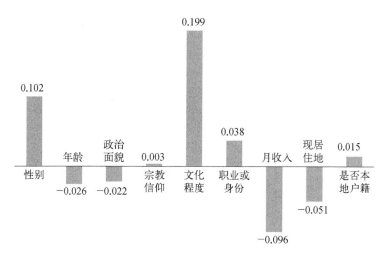

图 5-97　影响上海市民人文方法水平因素的强度分析

(二) 2011 年影响上海市民人文方法状况因素的强度分析

如图 5-98 所示,教育是最重要的影响因素,教育可以有效提高市民的人文方法水平。不过,通过分析我们也发现,社会环境因素的影响同样重要。宗教信仰、职业和居住地也是对市民人文方法运用的强相关因素。每个人通

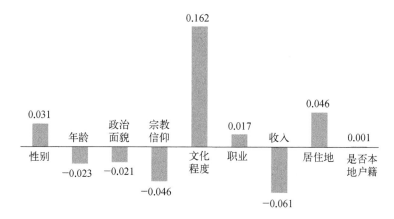

图 5-98　影响上海市民人文方法水平因素的强度分析

过教育都可以学习、了解人文方法,但如何运用人文方法则取决于个人判断和灵活运用能力。而对个人判断起导向作用的就是社会环境与风气。在市场化的今天,人们会受利益驱使,在使用人文方法上出现了一种偏离人本与体验的倾向。人文方法的运用不应该被当作对人文体验量化的手段。因此,应当有意识引导民众掌握和运用正确的人文方法,应当关注当今社会中出现的人文方法物质化倾向。

(三)影响上海市民人文方法状况因素强度分析的历史比较

对比2016年和2011年的数据可以发现,影响上海市民人文方法状况的不同因素的影响力在这五年中没有发生较大的性质上的变化,影响强度最大的依然是文化程度和收入水平。

(四)影响上海白领人文方法状况因素的强度及历史比较

1. 2019年影响上海白领人文方法状况因素的强度分析

2019年的调查显示,人文方法的掌握与性别、年龄、政治面貌和文化程度等多种因素都有一定的关联,有些是正相关,有些是负相关。如图5-99所示,性别、文化程度以及是否本地户籍与人文方法得分呈现正相关;政治面貌、月收入和现居住地与人文方法得分呈现负相关;年龄、宗教信仰对人文方法的影响微乎其微。其中,文化程度与人文方法的关联性最强。

2. 2013年影响上海白领人文方法状况因素的强度分析

如图5-100所示,就人文方法而言,影响强度最大的因素是文化程度。2013年的调查显示,教育对人文方法的提升起着至关重要的作用。此外,宗

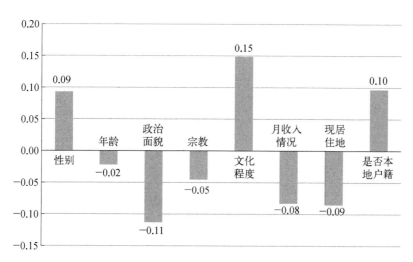

图 5-99　2019 年上海白领人文方法影响因素相关度分析

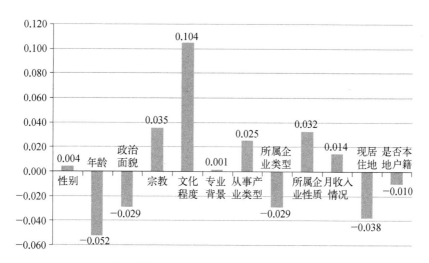

图 5-100　2013 年上海白领人文方法影响因素相关度分析

教信仰、年龄、所属企业性质和所属企业类型与人文方法状况也有较大的关联性。性别、现居地、政治面貌、从事产业类型和月收入状况等因素对白领人文方法的影响较小。

3. 影响上海白领人文方法状况因素的强度分析及历史比较

通过2013年与2019年的数据对比可以看出,教育是最重要的影响因素,教育可以有效提高白领的人文方法水平。不过,通过分析我们也发现,社会环境因素的影响同样重要。政治面貌、职业和居住地也是影响白领人文方法运用的强相关因素。

第六章

上海市民人文精神状况与变化

人文精神指具有对生命深切的关怀,对真、善、美的热爱与追求,以及对个体能动性积极倡导的相对稳定的气质、修养和行为方式。具体体现为一个人的思想品位、道德水准、心理素质、思维方式、人际交往、情感、人生观、价值观等个性品格,其核心是以人为本。本章主要从敬畏生命、市民意识、环保意识、审美趣味、品质修养、自主能力、以人为本(人是目的)精神、个性意识、合作意识、价值观(人生观)、敬畏超验等11个项目进行考察。

一、上海市民人文精神状况得分分布情况分析与历史比较

(一) 2016年上海市民人文精神状况平均分的分布情况

2016年上海市民人文精神平均分40.8分,以100分为总体平均分,可以得到上海市民人文精神相对得分分布,如图6-1所示。可以看出,平均分相对集中分布在五个比较明显的区间: 85.11分以下、85.11(含)—100.78(不含)分、100.78(含)—109.74(不含)分、109.74(含)—116.46(不含)分、116.46分及以上。85.11分以下表征人文精神较差,占样本总量的8.6%,116.46分及以上表征人文精神很高,占样本总量的1.1%,说明市民人文精神差和特别高者在市民中只占少数。平均分在100.78(含)—109.74(不含)分的市民,占到样本总量的36.2%,这是一个得分集中区域,即有三成多市民的人文精神平均分处于这一区间。低于总体平均分100分的样本量占总量的45.2%,尽管在平均水平以下的市民人数不到半数,但有部分市民平均分偏低,从而拉低了整体平均分。同时,最低相对得分为49.27分,最高相对得分为120.94分,反映出市民个体之间人文精神素养差距比较大。

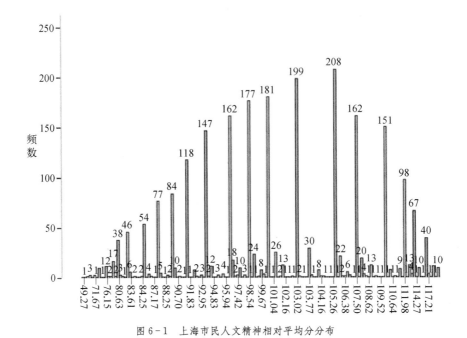

图 6-1　上海市民人文精神相对平均分分布

(二) 2011 年上海市民人文精神状况平均分的分布情况

2011 年上海市民人文精神平均分 38.92 分,以 100 分为总体平均分,上海市民人文精神相对得分分布如图 6-2 所示,可以看出,平均分分布有五个比较明显的区间:82.37 分以下、82.37(含)—100(不含)分、100(含)—110(不含)分、110(含)—123.56(不含)分、123.56 分及以上。82.37 分以下表征人文精神较差,占样本总量的 10.1%;123.56 分及以上表征人文精神很高,占样本总量的 1.6%。得分在 100(含)—110(不含)分的市民,合计占到样本总量的 32.3%。低于总体平均分 100 分的样本量占总量的 43.6%。同时,最低相对得分为 40.82 分,最高相对得分为 132.08 分。

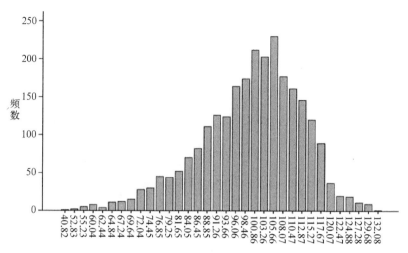

图 6-2 2011 年上海市民人文精神相对得分分布

(三) 上海市民人文精神状况得分分布情况的历史比较

从调查数据可以看出，2016 年上海市民人文精神状况相对平均分明显提高，相对平均分比 2011 年高了 5.73 分。人文精神平均分分布在低分位段与高分位段的人数都相对减少，低于平均分的样本量占样本总量的百分比比 2011 多了 1.6%。总体而言，2016 年上海市民人文精神状况相比 2011 年有较明显的提高，总体得分分布情况较 2011 年更为集中。

(四) 上海白领人文精神状况得分分布情况分析与历史比较

1. 2019 年上海白领人文精神状况得分的分布情况

2019 年的调查显示，上海白领人文精神部分总分为 49.53 分，实测平均分为 42.83 分。通过换算后，将平均分以百分制表示。如图 6-3 所示，按得分分布可划分为五个比较明显的区间：60 分以下、60(含)—70(不含)分、70(含)—80(不含)分、80(含)—90(不含)分、90 分及以上。按照问卷调查设计,60分以下表征人文精神素养一般,60(含)—90(不含)分表征人文精神素养良好,90分及以上表征人文精神素养优秀。可以看出,60分以下区间内频数值相对较低(占比3.46%),密集部分在60(含)—70(不含)分(占比13.55%)、70(含)—80(不含)分(占比23.72%)、80(含)—90(不含)分(占比36.3%)、90分及以上(占比22.97%)。六成多白领的得分在总体平均分以上,这说明,上海白领的人文精神素养水平总体较好。

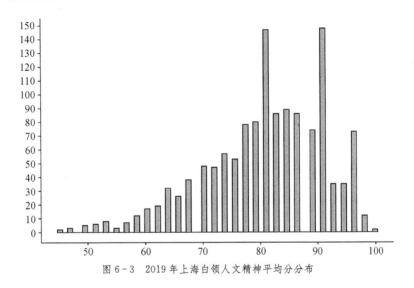

图6-3 2019年上海白领人文精神平均分分布

2. 2013年上海白领人文精神状况得分的分布情况

如图6-4所示,据2013年的调查数据,上海白领人文精神部分总分为52.63分,实测平均分为42.61分。通过换算后,将平均分以百分制表示。按得分分布划分为五个比较明显的区间:60分以下、60(含)—70(不含)分、70(含)—80(不含)分、80(含)—90(不含)分、90分及以上。按照问卷调查设计,60分以下表征人文精神素养一般,60(含)—90(不含)分表征人文精神素养良好,90分及以上表征人文精神素养优秀。可以看出,60分以下区间内频数值相对较高(占比13.16%),密集部分在60(含)—70(不含)分(占比22.06%)、70(含)—80(不含)分(占比45.02%)和80(含)—90(不含)分(占

第六章 上海市民人文精神状况与变化

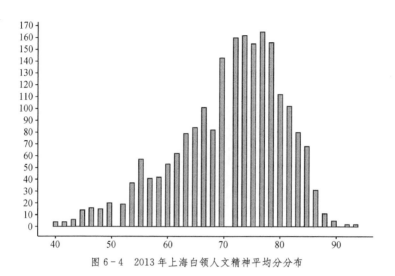

图 6-4 2013 年上海白领人文精神平均分分布

比 19.33%),而 90 分及以上占比 0.43%。六成半白领的得分在总体平均分以上,这说明,上海白领的人文精神素养水平总体比较好。

3. 上海白领人文精神得分分布情况的历史比较

为了便于比较,我们将 2013 年和 2019 年上海白领人文精神平均分转换为可比较的百分制,如图 6-5 所示。

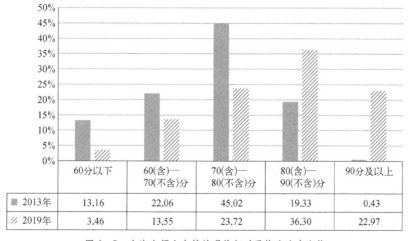

	60分以下	60(含)—70(不含)分	70(含)—80(不含)分	80(含)—90(不含)分	90分及以上
2013年	13.16	22.06	45.02	19.33	0.43
2019年	3.46	13.55	23.72	36.30	22.97

图 6-5 上海白领人文精神现状相对平均分分布比较

通过数据对比可知,相比2013年,2019年上海白领人文精神整体得分水平有明显提高。不仅总体平均分提高了10多分,而且得分超过80分的比例增加了近40%,得分在60分以下的比例减少了近10%。

二、上海市民人文精神状况的性别因素分析及比较

(一) 2016年上海市民人文精神状况的性别差异

如图6-6所示,以100分为总体平均分,2016年男性市民人文精神平均分为99.95分,女性市民为100.26分,略高于男性。

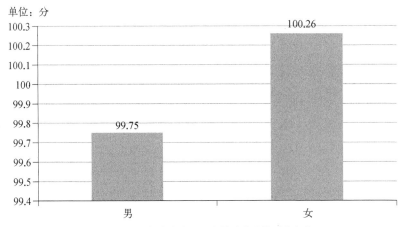

图6-6 2016年上海市民人文精神得分性别差异情况

(二) 2011年上海市民人文精神状况的性别差异

如图6-7所示,以100分为总体平均分,男性市民人文精神平均分为99.97分,女性市民为100.03分,略高于男性。

第六章　上海市民人文精神状况与变化

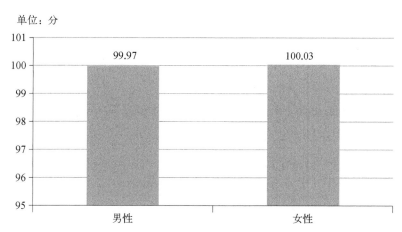

图6-7　2011年上海市民人文精神得分性别差异情况

（三）上海市民人文精神状况性别差异的历史比较

如图6-8所示，2011年与2016年不同性别的上海市民，其人文精神状况没有大的变化，总体上，女性人文精神的平均分要高于男性。2016年女性

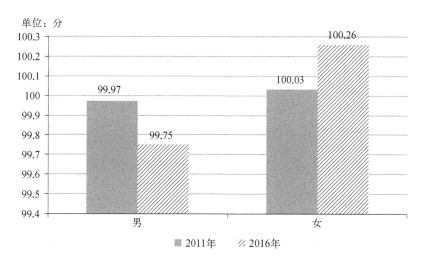

图6-8　上海市民人文精神平均分性别差异的历史比较

平均分略微升高,男性平均分略有下降。

(四) 上海白领人文精神状况性别差异及历史比较

1. 2019 年上海白领人文精神状况的性别差异

如图 6-9 所示,据 2019 年上海白领人文精神状况调查可知,男性受访者平均分为 78.69 分,在总体平均分之下;女性受访者平均分为 82.33 分,在总体平均分之上。男性白领的得分明显低于女性白领。

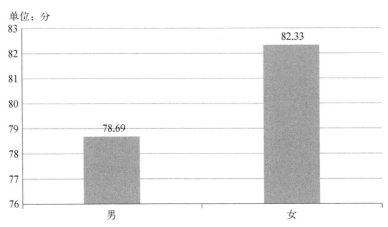

图 6-9 2019 年上海白领人文精神得分性别差异情况

2. 2013 年上海白领人文精神状况的性别差异

如图 6-10 所示,据 2013 年上海白领人文精神状况调查可知,男性受访者平均分为 70.37 分,在总体平均分之下;女性受访者平均分为 71.73 分,在总体平均分之上。男性白领的得分略低于女性白领。

3. 上海白领人文精神情况的性别因素的历史比较

如图 6-11 所示,通过对比数据可知,从 2013 年到 2019 年,按性别因素

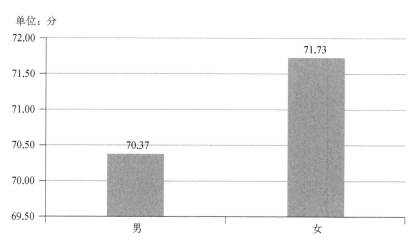

图6-10 2013年上海白领人文精神得分性别差异情况

来看,男性受访者平均分始终低于女性受访者,这说明上海女性白领的人文精神相对男性要更丰富。虽然男性白领与女性白领在人文精神状况的得分分差有所扩大,但总体而言,较2013年,2019年上海男性白领与女性白领的人文精神素养水平都有显著提高,且女性白领的这一提升幅度更大。

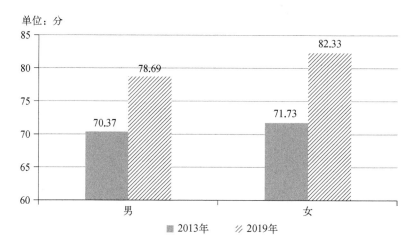

图6-11 上海白领人文精神得分的性别差异的历史比较

三、上海市民人文精神状况的文化程度因素分析及比较

(一) 2016年上海市民人文精神状况的文化程度差异

如图 6-12 所示,以 100 分为总体平均分,根据 2016 年调查数据,市民文化程度越高,其人文精神的平均分也越高。总体来看,小学及以下文化程度市民平均分最低,为 94.62 分,研究生及以上(文科)市民得分最高,为 101.62 分,两者存在 7 分的差距。高中或中专以下文化程度市民人文精神得分均低于平均分 100 分。这表明,市民人文精神与其文化程度,即受教育程度基本存在正相关关系,而且是否接受大专以上教育成为人文精神平均分是否高于总体平均分的重要分界线。在大学以上各文化程度中,文科教育背景的市民人文精神平均分普遍较高,但研究生及以上(理工科)文化程度市民平均分只有 98.06 分,值得关注。

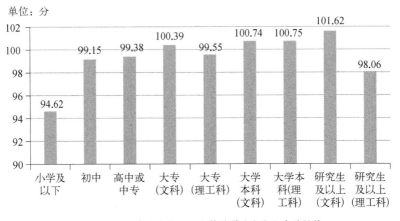

图 6-12 2016 年上海市民人文精神得分文化程度差异情况

(二) 2011年上海市民人文精神状况的文化程度差异

如图6-13所示,以100分为总体平均分,总体来看,不同文化程度的上海市民人文精神水平,从小学及以下到研究生及以上,总体表现出得分随着学历的增加而增高的趋势;2011年大学以上文化程度的上海市民中,理工科背景市民的人文精神得分要高于文科背景的市民,尤其在研究生及以上文化程度的市民中,文科背景市民得分为99.99分,略低于总体平均分,值得关注。

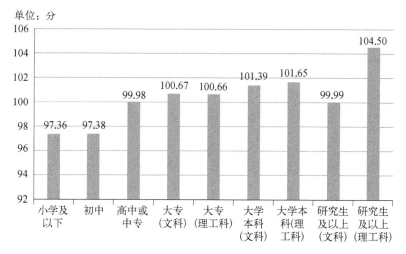

图6-13 2011年上海市民人文精神得分文化程度差异情况

(三) 上海市民人文精神状况文化程度差异的历史比较

如图6-14所示,相比2011年,2016年不同文化程度的上海市民人文精神平均分依然保持得分随着学历的增加而升高的趋势;但大学文化程度的上海市民中,文科背景的市民的人文精神得分与理工科背景的市民大致相当。

在研究生及以上文化程度的市民中,理工科背景市民的人文精神平均分有明显下降趋势。

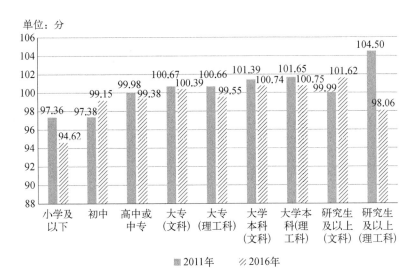

图 6-14　上海市民人文精神得分文化程度差异的历史比较

(四) 上海白领人文精神状况文化程度差异及历史比较

1. 2019 年上海白领人文精神状况的文化程度差异

如图 6-15 所示,2019 年上海白领人文精神得分的总体情况是,平均分最低的是小学及以下群体,平均分为 70.6 分;最高为大专(文科)群体,得分为 82.81 分。其中,文化程度为高中或中专、大专(文科)、大学本科(理工科)群体的得分在总体平均分以上。

2. 2013 年上海白领人文精神状况的文化程度差异

如图 6-16 所示,2013 年的调查数据显示,上海不同文化程度白领人文精神平均分由高到低排列分别是硕士研究生(72.52 分)、大学本科(70.78

第六章　上海市民人文精神状况与变化

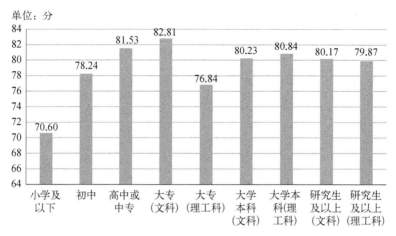

图 6-15　2019 年上海白领人文精神得分文化程度差异情况

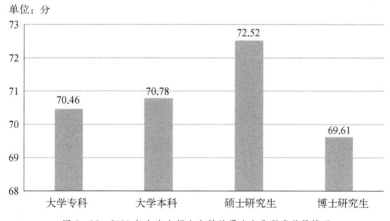

图 6-16　2013 年上海白领人文精神得分文化程度差异情况

分)、大学专科(70.46 分)、博士研究生(69.61 分)。总体而言,硕士研究生学历的白领相对而言人文精神平均分最高。

3. 上海白领人文精神状况的文化程度因素的历史比较

如图 6-17 所示,无论 2013 年还是 2019 年,上海白领人文精神水平的高低都显示出与受教育程度呈正相关关系,但在 2019 年这一相关性较

2013年略有减弱。不同文化程度的上海白领人文精神状况,从大学专科到研究生及以上,大致上表现出得分随学历的增加而升高的趋势。两年的数据对比来看:受访白领 2013 年的人文精神水平得分都低于 2019 年的水平。这说明,2019 年上海白领人文精神整体水平有了显著的提升。

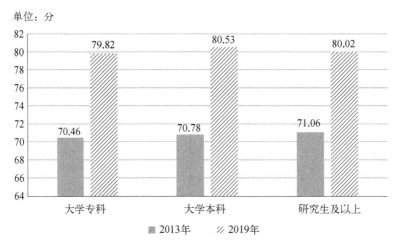

图 6-17 上海白领人文精神得分的文化程度差异的历史比较

四、上海市民人文精神状况的年龄结构因素分析及比较

(一) 2016 年上海市民人文精神状况的年龄结构差异

如图 6-18 所示,以 100 分为总体平均分,2016 年上海市民中 15—21 岁、22—31 岁、42—51 岁的市民,其人文精神平均分都略高于总体平均分 100 分。而 32—41 岁、42—51 岁市民的人文精神得分在平均分 100 分以下。

第六章 上海市民人文精神状况与变化

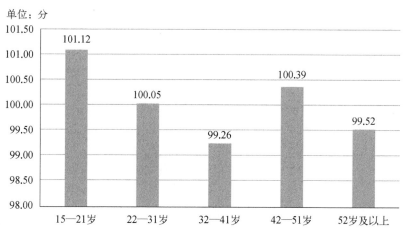

图 6-18 2016 年上海市民人文精神平均分年龄差异情况

(二) 2011 年上海市民人文精神状况的年龄结构差异

如图 6-19 所示,以 100 分为总体平均分,2011 年上海市民中 15—21 岁、32—41 岁及 52 岁及以上的市民,其人文精神平均分都略高于总体平均分 100 分。而 22—31 岁、42—51 岁市民的人文精神得分在平均分 100 分以下。

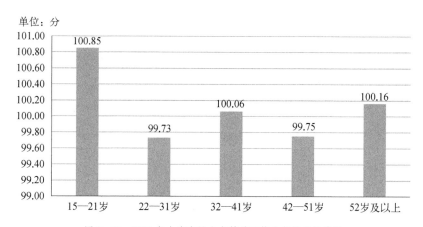

图 6-19 2011 年上海市民人文精神平均分年龄差异情况

(三) 上海市民人文精神状况年龄结构差异的历史比较

如图6-20所示,2016年不同年龄结构的上海市民在人文精神方面平均分情况很不同。其中,15—21岁的市民,其人文精神平均分是最高的。相比2011年,2016年,32—41岁这个年龄段市民的人文精神平均分出现了下降,成为平均分最低的群体。

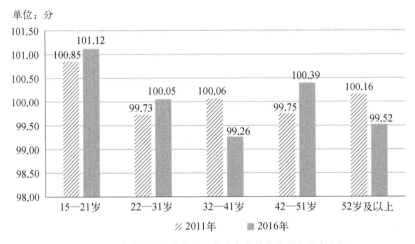

图6-20 上海市民人文精神平均分年龄结构差异的历史比较

(四) 上海白领人文精神状况年龄结构差异及历史比较

1. 2019年上海白领人文精神状况的年龄结构差异

如图6-21所示,2019年上海白领不同年龄群体人文精神平均分随着年龄的增长总体呈现先升高后下降的趋势,32—41岁的受访白领得分最高,为82.36分,高于总体平均分;15—21岁的受访白领得分最低,为68.87分,低于总体平均分。其他年龄段的受访白领总体而言人文精神得分相差不大,仅52岁及以上群体的得分略低一些。

第六章　上海市民人文精神状况与变化

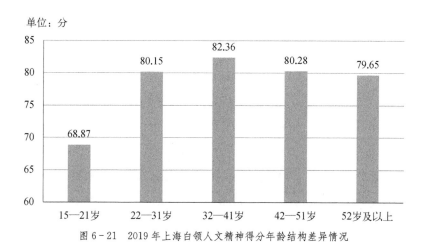

图 6-21　2019 年上海白领人文精神得分年龄结构差异情况

2. 2013 年上海白领人文精神状况的年龄结构差异

如图 6-22 所示,人文精神得分最高和最低的年龄段分别为 36—45 岁 (72.04 分)和 56 岁及以上(66.10 分)群体。其中,56 岁及以上的白领的平均分明显低于其他年龄段的白领,这可能与其年轻时未能接受较好的素质教育有关。

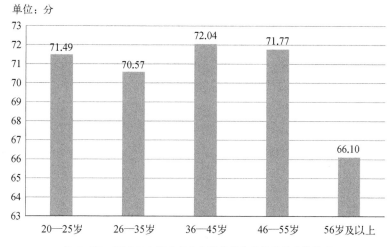

图 6-22　2013 年上海白领人文精神得分年龄结构差异情况

3. 上海白领人文精神状况的年龄结构差异的历史比较

2019年,15—21岁的白领,其人文精神平均分是在各年龄段中是最低的。但在2011年,这个年龄段的白领的人文精神平均分却在各年龄段中属于较高的。2019年,白领受访者中得分相对中上的52岁及以上的白领,在2013年这一年龄段白领的平均分却是最低的。

五、上海市民人文精神状况的户籍、城乡因素分析及比较

(一) 2016年上海市民人文精神状况的户籍、城乡差异

如图6-23所示,以100分为总体平均分,本地户籍市民人文精神平均分略低于外地户籍市民。外地户籍和居住地在城镇的市民的人文精神平均分在市民总体平均分以上,本地户籍和居住地为农村的市民的人文精神平均分在总体平均分以下。

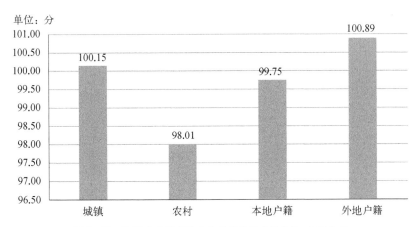

图6-23 2016年上海市民人文精神平均分居住地、户籍差异

(二) 2013年上海市民人文精神状况的户籍、城乡差异

如图6-24所示,本地户籍市民人文精神平均分略高于外地户籍市民;居住地在城镇的市民的人文精神平均分高于居住地为农村的市民。本地户籍和居住地在城镇的市民的人文精神平均分在市民总体平均分以上,外地户籍和居住地为农村的市民的人文精神平均分在总体平均分以下。

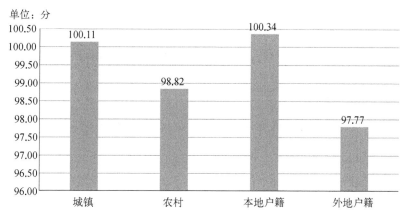

图6-24 2011年上海市民人文精神平均分居住地、户籍差异

(三) 上海市民人文精神状况户籍和居住地差异的历史比较

如图6-25所示,2011年和2016年的数据显示,居住地为城镇的市民,其人文精神平均分没有太大变化;居住地为农村的市民,其人文精神平均分略有下降;本地户籍的市民,其人文精神平均分略有下降;外地户籍市民的平均分则有大幅度提升。

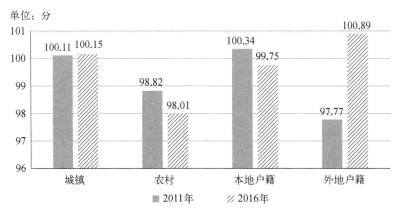

图 6-25 上海市民人文精神平均分差异居住地、户籍的历史比较

六、上海市民人文精神状况的政治面貌因素分析及比较

(一) 2016年上海市民人文精神状况政治面貌的差异情况

如图 6-26 所示,以 100 分为总体平均分,2016 年,政治面貌为共产党员、共青团员的市民的人文精神平均分均高于总体平均分。其中,政治面貌是共产党员市民的平均分最高,为 101.57 分,民主党派与群众平均分相对稍低。

(二) 2011年上海市民人文精神状况政治面貌的差异情况

如图 6-27 所示,以 100 分为总体平均分,2011 年政治面貌为共产党员、共青团员和民主党派市民的人文精神平均分均高于总体平均分。其中,政治面貌是民主党派市民的平均分最高,为 102.58 分,政治面貌为群众的市民的平均分最低,为 98.68 分。

第六章 上海市民人文精神状况与变化

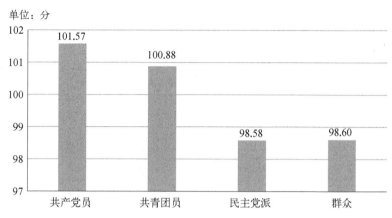

图6-26 2016年上海市民人文精神得分政治面貌的差异情况

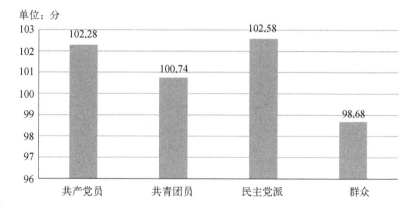

图6-27 2011年上海市民人文精神得分政治面貌的差异情况

(三)上海市民人文精神状况政治面貌差异的历史比较

2011年调查数据中,政治面貌为共产党员、共青团员和民主党派市民的人文精神得分明显高于一般群众,尤其是民主党派人士平均分最高。但2016年,政治面貌为民主党派市民的人文精神平均分出现了较大幅度下降(如图 6-28 所示),降至总体平均分以下,其他群体得分变化情况不大。

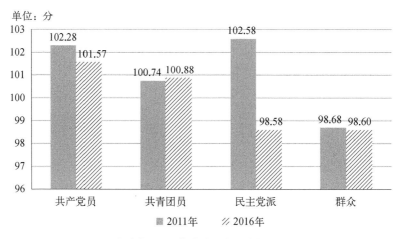

图 6-28 上海市民人文精神得分政治面貌差异的历史比较

(四)上海白领人文精神状况政治面貌差异及历史比较

1. 2019 年上海白领人文精神状况的政治面貌差异

如图 6-29 所示,2019 年,政治面貌为群众的白领的人文精神状况要略高于其他政治面貌的白领。政治面貌为共产党员的白领的平均分为 79.53 分;共青团员的平均分为 78.96 分;民主党派的平均分为 75.87 分,得分最低;普通群众的平均分最高,为 81.48 分,高于总体平均分。

2. 2013 年上海白领人文精神状况的政治面貌差异

如图 6-30 所示,政治面貌为共产党员的白领的人文精神的平均分最高,为 73.15 分,在总体平均分之上。政治面貌为共青团员的白领的平均分为 70.83 分,普通群众白领的平均分为 70.03 分,民主党派白领的平均分为

第六章 上海市民人文精神状况与变化

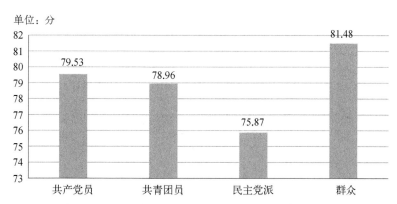

图6-29　2019年上海白领人文精神得分政治面貌差异情况

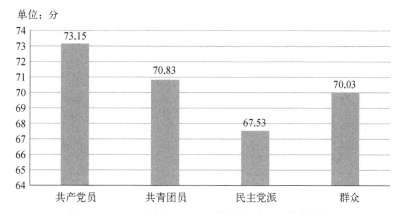

图6-30　2013年上海白领人文精神得分政治面貌差异情况

67.53分,为最低。

3. 上海白领人文精神状况的政治面貌因素的历史比较

从图6-31可以看出,2019年上海白领的人文精神得分总体水平比2013年有一定程度的提升,民主党派和普通群众白领的得分提升的幅度较大。

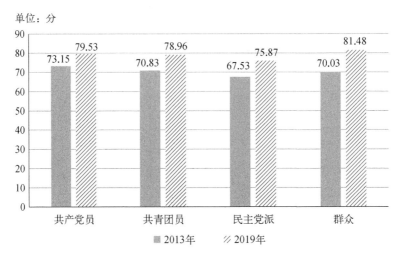

图6-31 上海白领人文精神得分的政治面貌因素对比分析

七、上海市民人文精神状况的宗教信仰因素分析及比较

(一) 2019年上海市民人文精神状况宗教信仰差异

如图6-32所示,以100分为总体平均分,2016年,明确自己有宗教信仰与无宗教信仰的市民的人文精神平均分在总体平均分之上,而说不清楚自己有无宗教信仰的市民的人文精神平均分低于总体平均分。

(二) 2019年上海市民人文精神状况宗教信仰差异

如图6-33所示,2011年明确自己无宗教信仰的市民的人文精神平均分在总体平均分之上,而有宗教信仰与说不清楚自己有无宗教信仰的市民的人文精神平均分低于总体平均分。

第六章　上海市民人文精神状况与变化

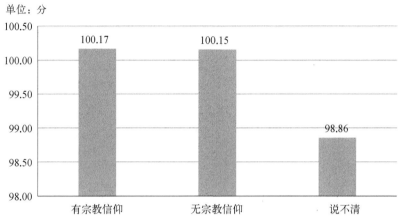

图 6-32　2016 年上海市民人文精神得分宗教信仰差异情况

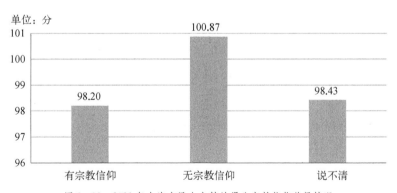

图 6-33　2011 年上海市民人文精神得分宗教信仰差异情况

（三）上海市民人文精神宗教信仰差异的历史比较

相比较 2011 年的情况，2016 年有宗教信仰的市民的人文精神平均分出现了明显的提高，而说不清自己有无宗教信仰市民的人文精神平均分虽然略有上升，但依然是平均分最低的群体（如图 6-34 所示）。

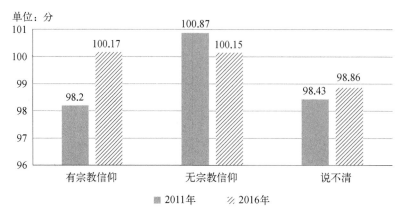

图6-34 上海市民人文精神得分宗教信仰差异的历史比较

(四)上海白领人文精神宗教信仰差异及历史比较

1. 2019年上海白领人文精神状况的宗教信仰差异

如图6-35所示,2019年的调查数据显示,有宗教信仰白领的人文精神平均分为83.92分,无宗教信仰白领的平均分为81分,均高

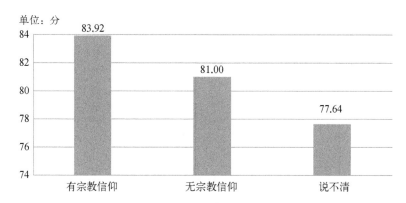

图6-35 2019年上海白领人文精神得分宗教信仰差异情况

于总体平均分。说不清是否有宗教信仰白领的平均分为 77.64 分,低于总体平均分。有或无宗教信仰对于白领的人文精神状况有一定的影响。

2. 2013 年上海白领人文精神状况的宗教信仰差异

如图 6-36 所示,2013 年的调查数据显示,无宗教信仰白领的人文精神平均分为 71.95 分,高于总体平均分。有宗教信仰白领的平均分为 70.13 分,说不清是否有宗教信仰白领的平均分为 69.06 分,后两者的得分均低于总体平均分。

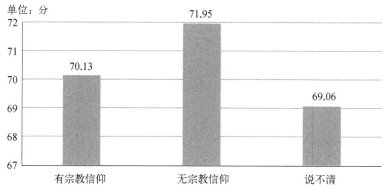

图 6-36　2013 年上海白领人文精神得分宗教信仰差异情况

3. 上海白领人文精神状况宗教信仰差异的历史比较

相比较 2013 年的情况(如图 6-37 所示),2019 年各种宗教信仰状况的白领的人文精神平均分都出现了一定幅度的提高,特别是有宗教信仰白领的得分提升的幅度最大。

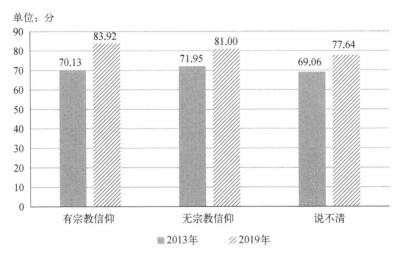

图6-37 上海白领人文精神得分的宗教信仰因素对比分析

八、上海市民人文精神状况的职业身份因素分析及比较

(一) 2016年上海市民人文精神状况的职业差异情况

如图6-38所示,以100分为总体平均分,2016年不同职业或身份的市民中,机关、党群组织、企业事业单位负责人及办事人员,学生和"其他"的市民的人文精神平均分都在总体平均分之上;专业技术人员,商业、服务业人员,产业工人,农业劳动者,无业、失业人员得分都在平均分以下。其中,最高平均分者为学生,最低平均分者为失业、无业劳动者,两者相差5.37分,差距较大。

(二) 2011年上海市民人文精神状况的职业差异情况

如图6-39所示,以100分为总体平均分,2011年不同职业或身份的市民

第六章　上海市民人文精神状况与变化

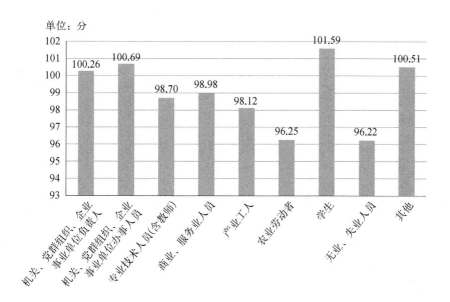

图 6-38　2016 年上海市民人文精神得分职业或身份差异情况

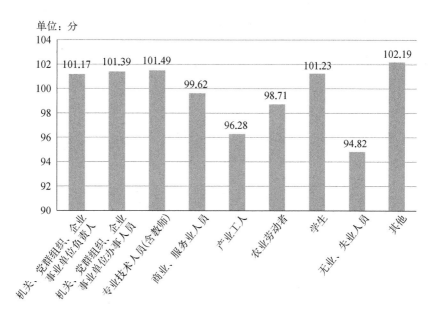

图 6-39　2011 年上海市民人文精神得分职业或身份差异情况

中,机关、党群组织、企业事业单位负责人及办事人员,专业技术人员,学生和"其他"的市民的人文精神平均分都在总体平均分之上;商业、服务业人员,产业工人,农业劳动者和无业、失业人员得分在总体平均分以下。其中,最高平均分者为"其他"人员,最低平均分者为失业、无业劳动者,两者相差 7.37 分,差距较大。

(三)上海市民人文精神状况职业或身份差异的历史比较

相比较 2011 年情况,2016 年,学生是人文精神平均分最高者,无业、失业人员的得分依然是最低的。市民人文精神平均分与所从事职业及身份有一定的相关性。

总体看来,2016 年,产业工人,无业、失业人员的人文精神水平相比 2011 年有明显提升,而机关、党群组织、企业事业单位负责人及办事人员,专业技术人员,商业、服务业人员、农业劳动者与"其他"职业者人文精神水平比之前略有降低(如图 6-40 所示)。

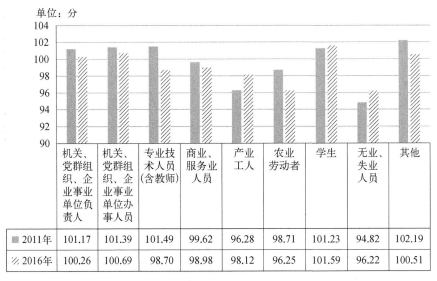

单位:分	机关、党群组织、企业事业单位负责人	机关、党群组织、企业事业单位办事人员	专业技术人员(含教师)	商业、服务业人员	产业工人	农业劳动者	学生	无业、失业人员	其他
2011年	101.17	101.39	101.49	99.62	96.28	98.71	101.23	94.82	102.19
2016年	100.26	100.69	98.70	98.98	98.12	96.25	101.59	96.22	100.51

图 6-40 上海市民人文精神得分职业或身份差异的历史比较

（四）上海白领人文精神状况职业或身份差异及历史比较

1. 2019年上海白领人文精神状况的职业或身份差异情况

如图6-41所示，2019年上海白领中机关、党群组织、企业事业单位负责人，其人文精神平均分为78.32分；机关、党群组织、企业事业单位办事人员，其人文精神平均分为79.46分；专业技术人员（含教师），其人文精神平均分为77.21分；学生的人文精神平均分为78.74分；商业、服务业人员，其人文精神平均分为80.72分；产业工人的人文精神平均分为75.29分；农业劳动者的人文精神平均分为86.52分；无业、失业人员的人文精神平均分为74.66分；"其他"人员的人文精神平均分为88.27分。在不同职业或身份的白领中，农业劳动者和"其他"的群体平均分在总体平均分以上，其余群体平均分均在总体平均分以下。

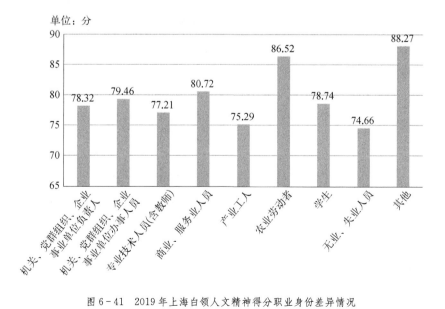

图6-41 2019年上海白领人文精神得分职业身份差异情况

2. 2013年上海白领人文精神状况的职业或身份差异情况

如图6-42所示,2013年,按企业性质划分,在私企、外企和中外合资企业工作的白领,其人文精神平均分高于总体平均分。

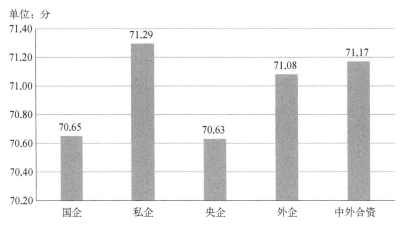

图6-42 2013年上海白领人文精神得分的总体情况(按企业性质因素分析)

3. 上海白领人文精神状况的职业或身份差异的历史比较

相比较而言,由于职业或身份因素的差异对人文精神产生的影响,从2013年与2019年两年的数据来看,虽然由于统计口径的不同带来了比较的困难,但是可以看到一些特点,如国企、央企白领的人文精神平均分水平有明显的提升。

九、上海市民人文精神状况的收入差异因素分析及比较

(一) 2016年上海市民人文精神状况的收入差异

如图6-43所示,以100分为总体平均分,2016年上海市民人文精神平

均分情况：月收入在1 001—2 000元之间及7 001元及以上的市民的平均分低于总体平均分，月收入在1 000元及以下、2 001—7 000元的市民的平均分都高于总体平均分，月收入在1 000元及以下市民的平均分最高，月收入在10 001元及以上市民的平均分最低。

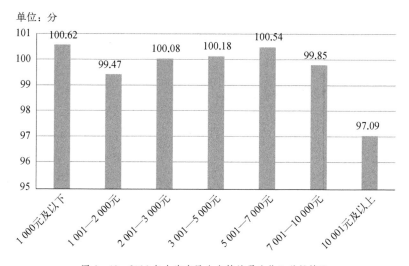

图6-43 2016年上海市民人文精神得分收入差异情况

（二）2011年上海市民人文精神状况的收入差异

如图6-44所示，以100分为总体平均分，2011年，月收入在1 001—3 000元、10 001元及以上市民的平均分低于总体平均分，月收入在1 000元以下、3 001—10 000元的市民的平均分高于总体平均分。

（三）上海市民人文精神状况收入差异的历史比较

2016年数据显示，上海市民人文精神得分受月收入影响较小，没有表现出像2011年那样比较明显的相关性。2016年，月收入在3 001元及以上市民的人文精神水平较2011年都明显下降,低收入市民的得分有所上升,而中、高收入市民的得分都有明显下降(如图6-45所示)。

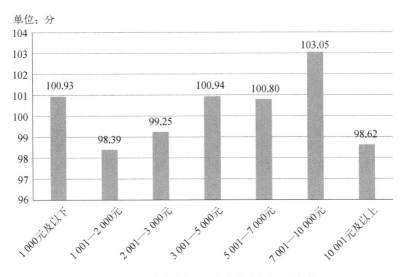

图6-44　2011年上海市民人文精神得分收入差异情况

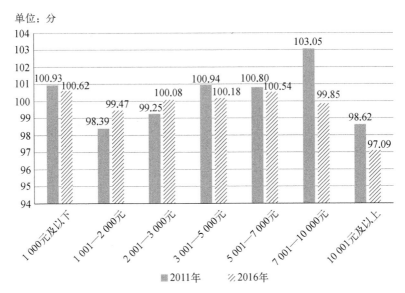

图6-45　上海市民人文精神得分收入差异的历史比较

（四）上海白领人文精神状况收入差异及历史比较

1. 2019 年上海白领人文精神状况的收入差异

如图 6-46 所示，2019 年，上海不同收入白领群体的人文精神状况，大体表现出月收入水平与人文精神平均分呈正相关关系。可以看出，以月收入 5 000 元为分界线，收入在 5 000 元以上的上海白领的人文精神水平显著高于月收入在 5 000 元及以下的白领，且均在总体平均分以上。其中，得分最高的为月收入在 7 001—10 000 元的白领(82.23 分)，得分最低的为月收入在 1 001—2 000 元的白领(73.33 分)。

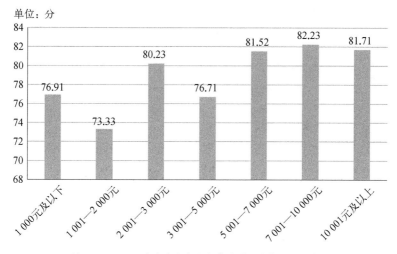

图 6-46 2019 年上海白领人文精神得分的收入差异情况

2. 2013 年上海白领人文精神状况的收入差异

如图 6-47 所示，2013 年的调查显示，月收入在 5 000 元及以下的白领的得分最低(69.90 分)，月收入在 20 001—50 000 元的白领的得分最高(72.37 分)。月收入在 50 001 元及以上收入的白领的平均分低于总体平均分。

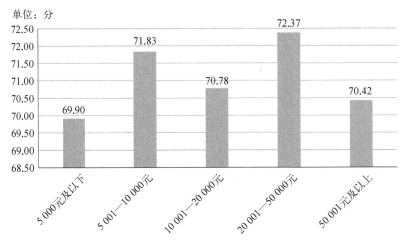

图 6-47 2013年上海白领人文精神得分的收入差异情况

3. 上海白领人文精神状况的收入因素的历史比较

2019年数据显示,上海白领人文精神状况受月收入影响变大,呈现出随着收入水平的提高,白领的人文精神状况表现越好的总体趋势,且总体上看,2019年不同月收入上海白领人文精神平均分与2013年比较而言,有了一定程度的提高,说明随着社会的发展,对白领的人文精神要求在不断提升。

十、影响上海市民人文精神状况因素的强度分析及历史比较

(一) 2016年影响上海市民人文精神状况因素的强度分析

如图6-48所示,通过把2016年上海市民的性别、年龄、文化程度、政治面貌、宗教信仰、职业或身份、月收入、居住地与户籍类型等九个要素的调查数据分别与人文精神状况做了相关性分析,显示2016年影响上海市民人文

精神状况比较强的因素主要有：宗教信仰、政治面貌、户籍地和年龄等。具体的相关性显示：性别、年龄、宗教信仰、文化程度、职业和居住地与市民人文精神状况呈现正相关；政治面貌、月收入以及是否本地户籍与市民人文精神状况呈现负相关。性别、收入和居住地对人文精神状况的影响较小。

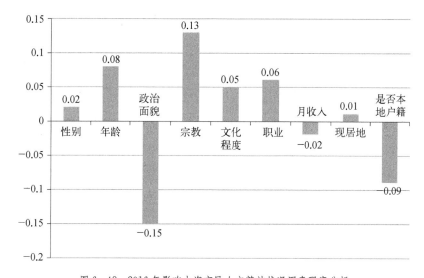

图6-48　2016年影响上海市民人文精神状况因素强度分析

（二）2011年影响上海市民人文精神状况因素的强度分析

如图6-49显示，2011年影响上海市民人文精神状况比较强的因素如下：文化程度与市民人文精神得分的标准化回归系数达0.1414，是诸多因素中对市民人文精神水平状况影响最为强烈的因素。现居住地因素的标准化回归系数为0.0043，是诸因素中影响最为微弱者。文化程度、宗教信仰、年龄、政治面貌与是否本地户籍是影响市民人文精神水平的五个最主要因素，其中，文化程度、宗教、年龄的相关性最强。月收入、职业身份、性别、现居住地这四个因素的影响力不大，并依次递减。

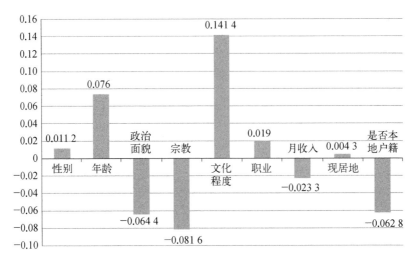

图 6-49　2011 年影响上海市民人文精神状况因素强度分析

（三）影响上海市民人文精神状况因素的强度的历史比较

通过把 2016 年和 2011 年上海市民的性别、年龄、文化程度、政治面貌、宗教信仰、职业或身份、月收入、居住地与户籍类型等九个要素的调查数据进行对比分析，显示 2016 年影响上海市民人文精神状况比较强的因素发生了变化。2011 年文化程度、宗教信仰、年龄、政治面貌与是否本地户籍是影响市民人文精神水平的五个最主要因素，其中，文化程度、宗教信仰、年龄与政治面貌相关性最强，月收入、职业身份、性别、现居住地四个因素的影响力不大；2016 年则是宗教信仰、政治面貌、户籍地和年龄相关性最强。2016 年出现了一个比较有意思的现象，即文化程度由 2011 年相关性最强的因素下降到第六位。

（四）影响上海白领人文精神状况因素的强度分析及历史比较

1. 2019 年影响上海白领人文精神状况因素的强度分析

2019 年的调查显示，白领人文精神状况与性别、年龄、政治面貌和文化程度等多种因素都有一定的关联,有些是正相关,有些是负相关。如图6-50所示,性别、政治面貌、月收入以及是否本地户籍与人文精神得分呈现正相关;宗教和现居住地与人文精神得分呈现负相关;年龄、文化程度对人文精神的影响较小。其中,户籍、居住地因素与人文精神的关联性最强。

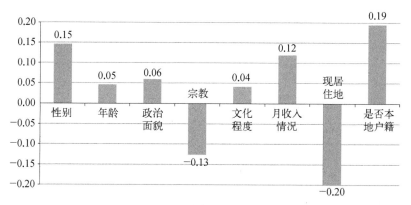

图6-50　2019年上海白领人文精神影响因素相关度分析

2. 2013年影响上海白领人文精神状况因素的强度分析

2013年的调查显示,就白领人文精神状况而言,影响强度最大的因素是政治面貌,如图6-51所示。此外,现居住地、性别、所属企业性质、所属企业类型、从事产业类型和月收入与白领人文精神状况也有较大的关联性。年龄、文化程度等因素对白领人文精神的影响较小。

3. 影响上海白领人文精神状况因素的强度分析的历史比较

对比2013与2019年的数据可知,影响上海白领人文精神状况因素的相关性发生了许多明显的变化。2013年影响强度较大的性别和政治面貌等因素在2019年的相关性明显减弱。总体而言,2019年各因素对上海白领人文精神状况影响的强度均出现了不同程度的下降,体现出对于上海白领阶层而

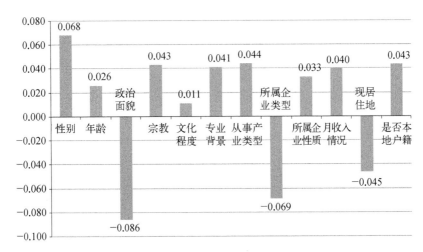

图6-51 2013年上海白领人文精神影响因素相关度分析

言,秉承良好的人文精神是其基本素养。

第七章

上海市民人文价值取向
状况调查与历史比较

价值取向指的是一定主体基于自己的价值观在面对或处理各种矛盾、冲突、关系时所持的基本价值立场、价值态度以及所表现出来的基本价值取向。价值取向具有实践品格，它的突出作用是决定、支配主体的价值选择，因而对主体自身、主体间关系、其他主体均有重大的影响。人们在工作中的各种决策判断和行为都有一定的指导思想和价值前提。管理心理学把价值取向定义为"在多种工作情景中指导人们行动和决策判断的总体信念"。实际上，人的价值取向直接影响着工作态度和行为。诺贝尔经济学奖获得者、著名心理学家西蒙认为，决策判断有两种前提：价值前提和事实前提，说明了价值取向在人们的社会活动中的重要性。人文价值取向则在人的人文精神、人文素质养成及发展过程中起着积极作用和功能。人文价值取向是直接影响甚至决定人们在社会活动中各种言行的指导思想和价值判断的前提。

因而，在城市发展过程中，对市民的人文价值取向状况的研究就具有非常重要的意义。调查中，我们针对上海市民人文精神之人文价值取向状况设计了若干问题，来对市民的人文价值取向状况开展调查。

一、上海市民对生命尊重问题的认知

（一）上海市民对生命尊重的认知状况及历史比较

1. 2016 年上海市民的认知情况

如图 7-1 所示，2016 年调查数据中，当被问及"你如何看待制作虐待小动物视频来赚钱的行为"时，有 15% 的市民会想方设法制止这种行为，69% 的市民非常反感这种行为，表明八成多的市民对生命有强烈的敬畏感。同时

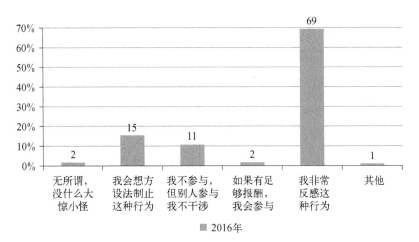

图7-1　2016年上海市民对虐待动物赚钱的看法

有2%的人认为如果有足够多的报酬也会参加虐待动物,2%的被调查者认为虐待动物无所谓,没什么大惊小怪。

2. 2011年上海市民的认知情况

如图7-2所示,2011年调查数据中,当被问及"你如何看待制作虐待小

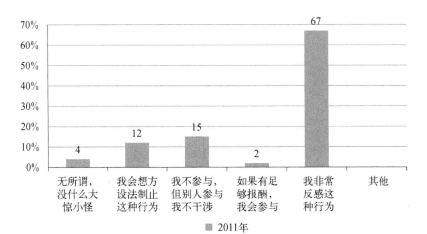

图7-2　2011年上海市民对虐待动物赚钱的看法

第七章 上海市民人文价值取向状况调查与历史比较

动物视频来赚钱的行为"时,有12%的市民会想方设法制止这种行为,67%的市民非常反感这种行为,表明近八成的市民对生命有强烈的敬畏感。同时有2%的人认为如果有足够多的报酬也会参加虐待动物,4%的被调查者认为虐待动物无所谓,没什么大惊小怪。

3. 上海市民认知情况的历史比较

如图7-3所示,2016年调查数据显示,上海市民认知情况出现了一些变化。当被问及"你如何看待制作虐待小动物视频来赚钱的行为"时,会想方设法制止这种行为的选择率增加了3个百分点,非常反感这种行为的选择率增加了2个百分点,表明对生命有强烈敬畏感的市民更多了。

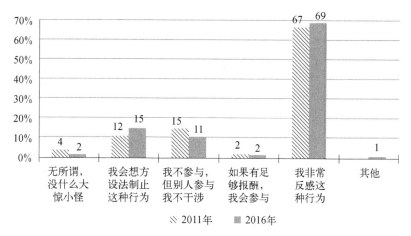

图7-3 上海市民对虐待动物赚钱的看法的历史比较

(二)上海市民对生命尊重的认知群体差异及历史比较

1. 市民认知的性别差异及比较

从图7-4来看,上海市民中大部分人对于虐待动物非常反感,其中女性比男性更厌恶虐待动物行为;还有少部分人表示自己不参与,但也不会干涉别人参与。极少数市民认为无所谓、有足够报酬自己也会参与。值得关注的是,在男女市民中,均有超过15%的人会想方设法制止这种行为。

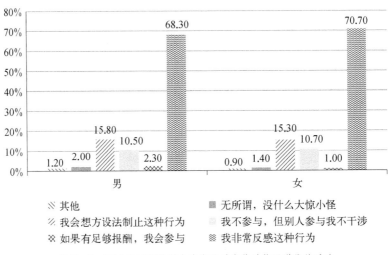

图7-4 2016年不同性别上海市民对虐待动物以赚钱的看法

关于如何看待虐待动物以赚钱这种行为,相比2011年的统计数据(如图7-5所示),2016年男性对于这种行为持反感态度的比例有所提升,男性与女性会想方设法制止这种行为的比例都稍有提高,对于这种行为持冷漠态度的比例明显减少。

2. 市民认知的年龄差异及比较

如图7-6所示,不同年龄段市民在看待虐待动物问题上存在着一定的差异,大部分市民都非常反感这种行为,其中15—21岁市民选择此项的比例最高。

不同年龄段市民对此行为的态度上,2016年相比2011年(如图7-7所示),42—51岁与52岁及以上年龄的市民持反感态度的比例提高明显,其

第七章　上海市民人文价值取向状况调查与历史比较

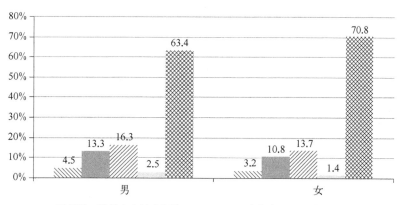

图 7-5　2011 年不同性别上海市民对虐待动物以赚钱的看法

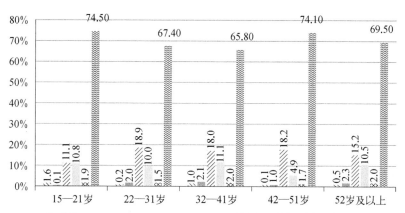

图 7-6　2016 年不同年龄上海市民对虐待动物以赚钱的看法

他年龄段比例基本保持不变,其中 22—31 岁市民对此项的选择率还下降了。

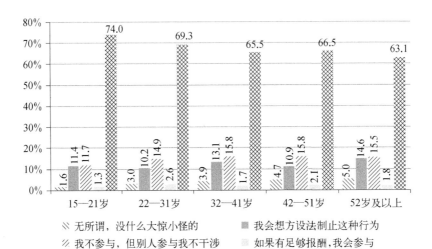

图 7-7 2011 年不同年龄上海市民对虐待动物以赚钱的看法

3. 市民认知的职业或身份差异及比较

从图 7-8 可以看出,大部分上海市民对于虐待动物很反感。学生、机关、党群组织、企业事业单位办事人员等对这种行为反感的比例较高,分别为 74.1%、73.6%,而产业工人和农业劳动者对虐待动物行为持反感态度的比例较低,分别为 56.4%、51.4%。同时,我们注意到,机关、党群组织、企业事业单位负责人以及专业技术人员(含教师)持这种态度的比例也不高,值得我们反思。

不同职业或身份市民对此事的态度,与 2011 年相比(如图 7-9 所示),大部分职业或不同身份人士对此持反感态度的比例都有所提升。但专业技术人员(含教师)、产业工人、农业劳动者持反感态度的比例下降了,值得我们进一步反思。

第七章 上海市民人文价值取向状况调查与历史比较

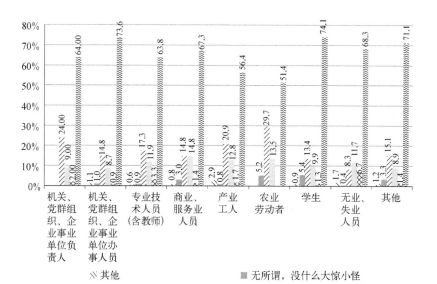

图 7-8 2016 年不同职业或身份上海市民对虐待动物以赚钱的看法

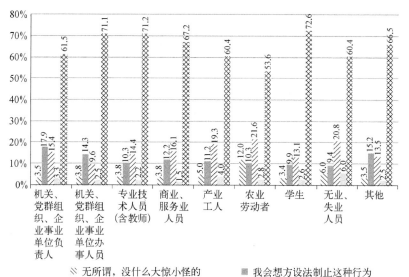

图 7-9 2011 年不同职业上海市民对虐待动物以赚钱的看法

二、上海市民关于纳税义务观的认知

(一) 上海市民关于纳税义务观的认知状况及历史比较

如图7-10所示,2016年,在调查个人对纳税的看法时,有61.3%的市民认为"纳税是应尽义务,但我们也有监督税收是否'用之于民'的权利";有22.5%的市民认为"纳税是应尽的义务,不需要其他理由"。这反映出超过八成的市民对于自己的义务和权利有全面、正确的认识。有6.3%的市民认为"纳税有可能被政府或'贪官'乱花,所以不应该纳税",9.9%的市民认为"钱是自己辛苦赚来的,纳税是不合理的",表明近两成市民依然不具备正确的纳税义务观。

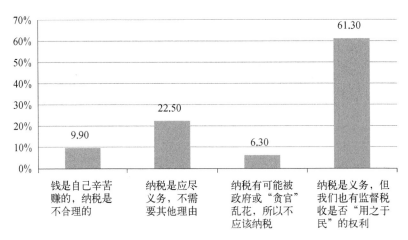

图7-10 2016年上海市民对于个人纳税的看法

相比2011年(如图7-11所示),2016年调查数据显示,市民对于纳税的义务和权利的正确认识略有提升,但仍有近两成的市民对此抱有消极抵触情绪,需要继续加强教育,正确对待纳税义务。

第七章　上海市民人文价值取向状况调查与历史比较

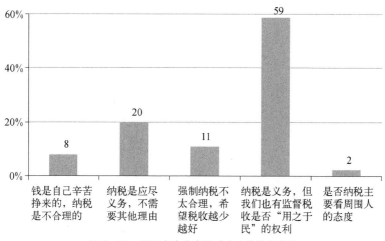

图 7-11　2011 年上海市民对个人纳税的看法

（二）上海市民关于纳税义务观认知状况的群体差异及历史比较

1. 市民认知的性别差异及比较

如图 7-12 所示，大部分上海市民都认为"纳税是应尽义务，但我们也有

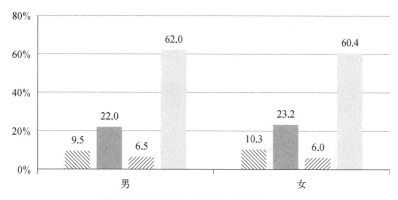

▨ 钱是自己辛苦赚的，纳税是不合理的
■ 纳税是应尽义务，不需要其他理由
▨ 纳税有可能被政府或"贪官"乱花，所以不应该纳税
▨ 纳税是义务，但我们也有监督税收是否"用之于民"的权利

图 7-12　2016 年不同性别上海市民对纳税的看法

监督税收是否'用之于民'的权利",且持这种观点的男性占比比女性略多;男性市民中有22%的人认同"纳税是应尽的义务,不需要其他理由",其比例低于持这种观点的女性市民。总之,均有八成以上上海男性、女性市民具有良好的纳税意识。有一成左右的人认为"钱是自己赚的,纳税不合理",还有少数市民认为"纳税有可能被政府或'贪官'乱花,所以不应该纳税"。

相比2011年(如图7-13所示),2016年上海男性、女性市民的公民纳税意识都有所提升。但对于"钱是自己赚的,纳税不合理"这种不正确的纳税意识,男性、女性市民认同度也都有所提高,值得我们进一步关注。

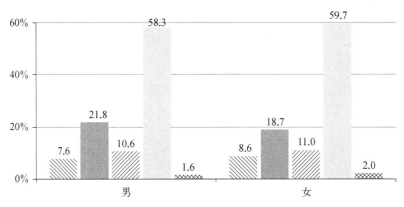

图7-13 2011年不同性别上海市民对个人纳税的看法

2. 市民认知的年龄差异及比较

如图7-14所示,上海市民对于"纳税是应尽义务,但我们也有监督税收是否'用之于民'的权利"的观点都有很高的认同度;其中,年轻市民对这一观点的认同度要比年龄较大的市民高,随着年龄升高持这一观点的人数比例逐渐降低,52岁及以上市民的认同度最低。而在"纳税是应尽的义务,不需要

第七章　上海市民人文价值取向状况调查与历史比较

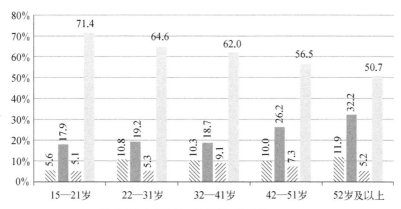

图 7-14　2016 年不同年龄上海市民对于个人纳税的看法

其他理由"的认同度上,52 岁及以上市民的认同度为 32.2%,是最高的。从总体情况来看,不同年龄段的上海市民有正确纳税意识的都高达八成以上。有少数市民认为"钱是自己赚的,纳税不合理""纳税有可能被政府或'贪官'乱花,所以不应该纳税"。

相比 2011 年(如图 7-15 所示),2016 年上海不同年龄阶段市民的纳税意识都有所提高,其中特别是 15—21 岁以及 52 岁及以上市民的纳税意识提高明显。

3. 市民认知的宗教信仰差异及比较

如图 7-16 所示,上海市民中持"纳税是义务,但我们也有监督税收是否'用之于民'的权利"观点的有宗教信仰、无宗教信仰、说不清宗教信仰市民的比例分别为 57.6%、63.3%、59.7%;无宗教信仰的市民对这一观点的认同度最高。在"纳税是应尽义务,不需要其他理由"的观点上,有宗教信仰和无宗教信仰市民的认同度要高于说不清自己有无宗教信仰的市民,但三者认同度

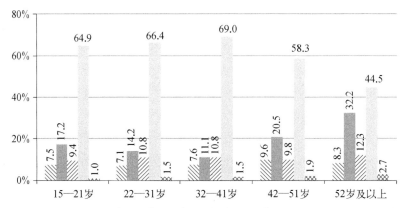

图 7-15 2011 年不同年龄上海市民对个人纳税的看法

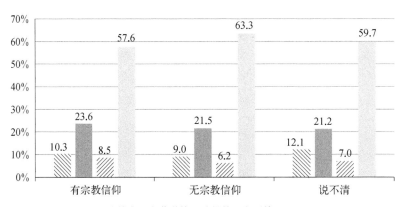

图 7-16 2016 年不同宗教信仰上海市民对个人纳税的看法

第七章 上海市民人文价值取向状况调查与历史比较

差异并不大。

大体上来看,超过八成的市民都具备了正确的纳税意识,相比之下,有宗教信仰市民的纳税意识较强。认为"钱是自己赚的,纳税不合理的""纳税有可能被政府或贪官乱花,所以不应该纳税"的市民中,说不清自己有无宗教信仰市民的选择率也是最高的,而无宗教信仰市民的选择率则是最低的。

相比 2011 年(如图 7-17 所示),2016 年上海市不同宗教信仰的市民纳税意识都有所提高,其中有宗教信仰的市民的纳税意识明显提高。

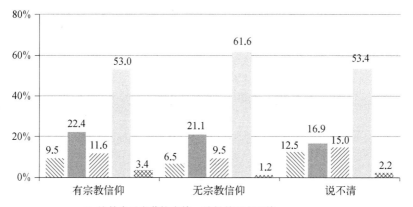

图 7-17 2011 年不同宗教信仰上海市民对个人纳税的看法

4. 市民认知的收入差异及比较

如图 7-18 所示,一半以上的市民都认为"纳税是义务,但我们也有监督税收是否'用之于民'的权利";其中,月收入为 7 001—10 000 元中的市民认同度是最高的,而 10 001 元及以上月收入的市民认同度相对最低;认同"纳税是应尽义务,不需要其他理由"的纳税意识,各收入层次比例都较高,大部分都在 20%以上。

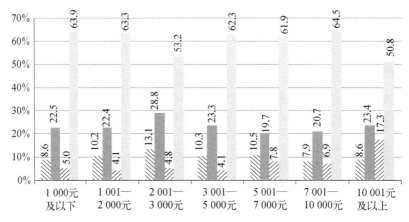

图7-18 2016年不同月收入上海市民对个人纳税的看法

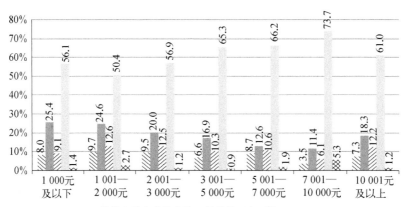

图7-19 2011年不同月收入上海市民对个人纳税的看法

总体上,上海市民中有八成左右人都能正确看待纳税的问题。同时也应注意到,约有14%—25%的不同收入的上海市民(特别是月收入在10 001元及以上的市民)对纳税的问题还存在着错误的认识。

相比2011年(如图7-19所示),2016年上海不同月收入市民的纳税意识都有所提高。其中特别是1 001—2 000元月收入市民的纳税意识提高幅度最大。

三、上海市民关于环保意识的认知

(一) 上海市民关于环保意识的认知状况及历史比较

如图7-20所示,在回答面对草地上"请勿践踏"标牌的反应时,有82%的市民会始终绕行,说明大部分的市民都有着良好的环保意识。认为"草地就是用来踩的"占3%,也就是说完全没有环保意识的市民只占极少数。但是,有5%的市民选择有人在场时不踩,10%的市民看到有人踩了自己也可能踩。这些选择率都表明,环保观念基本已经深入人心,现在关键是如何使市民能够做到知行合一。

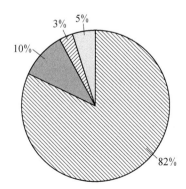

图7-20 2016年上海市民对草地"请勿践踏"标牌态度

相比2011年(如图7-21所示),2016年上海市民对于草地"请勿践踏"标牌会"始终绕行"的选择率提高了3个百分点,而"有人在场时我不会踩""看到有人踩了我也可能踩"的总选择率有所降低,这说明近五年来,上海市民的环保意识在提升。

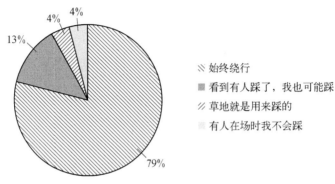

图7-21　2011年上海市民对草地"请勿践踏"标牌的态度

(二) 上海市民关于环保意识的认知状况的群体差异及历史比较

1. 市民认知的性别差异及比较

如图7-22所示,对于草地上"请勿践踏"的标牌,超过78%上海市民会选择"始终绕行",且女性市民对此观点认同的比例要高于男性市民。说明大部分上海市民不论男女都具有较好的环保意识。少数市民表示"看到有人踩了自己也会踩",其中,持这种观点的男性市民比例要略高于女性市民。市民中还有极少数人存在着"草地就是用来踩的"和"有人在场时自己不会踩"等错误观念。

相比2011年(如图7-23所示),通过对不同性别上海市民对草地"请勿踩踏"标牌的态度的调查显示,2016年不同性别上海市民的环保意识有明显提升,特别是女性市民。

第七章　上海市民人文价值取向状况调查与历史比较

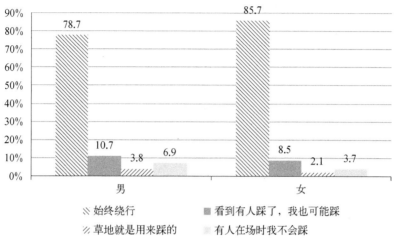

图 7-22　2016 年不同性别上海市民对草地"请勿踩踏"标牌的态度

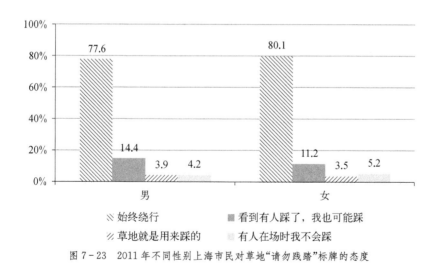

图 7-23　2011 年不同性别上海市民对草地"请勿践踏"标牌的态度

2. 市民认知的年龄差异及比较

如图 7-24 所示，上海市民对于草地上"请勿践踏"的标牌，有 79% 以上的人会选择始终绕行，其中 42—51 岁的市民选择绕行的比例最高，为 86.5%，15—21 岁、52 岁及以上的市民选择始终绕行的比例也较高，分别为

83.5%和82.1%。而22—31岁和32—42岁的市民对"看到有人踩了,自己也会踩"的认同度较高,均为10%。

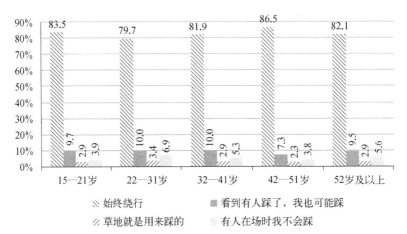

图7-24 2016年不同年龄上海市民对草地"请勿践踏"标牌的态度

这说明上海市民总体上环保意识较强,但不同年龄市民的环保意识存在一定的差距,特别要注重提高22—41岁市民的环保意识。

相比2011年(如图7-25所示),通过对上海不同年龄市民对草地"请勿践踏"标牌的反应的调查可以看出,2016年上海市民的环保意识整体上有较

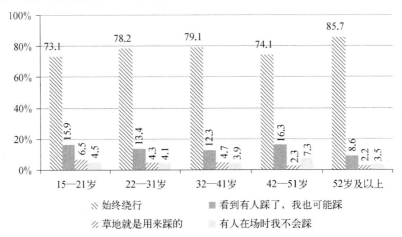

图7-25 2011年不同年龄上海市民对草地"请勿践踏"标牌的态度

第七章 上海市民人文价值取向状况调查与历史比较

大提升,值得注意的是中年市民的环保意识有待进一步提高。

3. 市民认知的政治面貌差异及比较

如图7-26所示,不同政治面貌的上海市民都具有良好的环保意识,尤其政治面貌是共产党员的市民,在看到草地上"请勿践踏"的标牌时,有83.8%的人都会选择始终绕行;与共产党员市民选择绕行的比例接近的是共青团员的市民,选择绕行的比例为83.1%。

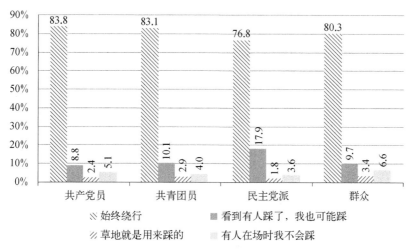

图7-26 2016年不同政治面貌上海市民对草地"请勿践踏"标牌的态度

相比2011年(如图7-27所示),2016年上海市民中政治面貌为共产党员与民主党派的市民选择始终绕行的比例有较大提升。

4. 市民认知的宗教信仰差异及比较

如图7-28所示,宗教信仰对市民的环保意识的影响不大,在看到草地上"请勿践踏"的标牌时,有宗教信仰的市民中81.2%的人会选择始终绕行,无宗教信仰的市民中82.6%的人选择绕行,而说不清自己有无宗教信仰的市民选择的比例为78.2%,这也说明在上海市民的环保意识普

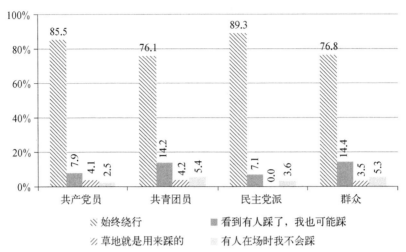

图 7-27 2011 年不同政治面貌上海市民对草地"请勿践踏"标牌的态度

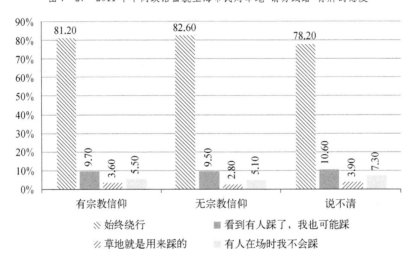

图 7-28 2016 年不同宗教信仰上海市民对草地"请勿践踏"标牌的态度

遍比较高。而说不清自己有无宗教信仰的上海市民选择"看到有人踩了，我也可能踩"的比例是最高的，为 10.6%；有或无宗教信仰的市民对这一观点的选择率相近，分别为 9.7% 或 9.5%，这说明大部分上海市民总体上都有较好的环保意识，不同宗教信仰的市民之间的环保意识并没有明显差距。

相比2011年(如图7-29所示),2016年无宗教信仰或说不清是否有宗教信仰的上海市民选择始终绕行的比例都有提升。

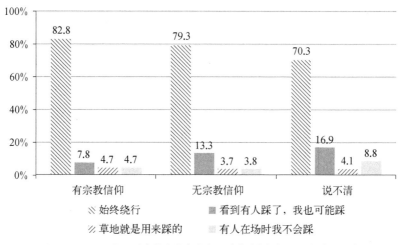

图7-29 2011年不同宗教信仰上海市民对草地"请勿践踏"标牌的态度

四、上海市民关于审美情趣的认知

(一)上海市民关于审美情趣认知状况及历史比较

如图7-30所示,2016年数据显示,在上海市民中,当被问及"选择观看一部影片,你最在意它的什么"时,市民对票房收入、明星阵营、媒体评论这些外在因素的选择率分别占8.1%、14.2%、6.2%,这三项共占28.5%。而选择内涵意蕴和艺术美感、情节趣味的比例分别占到37.2%和31.4%,由此可见上海市民更多地在乎影片的内容与质量,也可以说明上海市民有着很高的审美趣味。

相比2011年(如图7-31所示),2016年上海市民在选择观看影片时注重影片内涵意蕴和艺术美感、情节趣味的因素所占的比例均有所下降,总的下降接近10个百分点,说明越来越多的外在因素影响着上海市民的审美

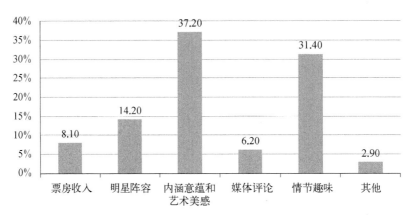

图7-30 2016年上海市民对"选择看一部电影,你最在意什么"的回答

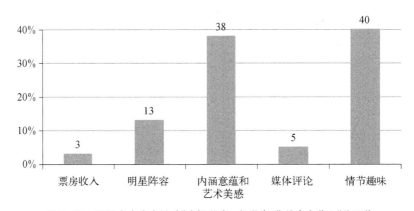

图7-31 2011年上海市民对"选择观看一部影片,你最在意什么"的回答

趣味。

(二) 上海市民关于审美情趣认知状况的群体差异及历史比较

1. 市民认知的性别差异及比较

如图7-32所示,在"选择观看一部影片,你最在意什么"时,39.2%的男性市民选择内涵意蕴和艺术美感,女性市民选择内涵意蕴和艺术美感的为35.1%;男女市民对影片的"内涵意蕴和艺术美感"这一因素要求最高;男性

市民的选择情节趣味比例为32.2%,女性为30.3%;这说明男性和女性市民都有较高的审美趣味,男性市民对影片的审美趣味要略高于女性市民。而女性市民选择影片的票房收入、明显阵容均高于男性市民;值得注意的是,无论男性市民还是女性市民对媒体评价及其他因素的关注度都不太高。

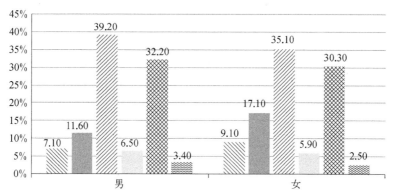

图7-32 2016年不同性别上海市民对"选择看一部电影,你最在意什么"的回答

相比2011年(如图7-33所示),2016年的上海市民对内涵意蕴和艺术美感、情节趣味的总的关注度有所降低,这也说明上海市民的审美趣味受到其他因素影响的可能性变大,特别是女性市民更是如此。

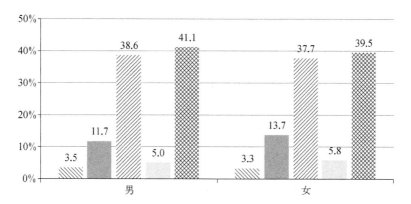

图7-33 2011年不同性别的上海市民对"选择观看一部影片,你最在意什么"的回答

2. 市民认知的年龄差异及比较

如图7-34所示,在"选择看一部电影,你最在意什么"时,各年龄段的市民对影片的内涵意蕴和艺术美感的关注均超过33%,这说明各个年龄阶段市民都非常注重自己的审美趣味,并且15—21岁和52岁及其以上市民的审美趣味更高,而32—41岁的市民审美趣味稍低。对于情节趣味的关注,是上海不同年龄阶段市民观看影片时关注的第二大因素,并且年龄和关注度呈现负相关,即年龄越小,对情节趣味的关注度也就越高,其中,15—21岁的市民的关注度最高,为37%;而52岁及以上的市民关注度最低,为27.2%。

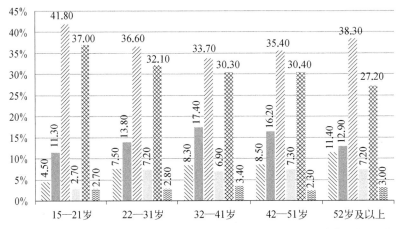

图7-34 2016年不同年龄上海市民对"选择看一部电影,你最在意什么"的回答

相比2011年(如图7-35所示),2016年15—31岁年龄段市民对内涵意蕴和艺术美感的选择率上升,而32岁及以上市民的选择率下降了。

3. 市民认知的政治面貌差异及比较

如图7-36所示,共产党员和共青团员对内涵意蕴和艺术美感的关注度最高,分别为44.8%和39.6%,而群众对内涵意蕴和艺术美感的关注度相对较低,为30.6%。对于情节趣味的关注,不同政治面貌市民的差异较小,均

第七章 上海市民人文价值取向状况调查与历史比较

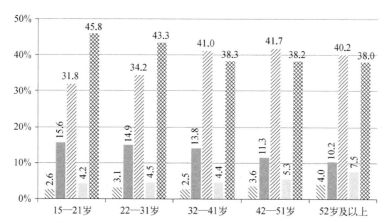

图 7-35 2011 年不同年龄上海市民对"选择观看一部影片,你最在意什么"的回答

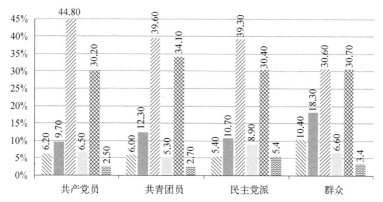

图 7-36 2016 年不同政治面貌上海市民对"选择看一部电影,你最在意什么"的回答

在 30% 左右,其中共青团员对情节趣味的关注度最高,这也与共青团员的年龄普遍较小有关。从总体看来,上海市民都有较高的审美趣味,其中共产党员的审美趣味较高。

2016 年的数据与 2011 年(如图 7-37 所示)相比,2016 年不同政治面貌上海市民对影片的"情节趣味"和"内涵意蕴和艺术美感"仍然有较高的关注度,在 30% 和 40% 左右,2011 年的"内涵意蕴和艺术美感"最高达到

67.90%。"明星阵容"的关注度明显升高了,从2011年的最高占比15.50%到2016年的18.30%。

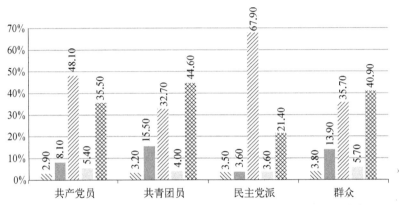

图7-37 2011年不同政治面貌上海市民对"选择观看一部影片,你最在意什么"的回答

4. 市民认知的收入差异及比较

如图7-38所示,不同月收入的上海市民主要关注的是内涵意蕴、艺术美感和情节趣味。其中,对内涵意蕴和艺术美感的关注度,不同月收入市民的关注度在29.9%—43.2%;月收入在1 000元及以下的市民对内涵意蕴和艺术美感关注度最高,达到了43.2%,与这一月收入群体多为学生相关,其次是月收入在7 001—10 000元的市民对内涵意蕴和艺术美感的关注度达到了41.4%。而对于情节趣味,不同月收入市民的关注度相差不多。值得注意的是,月收入在3 001—5 000元的市民对明星阵容的关注度最高,为17.9%,其次是月收入在10 001元及以上的市民,对此的关注度达到了16.2%。不同月收入的上海市民均不太关注媒体评论和票房收入。

相比2011年(如图7-39所示),不同月收入的上海市民对观看影片最为关注的因素没有大的变化,从2016年的调查数据来看,关注点出现了从"情节趣味"向"内涵意蕴和艺术美感"转变的趋势。

第七章 上海市民人文价值取向状况调查与历史比较

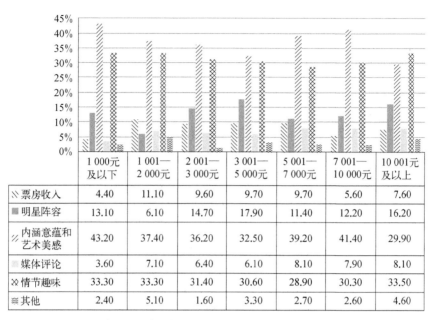

图 7-38 2016 年不同月收入上海市民对"选择看一部电影,你最在意什么"的回答

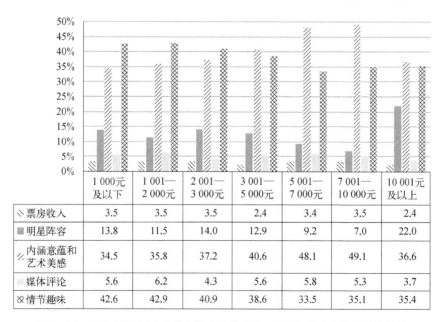

图 7-39 2011 年不同收入上海市民对"选择观看一部影片,你最在意什么"的回答

五、上海市民关于公共道德修养的认知

(一) 上海市民关于公共道德修养的认知状况及历史比较

如图7-40所示,当看见摔倒在地上的老人时,有34.5%的市民会出于本能去扶起老人,不会考虑很多;23.5%的市民虽然会考虑到可能被讹,但认为讹人毕竟是少数,理性决策的结果还是会扶起老人;26.5%的市民在有人作证的情况下愿意上前扶。也就是说八成以上的市民看见摔倒在地上的老人还是会去扶,并不因为现实中确实有讹人情况的发生而不去扶倒地的老人,这说明大多数上海市民具有良好的个人品质。只有7.2%和8.4%的人因为被负面情况所影响或"从来不管闲事",从来都不会去扶人。

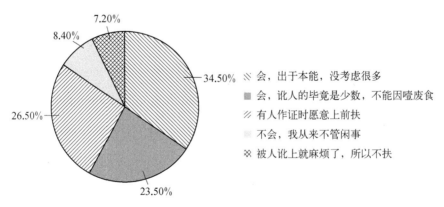

图7-40　2016年上海市民对是否帮扶老人问题的选择

相比2011年(如图7-41所示),2016年上海市民中出于本能会去扶老人的市民由2011年的47%下降到2016年的34.5%,而认为讹人的毕竟是少数和有人作证时愿意上前扶的总选择率上升到50%(2011年仅有38%),这也说明人们具有良好的个人品质,但也需要完善的社会制度去保障善心与善举。

第七章　上海市民人文价值取向状况调查与历史比较

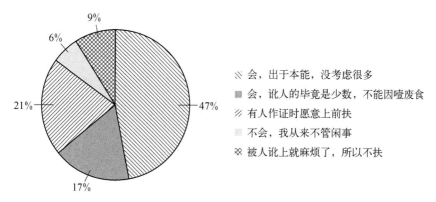

图 7-41　2011 年上海市民对是否帮扶老人问题的选择

（二）上海市民关于公共道德修养认知状况的群体差异及历史比较

1. 市民认知的性别差异及比较

如图 7-42 所示，对于摔倒在地上的老人，男性市民中有 32.4% 的人会

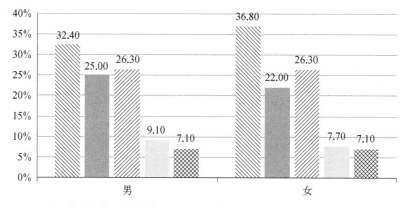

图 7-42　2016 年不同性别上海市民对是否帮扶老人问题的选择

出于本能,没有考虑很多,就上前扶起老人,女性市民中有36.8%的人也会出于这种原因上前扶起老人;男性和女性市民中分别有25%、22%的人认为"讹人的毕竟是少数",还是会扶起老人;而男性、女性市民中均有26.3%的人在有人作证的情况下愿意上去扶老人。总体看来,虽然有顾虑,但仍然有八成以上的上海市民愿意去扶老人。在扶老人问题上,女性相较于男性则更为感性,表现出更容易出于情感或本能去扶老人。

相比2011年(如图7-43所示),不同性别市民出于本能去扶老人的选择率在2016年均有所降低,而认为讹人的毕竟是少数和选择有人作证时愿意上前扶的市民比例则上升了(男性达到51.3%,女性达到48.3%,2011年则为38.9%和35.9%),这同样说明了人们的担忧和对社会诚信问题调解机制的盼望。

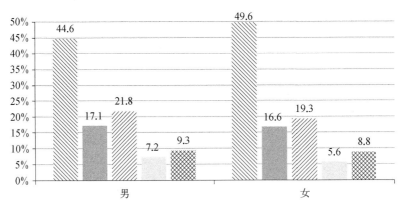

※ 会,出于本能,没考虑很多　　■ 会,讹人的毕竟是少数,不能因噎废食
※ 有人作证时愿意上前扶　　　　□ 不会,我从来不管闲事
※ 被人讹上就麻烦了,所以不扶

图7-43　2011年不同性别上海市民对是否帮扶老人问题的选择

2. 市民认知的年龄差异及比较

如图7-44所示,对于摔倒在地上的老人,各年龄段的上海市民中有29.4%—43%的人会出于本能,不会考虑太多,上前将老人扶起;其中,42岁

第七章 上海市民人文价值取向状况调查与历史比较

及以上的市民出于这种考虑的占比相对较高,均有40%以上。相信讹人的毕竟是少数,仍会上前扶起老人的市民中,15—21岁年龄段的选择率最高,达31.3%。值得注意的是,各个年龄阶段的市民有23.9%—28.4%的人在有人作证的情况下会去扶老人,这表现出人们的善行受到社会不良风气的影响,从而表现出了理性的一面。

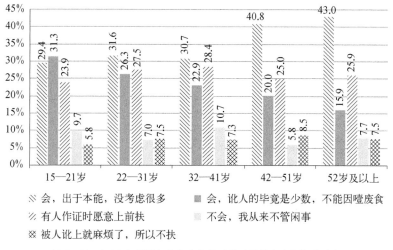

图7-44 2016年不同年龄上海市民对是否帮扶老人问题的选择

相比2011年(如图7-45所示),对于"摔倒在地上的老人",2016年上海各个年龄阶段的市民出于本能去扶摔倒老人的比例均大幅降低,这也反映出上海市民出于本能的善行受到社会不良事件的影响而有所降低。不过,各个年龄阶段市民对有人作证愿意去扶老人的选择率在2016年均有所上升,尤其是15—31岁年龄段市民对此的选择率增幅较大。

3. 市民认知的政治面貌差异及比较

如图7-46所示,上海市民中对于摔倒在地上的老人,选择出于本能,不会考虑很多愿意去扶起老人的比例如下:共产党员为36.7%、共青团员为31.9%,民主党派和群众则分别为32.7%和34.8%。表示有人作证时愿意

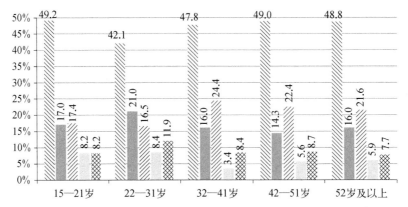

图 7-45　2011 年不同年龄上海市民对是否帮扶老人问题的选择

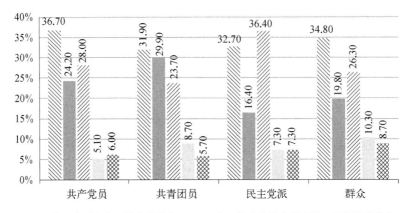

图 7-46　2016 年不同政治面貌上海市民对是否帮扶老人问题的选择

第七章　上海市民人文价值取向状况调查与历史比较

上前去扶老人的选择率最高的是在民主党派,为36.4%,而共青团员对此的选择率最低,为23.7%。

相比2011年(如图7-47所示),2016年上海不同政治面貌的市民出于本能去扶老人的比例均有所下降,特别是共产党员,由2011年的51.9%下降到36.7%,有人作证时愿意去扶老人的选择率在2016年均有所上升,民主党派市民提高的比例最大,增加了18.5个百分点。

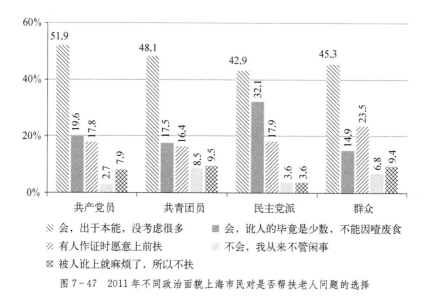

图7-47　2011年不同政治面貌上海市民对是否帮扶老人问题的选择

4. 市民认知的宗教信仰差异及比较

如图7-48所示,有宗教信仰的市民中出于本能,愿意扶老人的比例为38.8%,要远高于无宗教信仰的市民和对自己有无宗教信仰说不清的市民;但在相信讹人的毕竟是少数,仍会上前扶起老人选择上要低于无宗教信仰和说不清自己有无宗教信仰的市民。说不清自己有无宗教信仰的市民在有人作证下会上前扶起老人的比例为25.8%,要低于有宗教信仰和无宗教信仰的市民。

总体上,大部分上海市民都具有良好的思想道德品质,整体上有或无宗教信仰的市民的道德品质要高于说不清自己是否有宗教信仰的市民。但也

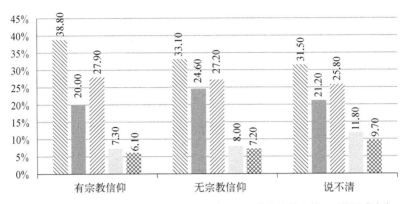

图 7-48 2016 年不同宗教信仰上海市民对是否帮扶老人问题的选择

有少数人看到老人摔倒,不愿上去扶,人情的淡漠和人文关怀的丢失,要引起大家的注意。

相比 2011 年(如图 7-49 所示),2016 年不同宗教信仰的上海市民选择出于本能去扶老人的比例均有较大幅度降低,特别是有宗教信仰的市民的选

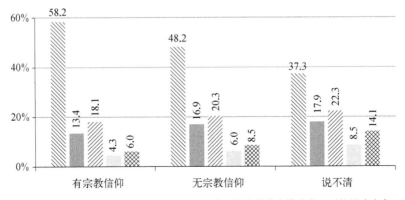

图 7-49 2011 年不同宗教信仰上海市民对是否帮扶老人问题的选择

择率下降近20个百分点,这部分市民基本上改为选择"有人作证时愿意上前去扶老人"。在不同宗教信仰的上海市民中认为"讹人是少数,仍愿意去扶老人"的比例有所上升,说明人们内心仍然保有善良的愿望,当然,更多人强化了自我保护意识。

六、上海市民关于成功观的认知

(一)上海市民关于成功观认知状况及历史比较

如图7-50所示,上海市民把自身能力、性格看成是自己成功与失败的最关键因素,自身因素在成功与失败中均为首要因素,表明市民的自主能力和自我负责意识比较成熟。在列举获得成功的关键因素中,50.2%的人认为是因为自己能力和性格;19%的人认为靠机遇,14.3%的人认为由社会环境决定。

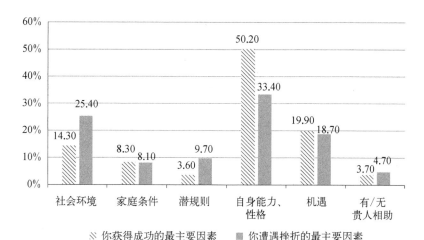

图7-50 2016年上海市民对获得成功和遭受挫折最主要因素问题的选择

在列举自己遭遇挫折时的最主要原因时,33.4%的人认为是自己能力性格所致,25.4%的人认为是社会环境造成的,18.7%的人认为是机遇不好。

这说明市民对自己成功或挫折进行归因时存在一定的偏差：成功多靠自己，挫折多因自己与社会。

相比2011年(如图7-51所示),2016年上海市民认为获得成功的原因，认为是自身与社会的选择率都略有上升,认为是靠机遇的选择率明显下降。关于遭遇挫折的原因,认为是自己能力不足所致的选择率下降了4.6个百分点,认为社会环境所致的选择率下降了7.6个百分点,认为是机遇不好的选择率上升0.7个百分点。

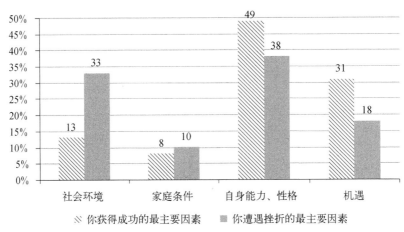

图7-51　2011年上海市民对获得成功和遭受挫折最主要因素问题的选择

(二) 上海市民关于成功观认知状况的群体差异及历史比较

1. 市民成功观认知的性别差异及比较

(1) 市民看待成功的性别差异及比较

如图7-52所示,在谈到成功的因素时,51.4%的男性市民认为成功是与自身的能力和性格分不开, 49.1%的女性市民也有同样的看法。除了自身的能力、性格以外,机遇也是影响成功的重要因素,男性市民中有20.2%的人选择了机遇,女性市民中有19.3%的人将机遇看作影响成功的因素;第三主要因素,男性、女性都认为是社会环境。从总体上看,市民主要还是认为自身能力、性格和机遇是影响个人取得成功的重要因素。

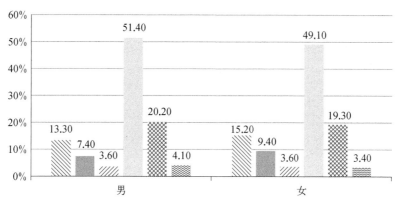

图 7-52 2016 年不同性别上海市民看待成功的态度

相比 2011 年(如图 7-53 所示),2016 年认为成功与自身的能力和性格分不开的男性、女性的比例都有所上升,将机遇看作影响成功的因素的选择率都明显下降。

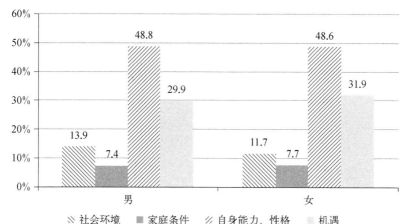

图 7-53 2011 年不同性别上海市民看待成功的态度

(2) 市民看待挫折的性别差异及比较

如图 7-54 所示,在谈到导致失败或挫折的因素时,男性市民中 33.7%的人认为与自身的能力和性格有关,32.6%的女性市民认同这个说法。除了自身的能力、性格等内在因素导致失败或挫折外,男性市民和女性市民中分别 27.1%与 23.7%的人选择了社会环境,选择机遇的男性和女性各有 16.4%、21.3%。大部分上海市民将个人的挫折或失败的原因都归结于客观因素。

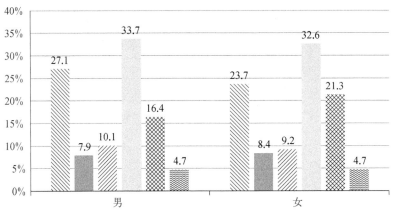

图 7-54 2016 年不同性别上海市民看待挫折的态度

相比 2011 年(如图 7-55 所示),2016 年男性、女性看待挫折的态度,认为与自身的能力和性格有关的比例都有所下降,认为是社会环境造成的选择率各有 6.3 个百分点与 9.7 个百分点的降幅。上海市民认为导致挫折的主要因素更趋多元化。

2. 市民成功观的年龄差异及比较

(1) 市民看待成功的年龄差异及比较

如图 7-56 所示,在看待成功的因素时,15—41 岁的市民中选择自身的能力、性格的比例较高,均在 50%以上;但随着年龄的升高,市民中认为自身

第七章　上海市民人文价值取向状况调查与历史比较

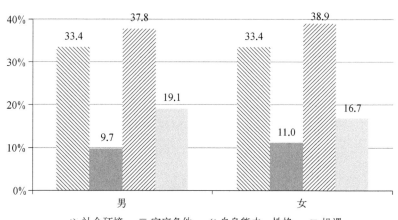

图 7-55　2011 年不同性别上海市民看待失败或挫折的态度

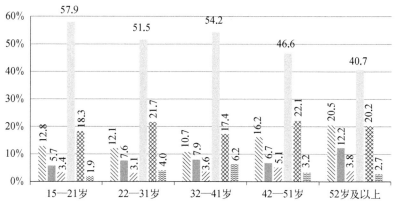

图 7-56　2016 年不同年龄上海市民看待成功的态度

能力和性格等内在因素促进个人成功的比例反而降低了，52 岁及以上的市民中认为成功主要基于自身能力、性格因素的比例为 40.7%。各个年龄段市民中有 20% 左右的人选择机遇是促使个人成功的因素，除机遇因素外，上海市民中还有一部分人认为个人的成功与社会环境有关，特别是在 52 岁及以上的市民对此的选择率较高。从总体上看，每个年龄段市民主要还是认为自身能力、性格等是影响个人取得成功的重要因素。

相比2011年(如图7-57所示),2016年上海市民看待成功因素,除22—31岁年龄段市民外,其余年龄段市民选择自身能力、性格的比例稍有提升,而各个年龄段市民认为促进个人成功的原因是机遇的比例都有明显下降。

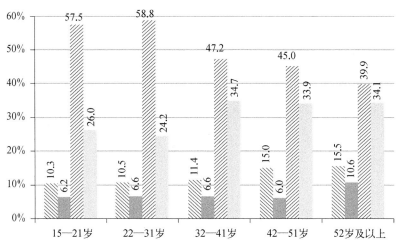

图7-57　2011年不同年龄上海市民看待成功的态度

(2) 市民看待挫折的年龄差异及比较

如图7-58所示,在看待失败或挫折的因素时,每个年龄段的市民都认为主要是自身能力、性格与社会环境导致了失败和挫折。相对来说,42—51岁的市民,选择自身能力、性格的比例较低,为27.1%,并将最主要原因归于社会环境,选择率为30%。上海市民看待自身遭遇挫折的原因相对理性、多元。

相比2011年(如图7-59所示),2016年上海市民在看待失败或挫折的因素时,除52岁及以上市民外,其余年龄段的市民选择主要是自身能力、性格的比例有明显下降,所有年龄段市民选择社会环境的比例也明显下降。

第七章 上海市民人文价值取向状况调查与历史比较

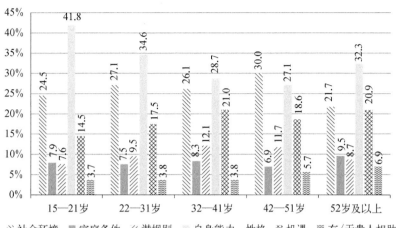

图 7-58 2016 年不同年龄上海市民看待挫折的态度

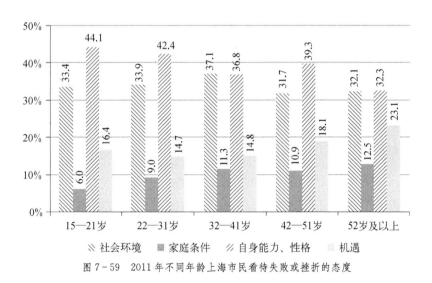

图 7-59 2011 年不同年龄上海市民看待失败或挫折的态度

3. 市民成功观的政治面貌差异及比较

(1) 市民看待成功的政治面貌差异及比较

如图 7-60 所示,在总结成功的因素时,政治面貌对市民的价值观有很大的影响。政治面貌为共产党员、共青团员、民主党派的市民中有超过一半的人都认为个人的成功应该取决于自身能力、性格,而政治面貌为群众的市民中认同这种观点的比例不高,为45.1%。应该看到社会环境、机遇和家庭条件同样也是影响一个人成功的重要因素,但政治面貌为群众的市民相比其他政治面貌的市民更看重社会环境和家庭条件等因素,这样往往会忽视对自身能力的培养与提升,在自己遭受失败和挫折时,易产生对社会不满的情绪。

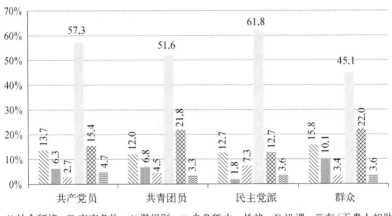

图7-60 2016年不同政治面貌上海市民看待成功的态度

相比2011年(如图7-61所示),2016年民主党派市民成功的主要原因归因于自身能力、性格的比例明显增长,升高了21.1个百分点,共青团员认为成功主要原因是自身能力、性格的人员比例降低了7.6个百分点。

(2) 市民看待挫折的政治面貌差异及比较

如图7-62所示,在寻找导致个人失败或挫折的因素时,政治面貌是共青团员和共产党员的市民主要将失败或挫折的原因归结于自身能力不足和性格,主动地从自身找原因,这种对待失败或挫折的态度是值得鼓励的,虽然政治面貌为民主党派和群众中有相当一部分市民认为自身能力、性格等内在因素导致失败或挫折,但相对于共产党员和共青团员来说比例较低。其中,有40%的民主党派市民将失败或挫折的因素归结于社会环境,这样的观念

第七章 上海市民人文价值取向状况调查与历史比较

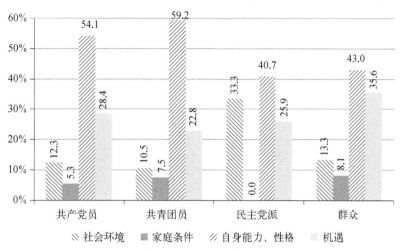

图 7-61 2011 年不同政治面貌上海市民看待成功的态度

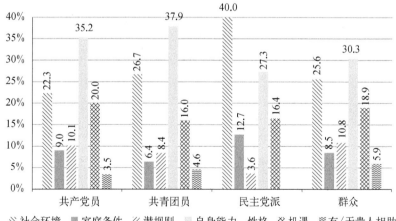

图 7-62 2016 年不同政治面貌上海市民看待挫折的态度

在社会上也是占有相当比例的,不可忽视。

相比 2011 年(如图 7-63 所示),2016 年不同政治面貌市民看待失败或挫折的因素选择自身能力、性格的比例都下降了。认为是社会环境因素的选择率除了民主党派市民外,这一比例都明显下降。

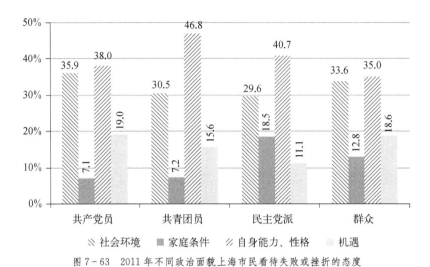

图 7-63　2011 年不同政治面貌上海市民看待失败或挫折的态度

4. 市民成功观的收入差异及比较

(1) 市民看待成功的收入差异及比较

如图 7-64 所示,在归结成功的因素时,月收入在 1 000 元及以下、1 001—2 000 元、5 001 元及以上的市民中都有超过 50% 的人认为自身能力、性格是影响成功的关键因素。其中,月收入在 1 000 元及以下的市民选择此项的比例相对较高,为 57.3%。虽然社会环境、机遇和家庭条件同样也是影响成功的重要因素,但从总的情况来看,上海市民在列举成功的因素时,都非常注重自身的能力、性格。

相比 2011 年(如图 7-65 所示),2016 年上海市民看待成功的主要因素中,月收入为 2 001 元及以上的市民选择自身能力、性格的原因比例减少,而月收入在 1 000 元及以下、1 001—2 000 元的市民中选择自身能力、性格的比例明显增加。

(2) 市民看待挫折的收入差异及比较

如图 7-66 所示,在考察导致个人失败或挫折的因素时,月收入为 1 000 元及以下的市民中有 40.9% 的人将原因归结于个人自身能力和性格。月收入在 1 001—3 000 元的市民中超过 30% 的人认为导致失败或挫折是社会环境造成的。

相比 2011 年(如图 7-67 所示),2016 年,上海市民对自己遭遇挫折与失

第七章　上海市民人文价值取向状况调查与历史比较

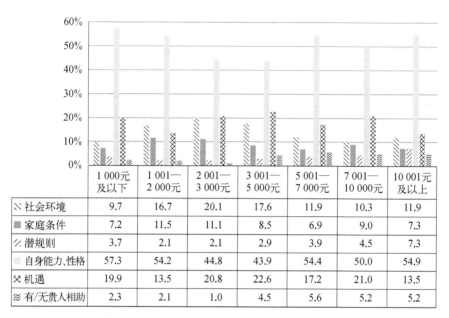

图 7-64　2016 年不同月收入上海市民看待成功的态度

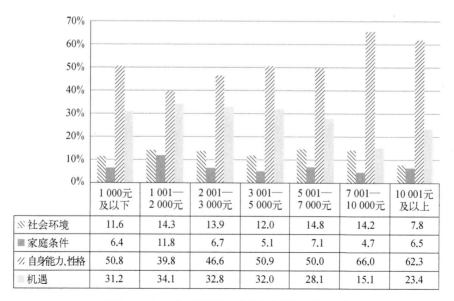

图 7-65　2011 年不同月收入上海市民看待成功的态度

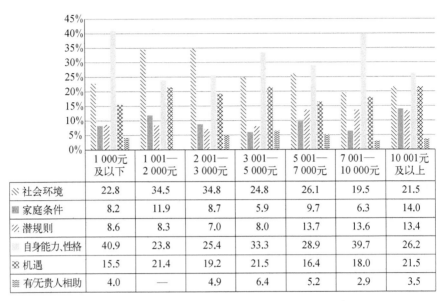

图 7-66 2016 年不同月收入上海市民看待挫折的态度

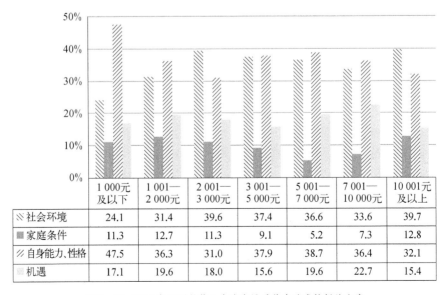

图 7-67 2011 年不同月收入上海市民看待失败或挫折的态度

败的原因分析相对更客观与全面,月收入为 2 001 元及以上的市民选择社会环境的比例下降明显,除 7 001—10 000 元的市民选择自身能力、性格的比例上升外,其余年龄段市民对此的选择率也都是下降的。

七、上海市民关于人道观念或人道精神的认知

(一) 上海市民关于人道观认知状况及历史比较

如图 7-68 所示,在"一个小偷被居民殴打,你如何看待这一事件"的调查中,有 36.7% 的市民认同"小偷很可恶,被打是罪有应得"的观念,有 30.4% 的市民认同"小偷也是人,我们不应该殴打他"的观念,两极非常明显,"持中"的选择率为 32.9%。

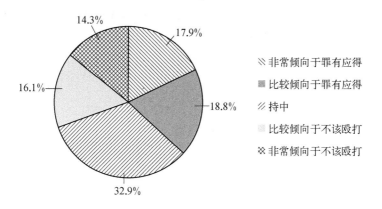

图 7-68 2016 年上海市民对"居民殴打小偷事件"的看法

相比 2011 年(如图 7-69 所示),2016 年对该问题表示认同"罪有应得"的比例下降了 3.3 个百分点,认为"不应该殴打"的比例减少了 5.6 个百分点,态度持中的比例增加了 8.9 个百分点。

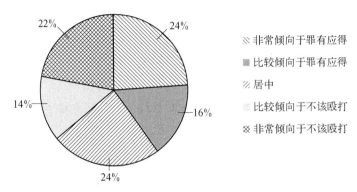

图7-69 2011年上海市民对"居民殴打小偷事件"的看法

(二)上海市民关于人道观认知状况的群体差异及历史比较

1. 市民认知的性别差异及比较

如图7-70所示,在看待小偷被打的问题上,男性市民中30.3%的人认为不应该去殴打小偷。女性市民中有30.7%的人认为不应该殴打小偷,男性、女性的选择比例相当,但在对小偷被打持居中态度的选择上,男性市民的

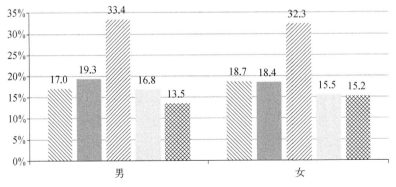

图7-70 2016年不同性别上海市民对"居民殴打小偷事件"的看法

选择率略高于于女性市民;可以看出,男性市民和女性市民中倾向殴打小偷的比例相当,均超过36%。

相比2011年(如图7-71所示),2016年男女性对看待小偷被打的问题上,认为不该殴打与倾向于殴打小偷的男性、女性市民的选择率都有5个百分点左右的下降,持中态度的选择率都有所升高。

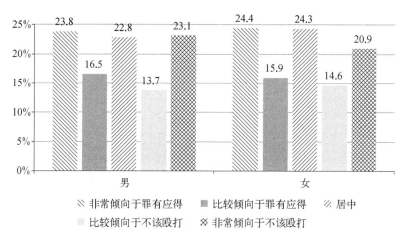

图7-71 2011年不同性别上海市民对"居民殴打小偷事件"的看法

2. 市民认知的年龄差异及比较

从图7-72可以看出,不同年龄段的市民在看待小偷被打问题上有一定的区别,随着年龄增长倾向于打小偷的比例逐渐增多,42岁及以上市民倾向于殴打小偷的比例达到了42%以上,15—21岁市民倾向于殴打小偷的比例最少。同时,42岁及以上市民中,倾向于不该殴打小偷的选择率也最少,只有28%左右。15—21岁市民倾向于不该殴打小偷的选择率最多,为34.4%。持中态度选择率随着年龄的增加而递减。

相比2011年(如图7-73所示),2016年倾向于不该殴打小偷的市民主要更集中在低年龄段。随着年龄增长,倾向于殴打小偷的选择率逐渐增加。

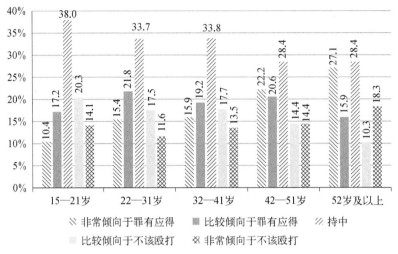

图7-72 2016年不同年龄上海市民对"居民殴打小偷事件"的看法

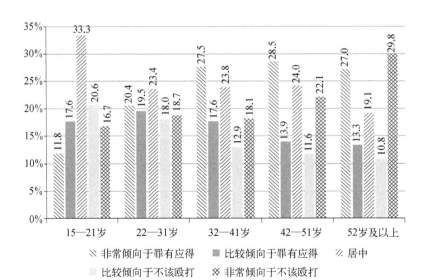

图7-73 2011年不同年龄上海市民对"居民殴打小偷事件"的看法

3. 市民认知的政治面貌差异及比较

如图7-74所示,2016年,政治面貌为民主党派的上海市民倾向于不该殴打小偷的比例最高,为38.9%。其中,共产党员中倾向不应该殴打小偷的比例是最小,为28.3%,共青团员为35.5%,群众为28.4%。

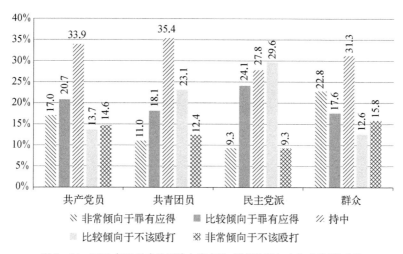

图7-74　2016年不同政治面貌上海市民对"居民殴打小偷事件"的看法

相比2011年(如图7-75所示),2016年倾向于不该打小偷的民主党派市民比例增加了6.8个百分点,而选择该打小偷的比例减少最多的是共青团员,减少了4.9个百分点。党员与群众选择持中态度的比例上升明显。

4. 市民认知的居住地差异及比较

如图7-76所示,居住地对市民的人道观念的影响不太明显。在看待小偷被打的问题上,来自农村的市民中有33.3%的人不同意殴打小偷,而来自城镇的市民中有30.1%的人持这样的观点,两者之间的差距不大。

相比2011年(如图7-77所示),2016年居住地为农村与城镇的市民支持不该殴打小偷的比例都有下降,尤其来自农村的市民持此态度减少,明显下降了15.3个百分点。选择持中的比例均有显著上升。

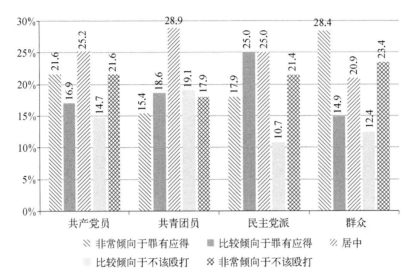

图 7-75 2011 年不同政治面貌上海市民对"居民殴打小偷事件"的看法

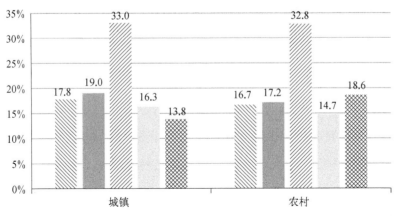

图 7-76 2016 年不同居住地上海市民对"居民殴打小偷事件"的看法

第七章　上海市民人文价值取向状况调查与历史比较

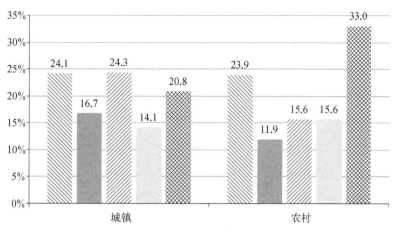

图7-77　2011年不同居住地上海市民对"居民殴打小偷事件"的看法

八、上海市民关于个性意识的认知

（一）上海市民关于个性意识认知状况及历史比较

如图7-78所示，在就"走自己的路，让别人说去吧"这句名言的看法进

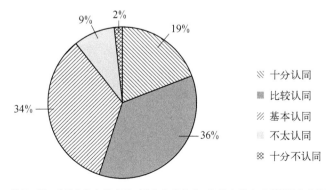

图7-78　2016年上海市民对"走自己的路，让别人说去吧"问题的选择

行调查时,上海市民中有36%的被调查者认同这句名言,十分认同者占19%,不太认同此观念的被调查者有9%,十分不认同者只占1%。这表明大多数市民具有较强的个性意识和独立精神。

相比2011年(如图7-79所示),2016年对"走自己的路,让别人说去吧"这句话表示十分认同的人比例下降2个百分点,表示不太认同的人比例下降1个百分点,比较认同的人保持不变,占36%,基本认同人也保持不变,占34%。

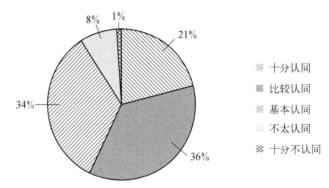

图7-79 2011年上海市民对"走自己的路,让别人说去吧"问题的选择

(二) 上海市民关于个性意识认知状况的群体差异及历史比较

1. 市民认知的性别差异及比较

如图7-80所示,针对"走自己的路,让别人说去吧"这句名言,2016年有88.8%的男性市民能够认同这句名言,女性市民中有91.9%的认同这句名言;其中,男性和女性市民中各有18.8%和19.3%的人十分认同这句话,说明上海市民的个性意识较强。

如图7-81所示,针对"走自己的路,让别人说去吧"这句名言,2011年有90.6%的男性市民能够认同这句名言,女性市民中有91.4%的人认同这句名言;其中,男性和女性市民中均有20.7%的人十分认同这句话,说明上海市民的个性意识较强。

第七章 上海市民人文价值取向状况调查与历史比较

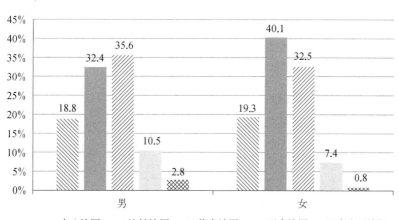

图 7-80　2016 年不同性别上海市民对"走自己的路,让别人说去吧"问题的选择

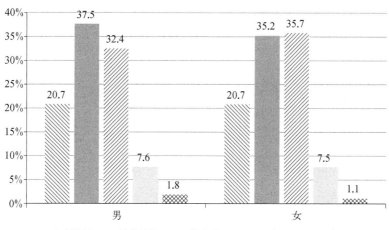

图 7-81　2011 年不同性别上海市民对"走自己的路,让别人说去吧"问题的选择

相比 2011 年(如图 7-81 所示),2016 年男性市民中不太认同这句话的比例上升 2.9 个百分点,女性中不太认同这句话的比例下降 0.1 个百分点。

2. 市民认知的宗教信仰差异及比较

如图 7-82 所示,对于"走自己的路,让别人说去吧"这句名言,2016 年有宗教信仰的市民中有86.4%的人表示能够认同,无宗教信仰的市民中有89%的人表示能够认同,而说不清自己有无宗教信仰的市民中有90.3%的人认可这句话。说明绝大部分上海市民都具有明显的个性意识,宗教信仰对市民的个性意识影响较小。

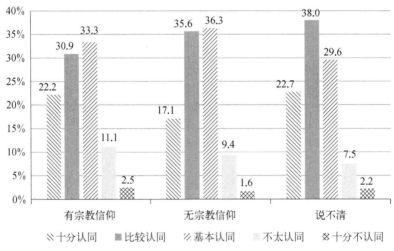

图7-82 2016年不同宗教信仰上海市民对"走自己的路,让别人说去吧"问题的选择

如图7-83所示,对于"走自己的路,让别人说去吧"这句名言,2011年有宗教信仰的市民中有90.8%的人表示能够认同,无宗教信仰的市民中有91.3%的人表示能够认同,而说不清自己有无宗教信仰的市民中有88%的人认可这句话。

相比2011年,有宗教信仰的市民表示认同的比例下降4.4个百分点,无宗教信仰的市民表示认同的比例下降2.3个百分点,说不清自己有无宗教信仰的市民表示认同的人数比例上升2.3个百分点。

3. 市民认知的文化程度差异及比较

如图7-84所示,2016年,在看待"走自己的路,让别人说去吧"这句名言时,大专(理工科)及以下文化程度的上海市民中,除小学及以下文化程度市

第七章　上海市民人文价值取向状况调查与历史比较

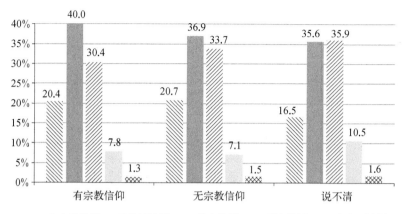

图 7-83　2011 年不同宗教信仰上海市民对"走自己的路,让别人说去吧"问题的选择

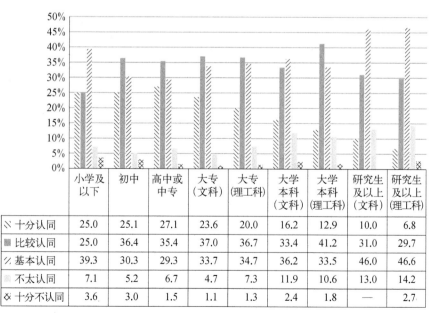

	小学及以下	初中	高中或中专	大专（文科）	大专（理工科）	大学本科（文科）	大学本科（理工科）	研究生及以上（文科）	研究生及以上（理工科）
十分认同	25.0	25.1	27.1	23.6	20.0	16.2	12.9	10.0	6.8
比较认同	25.0	36.4	35.4	37.0	36.7	33.4	41.2	31.0	29.7
基本认同	39.3	30.3	29.5	33.7	34.7	36.2	33.5	46.0	46.6
不太认同	7.1	5.2	6.7	4.7	7.3	11.9	10.6	13.0	14.2
十分不认同	3.6	3.0	1.5	1.1	1.3	2.4	1.8	—	2.7

图 7-84　2016 年不同文化程度上海市民对"走自己的路,让别人说去吧"问题的选择

民的认同度为89.3%,其余认同度均在90%以上,而大学本科(文科)及以上文化程度市民的认同度均在90%以下,其中研究生及以上(理工科)市民的不认同度达到了16.9%。从总的情况看,上海市民都具有较强的个性意识。

如图7-85所示,2011年,在看待"走自己的路,让别人说去吧"这句名言时,大专(文科)及以下文化程度的上海市民的认同度均在90%以上,大专(理工科)以上文化程度市民的认同度,除了大学本科(文科)超过90%外,其余都不到90%。

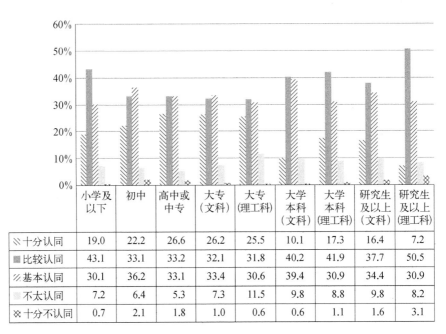

	小学及以下	初中	高中或中专	大专(文科)	大专(理工科)	大学本科(文科)	大学本科(理工科)	研究生及以上(文科)	研究生及以上(理工科)
十分认同	19.0	22.2	26.6	26.2	25.5	10.1	17.3	16.4	7.2
比较认同	43.1	33.1	33.2	32.1	31.8	40.2	41.9	37.7	50.5
基本认同	30.1	36.2	33.1	33.4	30.6	39.4	30.9	34.4	30.9
不太认同	7.2	6.4	5.3	7.3	11.5	9.8	8.8	9.8	8.2
十分不认同	0.7	2.1	1.8	1.0	0.6	0.6	1.1	1.6	3.1

图7-85 2011年不同文化程度上海市民对"走自己的路,让别人说去吧"问题的选择

相比2011年,2016年小学及以下市民对于"走自己的路,让别人说去吧"这句名言的认同比由2011年的92.2%下降到89.3%,研究生及以上文化程度市民对此话的不认同态度占比要比2011年有明显上升。

4. 市民认知的职业或身份差异及比较

如图 7-86 所示,市民在看待"走自己的路,让别人说去吧"这句名言时,2016 年数据显示,无业、失业及"其他"人员的认同度超过 93%,其余类别市民的认同度均低于 90%。农业劳动者,机关、党群组织、企业事业单位负责人对这句话十分不认同度相对较高,分别为 8.3% 和 4.1%。

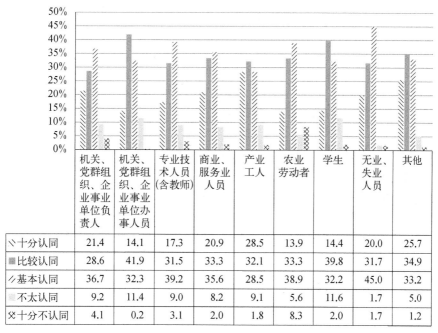

	机关、党群组织、企业事业单位负责人	机关、党群组织、企业事业单位办事人员	专业技术人员(含教师)	商业、服务业人员	产业工人	农业劳动者	学生	无业、失业人员	其他
十分认同	21.4	14.1	17.3	20.9	28.5	13.9	14.4	20.0	25.7
比较认同	28.6	41.9	31.5	33.3	32.1	33.3	39.8	31.7	34.9
基本认同	36.7	32.3	39.2	35.6	28.5	38.9	32.2	45.0	33.2
不太认同	9.2	11.4	9.0	8.2	9.1	5.6	11.6	1.7	5.0
十分不认同	4.1	0.2	3.1	2.0	1.8	8.3	2.0	1.7	1.2

图 7-86 2016 年不同职业或身份上海市民对"走自己的路,让别人说去吧"问题的选择

如图 7-87 所示,市民在看待"走自己的路,让别人说去吧"这句名言时,2011 年数据显示,农业劳动者对此话的认同度最高,为 95.7%。

相比 2011 年,2016 年不同职业身份的市民对此问题的态度出现了明显的变化。机关、党群组织、企业事业单位负责人的认同度下降了 5.4 个百分点,其他市民群体的认同度基本都有所下降。

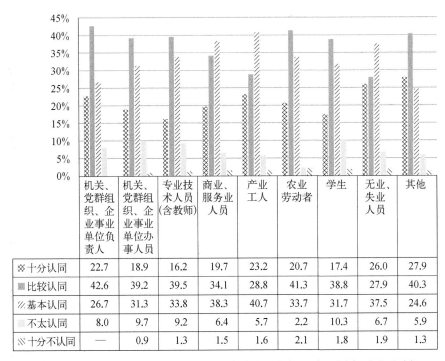

图7-87 2011年不同职业或身份上海市民对"走自己的路,让别人说去吧"问题的选择

九、上海市民关于合作意识的认知

(一) 上海市民关于合作意识认知状况及历史比较

如图7-88所示,2016年在"如果你参加一个旅行团,到某景点分散参观时意犹未尽,但规定的集合时间已到"的情景假设中,上海市民中有74.5%的被调查者选择了"克制自己,按时归队",14.5%的被调查者选择"归队但可能抱怨时间安排不合理",表明近九成的被调查者具有良好的合作意识。另有4.8%的被调查者选择"尽兴了再归队"。

如图7-89所示,2011年在"如果你参加一个旅行团,到某景点分散参观

第七章　上海市民人文价值取向状况调查与历史比较

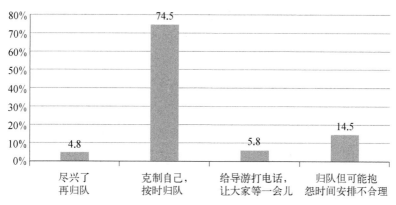

图7-88　2016年上海市民对旅游掉队处理方式的选择

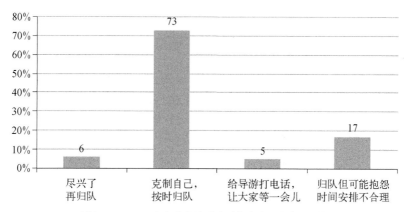

图7-89　2011年上海市民对旅游掉队处理方式的选择

时意犹未尽,但规定的集合时间已到"的情景假设中,上海市民中有73%的被调查者选择了"克制自己,按时归队",17%的被调查者选择"归队但可能抱怨时间安排不合理",另有6%的被调查者选择了"尽兴了再归队"。

相比2011年,2016年上海市民合作意识总体上略有提高,从选项上来看,选择了"克制自己,按时归队"的人比例增加了1.5个百分点,选择"归队但可能抱怨时间安排不合理"的市民比例减少了2.5个百分点。但与此同时,选择"尽兴了再归队"的人比例减少了1.2个百分点。

(二) 上海市民关于合作意识认知状况的群体差异及历史比较

1. 市民认知的性别差异及比较

从图7-90所示,市民中选择"克制自己,按时归队"的女性市民比例为76.5%,男性市民为73.2%,女性市民的选择率要略高于男性市民;男性市民和女性市民中有15.2%和14%的人选择"归队,但可能抱怨时间安排不合理";少部分市民选择"给导游打电话,让大家等一会儿"和"尽兴了再归队",其中,男性市民的选择率要略高于女性市民。

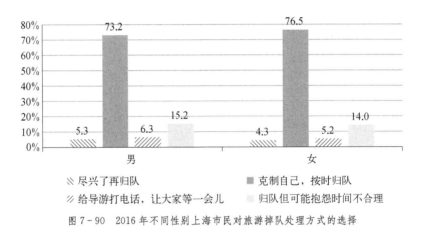

图7-90 2016年不同性别上海市民对旅游掉队处理方式的选择

从图7-91所示,2011年选择"克制自己,按时归队"的女性市民比例为72.6%,男性市民为72.5%,女性市民的选择率要略高于男性市民;男性市民和女性市民中选择"归队,但可能抱怨时间安排不合理"的比例分别为15.8%和17.8%,女性的选择率略高;少部分市民选择"给导游打电话,让大家等一会儿"和"尽兴了再归队",其中,男性市民的选择率要略高于女性市民。

相比2011年,2016年上海市民男性、女性市民的合作意识都有所提高,男性提高0.7个百分点,女性提高3.9个百分点。总体来看,上海市民中大

第七章 上海市民人文价值取向状况调查与历史比较

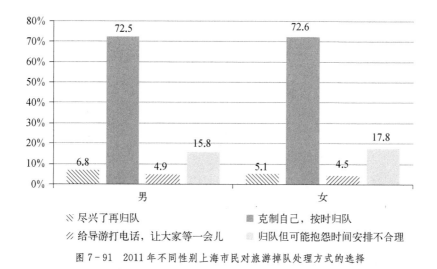

图 7-91　2011 年不同性别上海市民对旅游掉队处理方式的选择

部分人都具有良好的团队精神和合作意识，但也有少部分人的合作意识较差，且男性市民的合作意识相比女性市民要略差。

2. 市民认知的年龄差异及比较

如图 7-92 所示，2016 年，年龄在 22 岁及以上的市民中选择"克制自己，

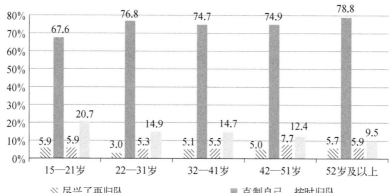

图 7-92　2016 年不同年龄上海市民对旅游掉队处理方式的选择

按时归队"的比例均超过74%,其中52岁及以上的市民中选择按时归队的比例最高,达到78.8%;而年龄在15—21岁的市民中选择按时归队的比例相对较低,为67.6%。

可以看出,市民的合作意识与年龄之间大体上呈现出一定的相关性,即年龄较大的市民,合作意识会更好。15—21岁的市民中有20.7%的人选择"归队,但可能抱怨时间安排不合理",比例最高。每个年龄段均有约10%的市民选择"给导游打电话,让大家等一会儿"和"尽兴了再归队",这一部分市民的合作意识相对较差。

如图7-93所示,2011年,年龄在32岁及以上的市民中选择"克制自己,按时归队"的比例均超过71%,其中52岁及以上的市民中选择按时归队的比例最高,达到79.1%;而年龄在15—21岁的市民中选择按时归队的比例相对较低,为66.6%。

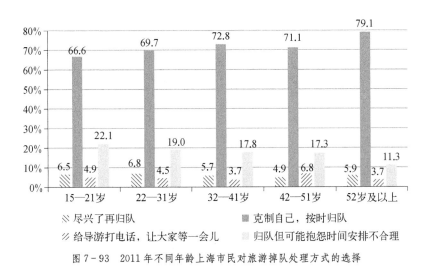

图7-93 2011年不同年龄上海市民对旅游掉队处理方式的选择

相比2011年,2016年各个年龄段上海市民表现出的合作意识变化不大,仍然保持着和年龄总体上呈正相关的趋势。同时,除52岁及以上市民选择按时归队的比例略有下降外,每个年龄段选择此项的比例都有所增加,

22—31岁的市民增幅最大,达到了7.1个百分点。

3. 市民认知的政治面貌差异及比较

如图7-94所示,2016年市民中政治面貌为共产党员、共青团员和群众的市民均有超过71%的人选择"克制自己,按时归队";其中,共产党员市民选择的比例是最高的,为78.9%,而民主党派中选择按时归队的比例相对较低,为60%。不同政治面貌的市民中选择"归队,但抱怨时间安排不合理"均超过了10%,其中,这种想法在共青团员市民中的所占的比例最高,为18.2%。不同政治面貌的市民中都有少部分人选择"给导游打电话,让大家等一会儿"和"尽兴了再归队",民主党派市民选择率最高,为29.1%,共产党员市民最低,为7.3%。

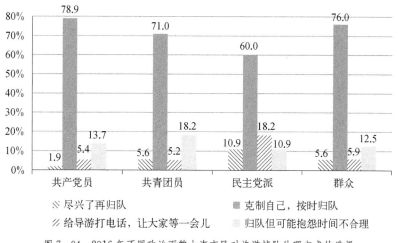

图7-94 2016年不同政治面貌上海市民对旅游掉队处理方式的选择

如图7-95所示,2011年,政治面貌为共产党员、民主党派和群众的市民中均有超过73%的人选择"克制自己,按时归队";其中,共产党员市民选择的比例是最高的,为76.2%,而共青团员市民选择按时归队的比例相对较低,为67.8%。不同政治面貌的市民中选择"归队,但抱怨时间安排不合理"

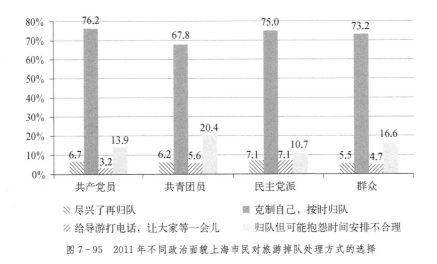

图 7-95 2011 年不同政治面貌上海市民对旅游掉队处理方式的选择

均超过了 10%，其中，这种想法在共青团员市民中所占的比例最高，为 20.4%。不同政治面貌的市民中都有少部分人选择"给导游打电话，让大家等一会儿"和"尽兴了再归队"。民主党派市民对此的选择率最高，为 14.2%，共产党员市民最低，为 9.9%。

相比 2011 年，2016 年政治面貌为民主党派的人选择"克制自己，按时归队"的比例下降 15 个百分点。

4. 市民认知的文化程度差异及比较

如图 7-96 所示，2016 年数据显示，初中文化程度的市民选择"克制自己，按时归队"的比例最高，为 80.4%。大专(文科)、大学本科(文科)文化程度的市民选择按时归队的比例也相对较高，为 77.3%、77%。小学文化程度的市民选择"按时归队"的比例最低，为 67.9%。选择"归队，但可能抱怨时间安排不合理"的比例以初中文化市民最低，仅有 8.3%，而大学本科(理工科)和研究生及以上(文科)文化程度的市民的选择率相对较高，超过了 20%。

第七章 上海市民人文价值取向状况调查与历史比较

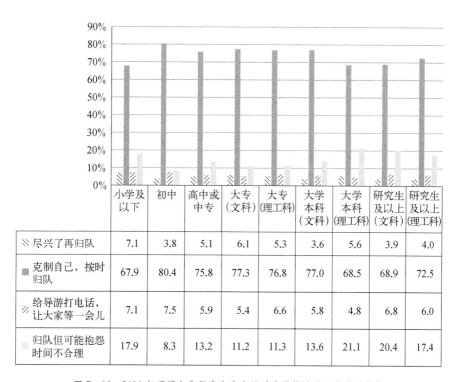

图7-96 2016年不同文化程度上海市民对旅游掉队处理方式的选择

如图7-97所示,2011年数据显示,大专(文科)文化程度的市民中选择"克制自己,按时归队"的比例最高为79.1%,大学本科(理工科)文化程度的市民选择按时归队的比例最低,为65.3%。不同文化程度的市民中选择"归队,但可能抱怨时间安排不合理"的比例以研究生及以上(文科)市民最低,为10.2%,而大学本科(理工科)市民比例相对较高,为23.7%。

相比2011年,2016年选择"克制自己,按时归队"的比例,初中文化程度的市民提高幅度最大,增加了7.1个百分点。小学及以下文化程度的市民选择按时归队的比例下降幅度最大,下降了10.6个百分点。

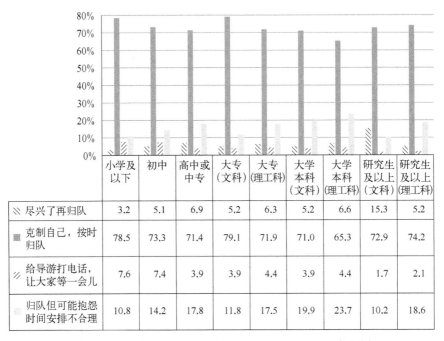

图7-97 2011年不同文化程度上海市民对旅游掉队处理方式的选择

十、上海市民关于生活价值取向的认知

上海市民关于生活价值取向认知状况及历史比较:

如图7-98所示,在财富、权力、知识、荣誉、爱情、健康、容貌、事业、家庭等价值追求中,2016年数据显示,上海市民在第一重要的选择中,健康、财富、知识、家庭四项较突出,健康独占52.5%。在第二重要选择中,家庭、健康、事业、知识四项依次被选,其中家庭占29.1%。在第三重要选择中,分别为家庭、事业、财富、知识四项。

如图7-99所示,在财富、权力、知识、荣誉、爱情、健康、容貌、事业、家庭等价值追求中,2011年数据显示,上海市民在第一重要的选择中,健康、财富、知识和家庭四项较突出,健康独占52%。在第二重要选择中,家庭、健

第七章 上海市民人文价值取向状况调查与历史比较

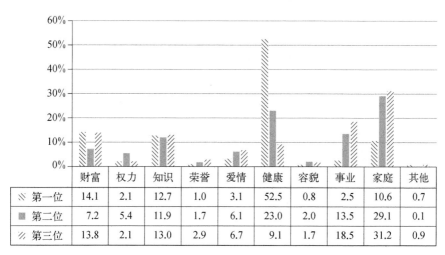

图 7-98 2016 年上海市民对"一生中最重要的三件东西"的选择

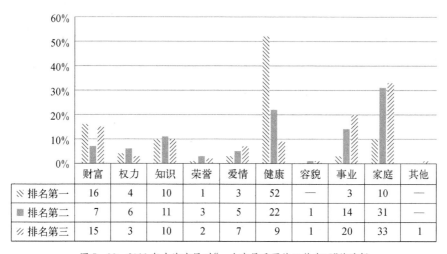

图 7-99 2011 年上海市民对"一生中最重要的三件东西"的选择

康、事业、知识四项依次被选,其中家庭占 31%。在第三重要选择中,分别为家庭、事业、财富、知识四项。

与 2011 年相比较,2016 年上海市民在关于价值取向上的认知项目所有选择排名上,基本没有变化。综合来看,健康、家庭、事业、知识、财富依然是上海市民最主要的人生价值追求。

十一、上海市民关于理想社会诉求的认知

上海市民关于理想社会诉求认知状况及历史比较：

如图7-100所示,2016年,人们对社会的认知多以稳定、繁荣、开放、自由为主要价值认知取向。什么样的社会最值得追求,最能满足人们的需要？根据题目"如果时光倒流,你最希望回到中国历史上的哪个朝代生活？为什么？"从上海市民的回答情况看,唐朝以50.2%居第一,列第二、第三、第四的是春秋战国时期、清朝和汉朝,分别占11.1%、8.3%和7.8%,其他各朝代选择率均相对较低(选择"其他"但未注明朝代的共计5.3%)。在对选择原因归纳时,我们发现,大多集中在关于唐朝强盛、经济繁荣、文化发达、社会稳定、政治清明、对外开放、能发挥才能等方面。选择清朝、汉朝的理由也是如此,选择春秋战国时期的更多倾向于能自由发挥自己的才干。这些都曲折地反映了中国市民对理想社会、美好时代的价值理解：经济繁荣、文化发达、社会稳定、政治清明、对外开放、思想自由、总体强盛。

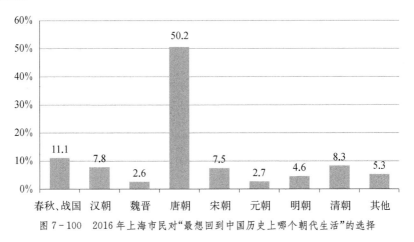

图7-100 2016年上海市民对"最想回到中国历史上哪个朝代生活"的选择

如图 7-101 所示,2011 年,上海市民的回答情况是:唐朝以 59％居第一,列第二、第三、第四的是清朝、春秋战国时期和"其他",分别占 9％、8％和 7％。

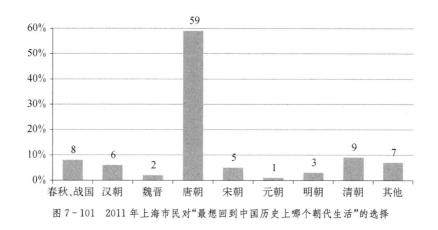

图 7-101　2011 年上海市民对"最想回到中国历史上哪个朝代生活"的选择

比较 2011 年的情况,2016 年市民的选择变化不大,选择唐朝的市民比例下降了 8.8％。

十二、上海市民关于个人价值判断的认知

上海市民关于个人价值判断认知状况及历史比较:

如图 7-102 所示,调查设计如下情境:"一艘船在海上遇险,即将沉没,船上有 10 人,但只有一只至多能乘 5 人的救生艇。这 10 个人是:73 岁的医生、患绝症的小女孩、船长、妓女、精通航海的劳改犯、弱智的男孩、青年模范工人、神父、事业成功的女企业家、你自己,你会优先选择哪 5 个人上船逃生?为什么?"借此题反映一个人的个人价值判断和人格修养、人生境界。2016 年数据显示,优先第一位上船的选择中,73 岁的医生、船长、自己、精通航海的劳改犯、患绝症的小女孩居于前列,所占比例分别是 31.6％、17.3％、16.2％、11.3％、10.3％;在第二位上船的选择中,船长、患绝症的小女孩、精

通航海的劳改犯、73岁的医生、青年模范工人居于前列;在第三位上船的选择中,青年模范工人、船长、精通航海的劳改犯、73岁的医生、事业成功的女企业家居于前列;在第四位上船的选择中,事业成功的女企业家、青年模范工人、精通航海的劳改犯、弱智的男孩、73岁的医生居于前列;在第五位上船的选择中,自己、事业成功的女企业家、青年模范工人、神父、精通航海的劳改犯于前列。

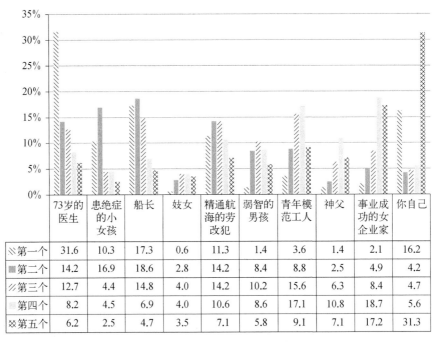

图7-102 2016年上海市民对"一艘船遇难,船有10人,但只有一只能乘5人的救生艇,选择哪5人上船"问题的选择

从所有被选对象的总选择率来看,优先第一位上船的总选择率排序是(如图7-103所示),73岁的医生、船长、自己、精通航海的劳改犯、青年模范工人、事业成功的女企业家和患绝症的小女孩,所占比率分别是72.9%、62.3%、62%、57.4%、54.2%、51.3%、38.6%。

2011年数据显示(如图7-104),优先第一位上船的选择中,73岁的医生、船长、自己、精通航海的劳改犯、患绝症的小女孩居于前列,所占比例分别

第七章 上海市民人文价值取向状况调查与历史比较

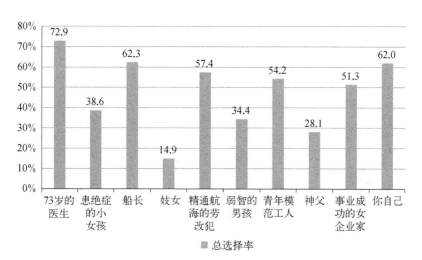

图7-103 2016年上海市民对"一艘船遇难,船有10人,但只有一只能乘5人的救生艇,选择哪5人上船"的总选择率

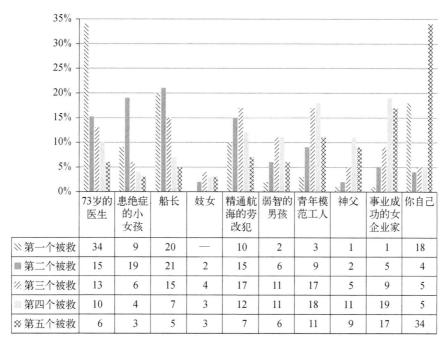

	73岁的医生	患绝症的小女孩	船长	妓女	精通航海的劳改犯	弱智的男孩	青年模范工人	神父	事业成功的女企业家	你自己
第一个被救	34	9	20	—	10	2	3	1	1	18
第二个被救	15	19	21	2	15	6	9	2	5	4
第三个被救	13	6	15	4	17	11	17	5	9	5
第四个被救	10	4	7	3	12	11	18	11	19	5
第五个被救	6	3	5	3	7	6	11	9	17	34

图7-104 2011年上海市民对"一艘船遇难,船有10人,但只有一只能乘5人的救生艇,选择哪5人上船"问题的选择

是34%、20%、18%、10%、9%;在第二位上船的选择中,船长、患绝症的小女孩、精通航海的劳改犯、73岁的医生、青年模范工人居于前列;在第三位上船的选择中,青年模范工人、精通航海的劳改犯、船长、73岁的医生、弱智的男孩。

从所有被选对象的总选择率来看(如图7-105所示),优先第一位上船的总选择率排序是,73岁的医生、船长、自己、精通航海的劳改犯、青年模范工人、事业成功的女企业家和患绝症的小女孩,所占比例分别是77%、68%、67%、61%、58%、51%、42%。

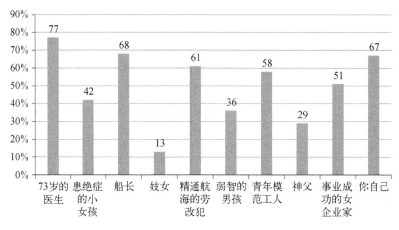

图7-105 2011年上海市民对"一艘船遇难,船有10人,但只有一只能乘5人的救生艇,选择哪5人上船"的总选择率

比较2011年数据调查,2016年关于个人价值判断的认知的调查选项,各个选项排名顺序基本未发生变化。总的选择率排序没有变化,但比例略有下降。

十三、上海市民关于超验事物的认知

(一) 上海市民关于超验事物认知状况及历史比较

如图7-106所示,2016年上海市民对"目前科学不能解释的神秘事物是否心存敬畏的回答"的调查显示,有18%的市民对之十分敬畏,29%的市民比较敬畏,41%的市民对之为"一般"的中间态度,而有5%的市民则根本不敬畏,还有7%的市民不怎么敬畏。

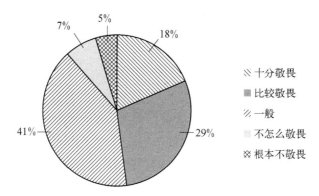

图7-106 2016年上海市民对目前科学不能解释的神秘事物是否心存敬畏的选择

相比2011年(如图7-107所示),对于"目前科学不能解释的神秘事物是否心存敬畏的回答"的调查显示,2016年,表示敬畏的市民比例明显增多,持中间态度的人员比例也增多6%。表示不敬畏的市民相比2011年减少10%。

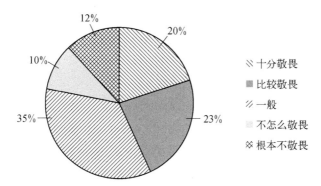

图7-107 2011年上海市民对目前科学不能解释的神秘事物是否心存敬畏的选择

(二) 上海市民关于超验事物认知状况的群体差异及历史比较

1. 市民认知的性别差异及比较

从图7-108可以看出,2016年对于"目前科学不能解释的神秘事物"的问题上,有13.1%的男性市民明确表示自己不敬畏超验的东西,而女性市民中有10.2%的人不怎么敬畏超验事物。女性市民中敬畏超验事物的比例为45.5%,要低于男性市民49.5%。

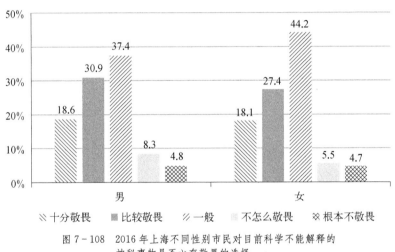

图7-108 2016年上海不同性别市民对目前科学不能解释的神秘事物是否心存敬畏的选择

从图7-109可以看出,2011年对于"目前科学不能解释的神秘事物"的问题上,有25.1%的男性市民明确表示自己不敬畏超验的东西,而女性市民中有18.3%的人不怎么敬畏超验事物。女性市民中敬畏超验事物的比例为44.9%,要高于男性市民的42.5%。

相比2011年,男性与女性市民敬畏超验事物的比例都明显增多,尤其是男性增加了7个百分点。不敬畏超验事物的市民比例明显减少,男性、女性选择率分别减少了12个百分点和8.1个百分点。

第七章　上海市民人文价值取向状况调查与历史比较

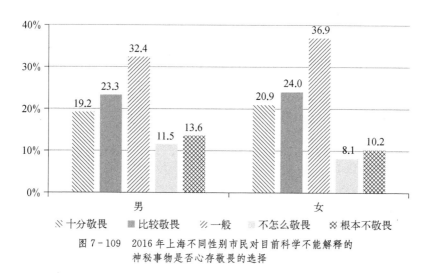

图 7-109　2016 年上海不同性别市民对目前科学不能解释的
神秘事物是否心存敬畏的选择

2. 市民认知的年龄差异及比较

如图 7-110 所示，2016 年对于"目前科学不能解释的神秘事物"的问题上，15—21 岁、22—31 岁的市民中明确表示自己敬畏超验的事物比例分别为 50.1% 和 51.8%，其中，22—31 岁及以上市民选择的比例最高，而 52

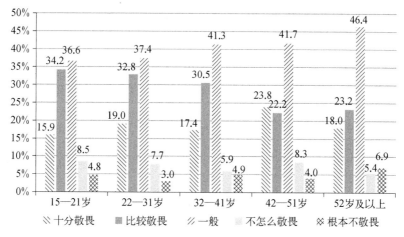

图 7-110　2016 年上海不同年龄市民对目前科学不能解释的
神秘事物是否心存敬畏的选择

岁及以上对此的认同度最低,为41.2%。而15—21岁的市民表示自己不敬畏超验事物的人员比例最高,为13.3%。随着年龄的增长,对于超验事物持中立态度的人逐渐增多,可能是随着年龄增长,人们对事物的判断更趋于稳重。

如图7-111所示,2011年对于"目前科学不能解释的神秘事物"的问题上,明确表示自己敬畏超验的事物比例最高的是15—21岁年龄段市民,为48.2%,其次是22—31岁年龄段市民,为45.2%。而52岁及以上市民表示自己不敬畏超验事物的比例最高,为25.9%。

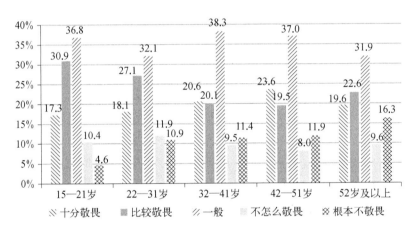

图7-111 2011年上海不同年龄市民对目前科学不能解释的
神秘事物是否心存敬畏的选择

相比2011年,2016年对超验事物表示不敬畏的市民比例明显减少,表示敬畏的市民有所增加,除15—21岁市民外,持中立态度的市民都有明显增加。值得关注的是,52岁及以上市民表示自己不敬畏超验事物的比例下降了13.6个百分点。

3. 市民认知的宗教信仰差异及比较

如图7-112所示,2016年不同信仰的市民对于"目前科学不能解释的神

第七章 上海市民人文价值取向状况调查与历史比较

秘事物"的问题上,有宗教信仰的市民表示敬畏的有55.2%,无宗教信仰的市民表示敬畏的有46.7%,说不清自己有无宗教信仰的市民表示敬畏的有49.5%。说不清自己有无宗教信仰的市民中有13.9%的人表示自己不敬畏超验的事物,比例最高;而有宗教信仰的市民中不敬畏超验事物的比例最低,为9.8%。

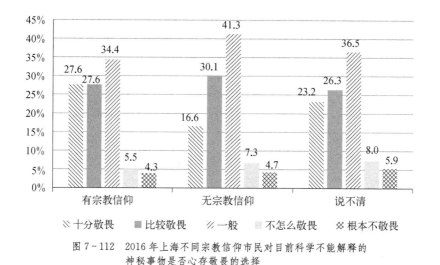

图7-112　2016年上海不同宗教信仰市民对目前科学不能解释的神秘事物是否心存敬畏的选择

如图7-113所示,2011年不同信仰的市民对于"目前科学不能解释的神秘事物"的问题上,有宗教信仰的市民表示敬畏的比例最高为55.1%,无宗教信仰的市民表示敬畏的有43.1%,说不清自己有无宗教信仰的市民表示敬畏的有42.4%。无宗教信仰的市民中表示自己不敬畏超验的事物的比例最高,为21.6%;而有宗教信仰的市民中不敬畏超验事物的比例为17.0%。

与2011年数据相比,2016年无论是否有宗教信仰,表示敬畏超验事物的市民都有所增加,特别是说不清自己有无宗教信仰的市民增加了7.1个百分点。而明确表示不敬畏超验事物的市民比例同时有所减少,无宗教信仰的市民减少的幅度最大,为9.6个百分点。

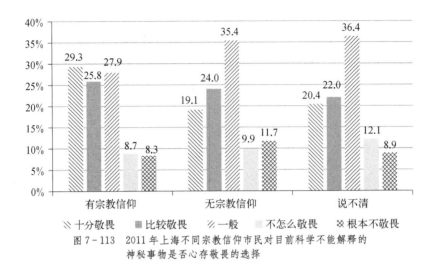

图 7-113 2011年上海不同宗教信仰市民对目前科学不能解释的神秘事物是否心存敬畏的选择

4. 市民认知的文化程度差异及比较

如图 7-114 所示,2016 年不同文化程度的市民在对待科学不能解释的超验事物的态度上有一定的差别;小学及以下和研究生及以上(理工科)文化程度的市民中不太敬畏超验事物的比例相对较高,分别为 17.9% 和 19.6%,而研究生以及上(文科)文化程度的市民中不太敬畏超验事物的比例最低,为 7.9%。大学本科(理工科)和大专(文科)市民表示敬畏的比例最高,分别为 53.9% 和 52.2%,初中文化程度市民表示敬畏的比例最低,为 31.4%。

如图 7-115 所示,2011 年不同文化程度的市民在对待科学不能解释的超验事物的态度上有一定的差别;小学及以下和研究生及以上(理工科)文化程度的市民中不太敬畏超验事物的比例相对较高,分别为 26.6% 和 28.8%,而大学本科(文科)文化程度的市民中不怎么敬畏超验事物的比例最低,为 15.6%。大学本科(理工科)表示市民敬畏的比例最高,为 50.3%,初中文化程度市民表示敬畏的比例最低,为 39.6%。

2016 年,不同文化程度的市民在对待科学不能解释的超验事物的态度

第七章 上海市民人文价值取向状况调查与历史比较

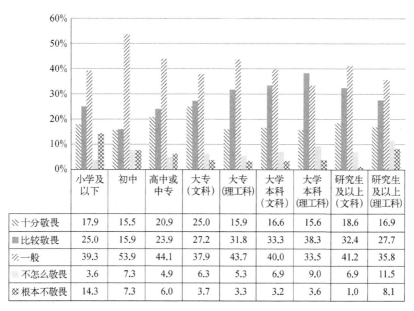

图 7-114 2016年上海不同文化程度市民对目前科学不能解释的神秘事物是否心存敬畏的选择

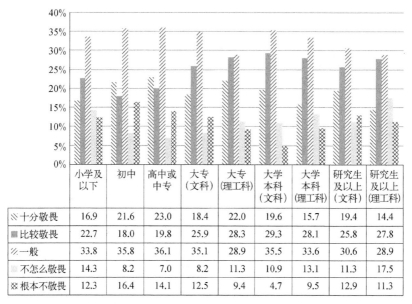

图 7-115 2011年上海不同文化程度市民对目前科学不能解释的神秘事物是否心存敬畏的选择

上有一定的变化情况：小学及以下和研究生及以上(理工科)文化程度的市民中不太敬畏超验事物的比例最高，但是比2011年分别下降了8.7个百分点和9.2个百分点；大学本科(理工科)市民表示敬畏的比例最高，为53.9%，比2011年上升了3.6个百分点。

后　记

上海市社会科学界联合会为进一步贯彻落实国务院《全民科学素养行动计划纲要(2006—2010—2020年)》，更好地履行其推动和组织社会化教育、宣传普及社会科学知识的职责，分别在2011年和2013年向社会公开征集"上海市民人文社会科学知识与素养调查报告""上海白领阶层人文社会科学知识与素养调查报告"两个重点招标项目，上海大学社会科学学部欧阳光明教授牵头的课题组承担了这两个课题的研究工作。课题组形成了《上海市民人文社会科学知识和素养调查(2011)》《上海白领阶层人文社会科学知识和素养调查(2013)》两个调查报告。

2016—2019年，在上海市高原学科建设经费支持下，课题组又开展了上海市民人文社会科学知识与素养状况的第二次抽样调查和上海白领阶层人文社会科学知识与素养状况的第二次抽样调查，并形成了《上海市民人文社会科学知识和素养调查(2016)》和《上海白领阶层人文社会科学知识和素养调查(2019)》两个调查报告。我们根据历次调查数据，对上海市民和白领群体的人文社会科学知识与素养状况进行了现状分析和历史比较，试图从纵向比较的视角，对上海市民和白领群体的人文社会科学知识与素养状况变化的情况做一些分析、综合以及总结、概括。显然，在一定程度上这一目的达到了。上海市民和白领群体的人文社会科学知识与素养状况呈现出一些有规律性的变化和值得关切的特点。同时，在科学、合理的基础上，我们对上海市民和白领群体人文素养践行情况的调查进行了历史比较和分析，最终本书得以成稿。

正因为如此,著者要对在这四个课题调查研究过程中给予课题组关心、支持和帮助的上海市社会科学界联合会、上海大学等的有关领导表达感谢,对参与课题调研工作的上海大学社会科学学部、马克思主义学院、社区学院、学生处和社调中心的教师、学生表示谢意。

为了使历史数据的比较研究具有可比较性,课题组数次的调查问卷均是在2011年京津沪渝联合开展的公民人文素质调查问卷基础上,结合上海地方情况和发展情况做适当修改、补充形成的。

具体参与本书各章写作的人员有司赛赛(第一章)、王竞天(第二章)、王柳亲(第三章)、崔玲玲(第四章)、盛红(第五章)、巩少阳(第六章)、刘园荣(第七章)。

由于水平有限,时间仓促,不足之处在所难免,恳请读者批评指正。

欧阳光明

2020年12月